「创造最有价值的阅读」

"阅读力"指导专家委员会

顾　问： 朱永新

主　任： 曹文轩

成　员：（以姓氏笔画为序）
王土荣　　方卫平　　朱芒芒　　刘克强　　杜德林
何立新　　张伟忠　　张祖庆　　周其星　　周益民
胡　勤　　顾之川　　倪文尖　　黄华伟　　梅子涵
章新其　　蒋红森　　滕春友

丛书主编： 曹文轩

本书编写人员： 郑燕明

丛书统筹： 王晓乐

丛书统筹助理： 罗敏波

名著阅读力养成丛书

陶庵梦忆

◆［明］张岱 著 ◆ 苗怀明 评注

图书在版编目(CIP)数据

陶庵梦忆 /(明)张岱著;苗怀明评注. —杭州:
浙江文艺出版社,2021.9
（名著阅读力养成丛书）
ISBN 978-7-5339-6503-7

Ⅰ.①陶… Ⅱ.①张… ②苗… Ⅲ.①笔记–中国–
明代 ②《陶庵梦忆》–注释 Ⅳ.①K248.066

中国版本图书馆CIP数据核字（2021）第173236号

责任编辑　周海鸣
装帧设计　吕翡翠
责任印制　张丽敏

陶庵梦忆

张岱 著　苗怀明 评注

出版	浙江文艺出版社
地址	杭州市体育场路347号
邮编	310006
电话	0571-85176953（总编办）
	0571-85152727（市场部）
制版	浙江新华图文制作有限公司
印刷	浙江超能印业有限公司
开本	710毫米×1000毫米　1/16
字数	295千字
印张	20.5
插页	2
版次	2021年9月第1版
印次	2021年9月第1次印刷
书号	ISBN 978-7-5339-6503-7
定价	45.00元

版权所有　侵权必究
(如有印装质量问题,影响阅读,请与市场部联系调换)

出版说明

阅读不仅关乎个人的素养和语文教育的水平，也关乎整个社会的风尚和文明的品质。从2016年9月起，全国中小学陆续启用了教育部统编语文教材。统编教材特别重视阅读，加强了阅读设计，鼓励学生通过大量阅读来提升语文素养，提高阅读能力和阅读水平。语文学习要建立在广泛的课外阅读的基础上，已经成为越来越多的人的共识。

我社以文学立社，出名著，出精品，几十年来在古典文学、现当代文学、外国文学、儿童文学等领域积累了大量的资源和优秀的版本。从2003年起就陆续推出"语文新课标必读丛书"，为中小学生的名著阅读助力，深受欢迎。随着统编语文教材的使用，我社面向师生做了大量的教材使用调研，多次邀请并集聚读书界、语文教育界、文学界、出版界等领域的专家把脉会诊，群策群力，为中小学生和老师们精心策划、精心编辑，推出了这套"名著阅读力养成丛书"。

这套丛书收录中小学语文课程标准和统编语文教材推荐阅读书目，不仅收录小学"快乐读书吧"和初中"名著导读"中推荐阅读书目，而且配合"1＋X"群文阅读设计，收录课文后要求阅读的作家作品，共计百余种，基本满足中小学生的阅读需要。

该丛书由曹文轩先生担纲主编，延请一线教学名师，对入选的每一部作品编写有针对性的阅读指导方案，介绍作家作品和创作特色，提出合理的阅读建议，引导学生进行专题探究，有意识地拓展学生的阅读视野，有选择性地提供阅读检测与评估办法。这样，有步骤地引领学生完成整本书阅读，了解文学、科普等不同类别作品的阅读方法，了解小说、散文、诗歌、戏剧等不同文体的特征，切实有效地提高学生的阅读水平和阅读能力，同时也给老师的教学实践提供一种参照与借鉴。可以说，这套书不仅强调要读什么，更强调应该怎么读。

该丛书在版本选用上精益求精，精挑细选经典权威版本，囊括一批资深翻译家的经典译本，如傅雷译《名人传》《欧也妮·葛朗台》、力冈译《猎人笔记》、卞之琳译《哈姆雷特》等。对于名家选本，追求代表性，或由该领域权威研究者编选，或由作家自己编选。由于"五四"白话文运动的发轫与推进，中国现代文学作品在语体上有着鲜明的用语特色，我们在编校中参阅相关文献对少量字词和标点做了适当的修改，尽可能地保留作品的原貌。

该丛书在设计上充分考虑阅读的舒适感和青少年的用眼卫生，尽可能地采用大号字体、米黄纸张，做到版面疏密有致、图书轻重得宜等。所有这些，旨在推出一套真正面向学生、服务学生的青少年版丛书。

培根说："读书足以怡情，足以傅彩，足以长才。"经典名著的影响力是不可估量的，一本好书能够让一个人终身受益。让我们种下阅读的种子，学会阅读，爱上阅读，在阅读中唤起灵性和兴味；让我们在多姿多彩的阅读的花园里，去领略丰美而自由的天地！

浙江文艺出版社

总 序

曹文轩

"新课标"以及根据"新课标"编定的国家统一中小学语文教材，有一个重要的理念：语文学习必须建立在广泛的课外阅读基础之上。

语文学科与其他学科的重要区别是：其他一些学科的学习有可能在课堂上就得以完成，而对于语文学科来说，课堂学习只不过是其中的一部分，甚至不是最重要的一部分；语文学习的完成须有广泛而有深度的课外阅读做保证——如果没有这一保证，语文学习就不可能实现既定目标。我在有关语文教育和语文教学的各种场合，曾不止一次地说过：课堂并非是语文教学的唯一所在，语文课堂的空间并非只是教室；语文课本是一座山头，若要攻克这座山头，就必须调集其他山头的力量。而这里所说的其他山头，就是指广泛的课外阅读。一本一本书就是一座一座山头，这些山头屯兵百万，只有调集这些力量，语文课本这座山头才可被攻克。一旦涉及语文，语文老师眼前的情景永远应当是：一本语文课本，是由若干其他书重重包围着的。一个语文老师倘若只是看到一本语文教材，以为这本语文教材就是语文教学的全部，那么，要让学生从真正意义上学好语文，几乎是没有希望的。有些很有经验的语文老师往往采取一种看似有点极端的做法，用很短的时间一气完成一本语文教材的教学，而将其余时间交给学生，全部用于课外阅读，大概也就是基于这一理念。

关于这一点，经过这些年的教学实践，加之深入的理性论证，语文界已经基本形成共识。现在的问题是：这所谓的课外阅读，究竟阅读什么样的书？又怎样进行阅读？在形成"语文学习必须建立在广泛的课外阅读基础之上"这一共识之后，摆在语文教育专家、语文教师和学生面前的却是这样一个让人感到十分困惑的问题。

有关部门，只能确定基本的阅读方向，大致划定一个阅读框架，对阅读何种作品给出一个关于品质的界定，却是无法细化，开出一份地道的足可以供一个学生大量阅读的大书单来的。若要拿出这样一份大书单，使学生有足够的选择空间，既可以让他们阅读到最值得阅读的作品，又可避免因阅读的高度雷同化而导致知识和思维高度雷同化现象的发生，则需要动用读书界、语文教育界、文学界、出版界等领域和行业的联合力量。一向有着清晰领先的思维、宏大而又科学的出版理念，并有强大行动力的浙江文艺出版社，成功地组织了各领域的力量，在一份本就经过时间考验的书单基础上，邀请一流的专家学者、作家、有丰富教学经验的语文老师、阅读推广人，根据"新课标"所确定的阅读任务、阅读方向和阅读梯度，给出了一份高水准的阅读书单，并已开始按照这一书单有步骤地出版。

这些年，我们国家上上下下沉思阅读与国家民族强盛之关系，国家将阅读的意义上升到从未有过的高度，无数具有高度责任感的阅读推广人四处奔走游说，并引领人们如何阅读，有关阅读的重大意义已日益深入人心。事实上，广大中小学的课外阅读已经形成气候，并开始常态化，所谓"书香校园"已比比皆是。现在的问题是：阅读虽然蔚然成风，但阅读生态却并不理想，甚至很不理想。这个被商业化浪潮反复冲击的世界，阅读自然也难以幸免。那些纯粹出于商业目的的写作、阅读推广以及和各种利益直接挂钩的某些机构的阅读书目推荐，造成了阅读的极大混乱。许多中小学生手头上阅读的图书质量低下，阅读精力的投放与阅读收益严重不成比例。更严重的情况是，一些学生因为阅读了这些质量低下的图书，导致了天然语感被破坏，语文能力非但没有得到提高，还不断下降。如果这种情况大面积发生，我们还在毫无反思、毫无警觉地泛泛谈课外阅读对语文学习之意义，就可能事与愿违了。现实迫切需要有一份质量上乘、定位精准、真正能够匹配语文教材的阅读书目以及这些图书的高质量出版。

我们必须回到"经典"这个概念上来。

我们可能首先要回答"经典"这个词从何而来。

人们发现，这个世界上的书越来越多了，特别是到了今天，图书出版的门槛大大降低，加之出版在技术上的高度现代化，一本书的出版与竹简时代、活字印刷时代的所谓出版相比，其容易程度简直无法形容。书的汪洋大海正席卷这个星球。然而，人们很清楚地看到一个根本无法回避的事实，那就是：每一个人的生命长度都是有限的，我们根本不可能去阅读所有的图书。于是一个问题很久之前就被提出来了：怎么样才能在有限的生命过程中读到最值得读的书？人们聪明地想到了一个办法：将一些人——一些读书种子——养起来，让他们专门读书，让读书成为他们的事业和职业，然后由"苦读"的他们转身告诉普通的阅读大众，何为值得将宝贵的生命投入于此的上等图书，何为不值得将生命浪费于此的末流图书或是品质恶劣的图书。通过一代一代人漫长而辛劳的摸索，我们终于把握了那些优秀文字的基本品质。这些被认定的图书又经过时间之流的反复洗涤，穿越岁月的风尘，非但没有留下被岁月腐蚀的痕迹，反而越发光彩、青春焕发。于是，我们称它们为"经典"。

阅读经典是人类找到的一种科学的阅读途径。阅读经典免去了我们生命的虚耗和损伤。我们可以通过对这些图书的阅读，让我们的生命得以充实和扩张。我们在这些文字中逐渐确立了正当的道义观，潜移默化之中培养了高雅的审美情趣，字里行间悲悯情怀的熏陶，使我们不断走向文明，我们的创造力因知识的积累而获得了足够的动力，并因为这些知识的正确性，从而保证了创造力都用在人类的福祉上。阅读这些经典所获得的好处，根本无法说尽。而对于广大的中小学生来说，阅读经典无疑也是提高他们语文能力的明智选择。

这套书，也许不是所有篇章都堪称经典，但它们至少称得上名著，都具有经典性。

2018年7月15日于北京大学

点击名著

◎ 名士风流之张岱

张岱,出身世宦之家,自称"少为纨绔子弟,极爱繁华",同时博洽多闻,经史子集,无不该悉;天文地理,靡不涉猎;世俗赏玩,样样精通。虽无缘功名,却有志撰述,一生笔耕不辍,老而不衰。所著除了《自为墓志铭》所列的"两梦一文"等十五种之外,还有《琅嬛诗集》《石匮书》《夜航船》等三十余种。他涉猎广泛,著述丰富,与一般的纨绔、玩世之名士完全不同,是明清之际的一位大文学家、大艺术家、大学问家。

◎ 洒脱不羁之《陶庵梦忆》

张岱在创作上,善于博采众长,不仅向前辈作家学习,也向同时代作家学习。同时又摒弃规矩方圆,富有创造性。王雨谦云:"盖其为文,不主一家,而别以成其家。故既能醇乎其醇,亦复出奇尽变,所谓文中之乌获,而后来之斗杓也。"(《琅嬛文集》序)这个评价充分说明了张岱在创作上的继承性和创造性。

写风俗小品,善于抓住事物主要特点,浓墨铺叙,穷形尽态,酣畅淋漓,因而形象饱满;写人物小品,则用极俭省的笔墨,勾勒人物的一颦一笑,着力于细节,把握住对方的身份、性格特征,令人物栩栩如生;山水小品则"笔具化工,其所记游,有郦道元之博奥,有刘同人之生辣,有袁中郎之倩丽,有王季重之诙谐"(祁豸佳《西湖梦寻》序)。

故祁彪佳赞誉张岱"点染之妙,凡当要害,在余子宜一二百言者,宗子能数十字辄尽情状。及穷事际,反若有千百言在笔下"(《古今义烈传》序)。其传人、叙事、撰史、状景,风格多样,富有独创性,给人以摇曳多姿之感。

◎ 心目俱眩之小品创作

他的小品，既有所师承，又能"绝去甜俗蹊径，解脱绳束"，做到文无定法，篇无定格，句式奇诡，用字遣词多变位、变性，力求生新，在博采众长的基础上自成一格。"奇情壮彩，议论风生，笔墨横恣，几令读者心目俱眩。"（伍崇曜《陶庵梦忆》跋）语言简洁有力，活泼明快，亦庄亦谐，雅俗均宜，是晚明小品文的巅峰之作。

阅读建议

◎ 以《陶庵梦忆》序文为总纲，理解作者梦忆的情感和目的

顺治三年（1646），年届四十九的张岱颠沛流离，昔日生活的点点滴滴萦绕脑海，回忆如电袭来。"不次岁月，异年谱也；不分门类，别志林也。偶拈一则，如游旧径，如见故人。"这年张岱写了一百二十余篇陈年旧事。

序文意象丰富，张岱一方面强调经历、感触的捕捉是随性的，但他也想使人明白，他很清楚自己追寻过去是为了什么："遥思往事，忆即书之，持向佛前，一一忏悔。"而实际上，他忏悔的感怀超越了时代或个人动机，让我们感受到他的用情至深，对时代、对国家、对个人生活的反思。

◎ 了解小品文的发展脉络

据吴小如先生研究，古代散文的发展优势体现在自宋代迄明清的小品文方面。从宋代古文运动的祖师爷欧阳修开始，在欧阳修以前，尺牍、题跋、随笔、札记这类文章，是不为正统的文学家所注意的，也很少有人把这些文章看成文学作品。而《欧阳修全集》中，"书"和"短简"是分开的,《集古录跋尾》和《归田录》中有不少优美而隽永的小品文。苏东坡的《志林》《仇池笔记》,黄庭坚的《宜州家乘》,以及他们的尺牍、题跋都足以厕身于文学之林。到了南宋,范成大的《吴船录》,陆游的《入蜀记》,既是日记,又是游记,更是优美而隽永的小品文。这一传统直接影响到明、清两代。明代的王思任、张岱等,清代的金圣叹、袁枚等,他们的作品都证明了古典小品文地位的上升。而晚明小品文无论是在数量上还是质量上,都达到了一个高峰。

◎ **可将全书分多个专题阅读**

张岱作为明末百科全书式的人物,他的学识之富、视域之宽、交游之众、爱好之广、涉猎之杂,独步当时,罕有其匹。要深入理解全书,应当对全书的内容进行梳理,分专题阅读。《梦忆》内容非常丰富,所记风土民俗、地域遍及会稽、杭州、苏州、镇江、南京、扬州、兖州、泰安等地;时节则有元宵、清明、端午、中元、中秋等;风俗涉及张灯烟火、庙会香市、观荷扫墓等,连同美食方物、花卉茶道、古玩器皿,林林总总。只有通过内容上的专题分类,方能体会全书的博大精深,方能跳出全书看张岱小品文在文学史、社会学研究、风俗研究等各方面的重要性。例如:在一百二十七篇文章中有二十多篇写人小品,十多篇记录当时风俗民俗,多篇讲述茶道、美食等,为专题研究提供了方向。

知识和能力

◎ **何谓小品文**

"小品"一词,原指节略本佛经,后来演变为一种特定的文体。其体裁、题材多样,可以是书信、序跋铭赞,还可以是传记、游记、杂感等,不拘一格。体制特点是短小精悍,以小见大,以少总多;内容或发议论、兴感叹，或泄郁愤、抒雅情等，提倡感情的自然流露。小品文作家崇尚个性自由、个性解放，最终形成了小品文多样化创作的景观。而晚明小品文的重要审美特征是鲜明的个性、多样的风格、灵活的笔法。

◎ 张岱的黍离情结

阅读张岱小品文，不可忽略其行文中的黍离情结。年届知天命之年的张岱经历了一系列的巨变——清军入关，社稷倾覆，民生涂炭，家道破败，故作者的思想感情复杂，似梦非梦，似真非真，似喜而悲，似悔而悲，在这种百感交集、极其矛盾的心情中，或追忆眷恋，或调侃嘲讽，或赞誉赏叹，或揭露批判，如此构思、经营全书的结构，不胜悲凉。正如前人所言："兹编载方言巷咏、嘻笑琐屑之事，然略经点染，便成至文。读者如历山川，如睹风俗，如瞻宫阙宗庙之丽。殆与《采薇》《麦秀》同其感慨，而出之以诙谐者欤？"（佚名《陶庵梦忆》序）

专题探究

◎ 专题一

《陶庵梦忆》所涉及的内容非常广泛，有山水风景、奇花异石、名园轶事、说书演戏、能工巧匠、建筑艺术，请选择其中之一做实地考证研究，可与《琅嬛文集》相对照。

◎ 专题二

晚明文学家反对"文以载道""发乎情，止乎礼"的传统美学思想，反对在创作中以理抑情，强调抒写真性情。如何看待这两种不同的文学创作理念？请在文学史中找到相应的作家作品来印证自己的观点。

◎ **专题三**

张岱撰述明史有阐释王朝败因的动机，其间历经艰难完成了卷帙浩繁的《石匮书》，但让张岱享誉文坛的却是简短、情感自由、形式多样的小品文。你怎么看待这种文学现象？

五十华年成一梦　繁华靡丽过眼空
——张岱和他的《陶庵梦忆》

一

开宗明义，先从这本书的书名讲起。

说起《陶庵梦忆》，不管是读过还是没有读过，相信大家对这个书名都不会陌生。其实，这本书准确的名称应该叫《梦忆》，尽管陶庵是作者的号，但他并没有将其放进书名的意思。之所以这样说，有如下两个理由：

一是作者本人的意见。作者曾写过一篇《自为墓志铭》，自己为自己做人生总结，其中就谈到自己的著述，原话是："好著书，其所成者，有《石匮书》《张氏家谱》《义烈传》《琅嬛文集》《明易》《大易用》《史阙》《四书遇》《梦忆》《说铃》《昌谷解》《快园道古》《傒囊十集》《西湖梦寻》《一卷冰雪文》行世。"一共列了十五种能代表自己成就的著述，其中就包括《梦忆》。

另外，作者在其《石匮书》第三十七卷中也著录了这部书："《梦忆》二卷，张岱。"由此可见作者本人的态度。

二是早期流传的版本及相关记载，均称《梦忆》，而非《陶庵梦忆》。后来王文诰评点本刊刻时，将作者的陶庵之号加入书名。该版本流传较广，久而久之，大家也就习惯了《陶庵梦忆》这个书名。

既然人们是以《陶庵梦忆》这个书名接受这部书的，那就从众吧，如果作者上天有灵，想必也会首肯，但这件事必须得说明白。

知道该书原名《梦忆》，接下来的一个问题就是，作者为何取这个书名？有什么特别的用意？

对这个问题，作者在该书的自序中进行了明白的交待。奇怪的是，这篇自序并没有出现在该书的各个刊本中，却只收在《琅嬛文集》里，何以如此？应该是为了逃避文字狱，这篇自序的遗民心态还是很明显的。其实不光是自序，这部书的一些篇目后来刊刻时被删去，一些犯禁的文字也做过修改。

细读这篇自序，可以看到作者主要谈了三个问题：

第一个问题是生死。明清易代，国破家亡，像野人一般让人们惊骇的作者披发入山，坚守气节，不见容于世，他写过自挽诗，也经常想结束生命，了无生意。既然如此，何以还要苟活人间？

作者说得很清楚，那就是"因《石匮书》未成"。

编撰《石匮书》，为大明王朝撰写一部信史，这是比生死更为重要的事情，也是作者苟活下去的动力。它让我们想到了司马迁的《报任安书》。

对于这一点，作者在其《和挽歌辞》三首之一中说得也很明白：

张子自觅死，不受人鬼促。
义不帝强秦，微功何足录？
出走已无家，安得狸首木？
行道或能悲，亲旧敢抚哭。
我死备千辛，世界全不觉。
千秋万岁后，岂遂无荣辱？
但恨石匮书，此身修不足。

第二个问题是忏悔。既然苟活的原因是为撰写《石匮书》，那何以还要再写一部《梦忆》？作者说得也很清楚，那就是为了忏悔。昔日繁华靡丽的生活历历在目，转眼间陷入极端困顿，度日如年，前后对比如此鲜明，让他的内心无法平静下来，于是他想通过追思往事的方式来抒发乃至排解内心的苦痛，反省和忏悔自己的人生，以此来打发残存的岁月。

第三个问题是梦幻。这是作者反复提及的一个词，也是他对人生的深切感悟。"繁华靡丽，过眼皆空，五十年来，总成一梦。"话似乎说得很轻松，但无比沉痛。他也曾借梦自嘲，批评自己未能忘怀功名，这实际上也反映了其内心的纠结：他一方面觉得自己苟活人世是一种耻辱，不应该再写这些文字；另一方面，内心又有很多话，不吐不快。于是，他提笔撰写了这部《梦忆》。

通过上述三个问题，作者明确告知读者自己撰写这部书的缘起，那就是在国破家亡、颠沛流离之际，痛定思痛，通过追忆昔日繁华靡丽的生活抒写内心的苦痛与忏悔，表达人生如梦的感悟与感叹。

这是一部发愤而著的血泪文字，明白了这一点，也就知道作者为何将书名定为"梦忆"。如果将该书仅仅视作一部小资读本或精致生活葵花宝典之类的休闲读物，可就辜负了作者的一番苦心。

二

介绍了书名及创作缘起，再来说说作者张岱。

张岱（1597—约1689），字宗子，号石公、陶庵、蝶庵，山阴（今浙江绍兴）人。对其家世生平，有如下两点可说：

一是张岱出生在一个显赫、富足的仕宦之家，从高祖到祖父都是举业出身，富于才学，皆有著述传世。

高祖张天复（1513—1573），字复亨，号内山。嘉靖二十六年（1547）进士。历任礼部主事、云南按察司副使、甘肃道行太仆卿等。著有《鸣玉堂稿》《广舆图考》等。

曾祖张元忭（1538—1588），字子荩，号阳和。隆庆五年（1571）状元，历任翰林院修撰、左谕德等。谥文恭。著有《山游漫稿》《桴间漫笔》《不二斋稿》《云门志略》等。

祖父张汝霖（1561—1625），字肃之，号雨若、矴园居士。万历二十三年（1595）进士。历任兵部主事、广西参议等职。著有《砎园文集》《郊居杂记》《易经因指》《四书荷珠录》等。

到了父亲张耀芳（1574—1632）这一代，这种荣耀未能再延续下去，他努力了半辈子，才弄了个乡试副榜出身，只做过鲁王右长史、嘉祥县令之类的小官。

父祖几代人的苦心经营，为张岱营造了一个十分优越的生活环境。生活在这样的诗书之家中，他受到了良好的教育。他的精于品鉴，富于收藏，博览群书，见多识广，固然有其个人努力的因素，但家族的熏陶和影响也是不可低估的，别的不说，没有足够的财力是很难做到这些的。

二是其一生平淡，没有什么特别值得一说的经历。既没有科场功名，也没有建功立业，这是从传统的立传角度来说的。以1644年明清易代这一年为界，作者的人生可以分成前后两个完全不同的阶段。这一年既是大明王朝的崇祯十七年，也是大清王朝的顺治元年。这一年作者47岁，其人生已经过去了将近一半。

其前半生的生活可以用"繁华靡丽"四个字来概括。他一出生就拥有一般人努力一生都未必能达到的物质条件，因而穷书生们孜孜以求的功名富贵对他没有多大的吸引力，就连科场的失利都只是给他带来短暂的不愉快，并没有给他的生活带来太大的影响。

他把大量的时间都用在享受生活上，享受着晚明时期江南经济文化繁荣带给他的各种精致生活。他在《自为墓志铭》中曾这样描述自己当时的生活状态："少为纨绔子弟，极爱繁华，好精舍，好美婢，好娈童，好鲜衣，好美食，好骏马，好华灯，好烟火，好梨园，好鼓吹，好古董，好花鸟，兼以茶淫橘虐，书蠹诗魔。"

按照这样的生活状态，他是写不出《梦忆》这类血泪文字的。依他过人的才情，写出和袁宏道、钟惺媲美的山水生活小品是没有问题的，但他没有这样的创作动力。这样优裕闲散的生活只能培养纨绔子弟，往好处说，也就是提供了创作的素材和体验。张岱平生著述大多是在后半生完成的，是苦难成就了一位伟大的作家。

张岱后半生的生活则可以用"著书立说"四个字来概括。当大明王朝灭亡的噩耗传来，他曾热血沸腾，想协助鲁王东山再起，还为此折腾了一阵子。但很快就发现事不可为，他不仅拯救不了南明小王朝，而且连自己都救不了，家业也很快被败光，生活一下子陷于十分困窘的地步。他在《自为墓志铭》中曾这样描述当时的困窘状态："所存者，破床碎几、折鼎病琴，与残书数帙、缺砚一方而已。布衣疏食，常至断炊。"于是只好避兵隐居，相继在剡中、项里、快园等处寄居。

也正是由此发生的一系列巨变，彻底改变了张岱。他想到了死，也想到了生，痛定思痛，重新找到了人生的方向。正如他本人在《梦忆》自序及其他著述中所说的，死是一件容易的事情，但苟活也并非没有意义，他决定完成巨著《石匮书》，以另一种更为持久、当然也是力所能及的方式来纪念大明王朝。

这样忍辱偷生的生活整整持续了四十多年。其间，张岱不仅完成了《石匮书》及其后记，还陆续完成了其他一批著述，其平生著述大多完成于后半生。苦难夺走了他繁华靡丽的富足生活，却给了他著书立说的动力和时间。过人的才华、渊博的学识，在时代风云的激荡之下，成就了一位伟大的学者和作家。

张岱一生著述颇丰，今可知者不下五十种，其中大半已经佚失，今可见者有《琅嬛文集》《陶庵梦忆》《西湖梦寻》《石匮书》《石匮书后集》《四书遇》《古今义烈传》《史阙》《快园道古》《夜航船》等。当然，最为后人熟悉的，还是这部《陶庵梦忆》。撰写该书也许是作者编撰《石匮书》期间的无心插柳之举，但他却以这本书名满天下，享誉后世，这恐怕是作者当年无论如何都不会想到的。历史总是以出乎意料的方式保存一个人的生活足迹，并不总是顺从个人的意愿。

从作者在自序里提到"五十年来，总成一梦"一语来看，该书的写作时间应该在作者五十来岁时。至于这篇自序是写于全书撰写之初还是全部完成之后，限于材料，现已无法详考。该书究竟是在原先的旧稿基础上增补而成，还是在流离期间一气呵成，同样难以知晓。搜检全书内容，所提及的最晚年份是丙戌年，即顺治三年（1646），对后面发生的事情再没有提及。这样可以大致推算出该书的完成时间，应该是在1646年，或者稍晚一两年。

三

介绍过书名、创作缘起及作者的生平，再来看看《陶庵梦忆》这本书。前文已说过，该书追忆逝水流年，以繁华写凄凉，抒发亡国之痛与忏悔之情。那么它是如何表现的呢？

总的来看，该书借鉴《东京梦华录》《武林旧事》等书的写法，以笔记体细细描绘作者个人以往经历的各个片段，以此展现昔日生活的画卷，绘制了一幅晚明时期的江南《清明上河图》。这正如作者在《史阙》一书中所说的："张择端《清明上河图》，因南渡后想见汴京旧事，故摹写不遗余力。若在汴京，未必作此。乃知繁华富贵，过去便堪入画，当年正不足观。"

无论是王朝的更迭，还是文化的沦丧，都是通过个人生活的具体可感的各种改变来体现的。也许只有到国破家亡之际，才能真正体会到天下兴亡与个人命运的关系是如此密不可分，只是一切都太晚了。

全书八卷，共一百二十七篇（含补遗四篇），内容丰富，涉及面广，举凡美食、茶艺、演剧、绘画、山水、风物、园林、工艺、民俗等，皆有所涉猎，展现了一幅五彩斑斓的晚明生活画卷。如果要用一个词来概括全书内容的话，那就是奢华。

这种奢华没有刻意渲染，没有炫耀卖弄，而是通过对日常生活及所见所闻的叙述，通过对细节的描绘不动声色地表现出来，主要体现为各种精美极致生活的享受，无论是口腹之欲，还是声色之乐，无论是越中的放灯、虎丘的中秋，还是鲁府的烟火、泰安的客店，都达到了作者本人所说的"罪孽固重"的程度。这固然是太平盛世的景象，但在刚经历过国破家亡的作者眼里，这又何尝不是醉生梦死、亡国之兆。

全书给人印象最为深刻的，是作者笔下那种由盛极到衰败形成的强烈对比，以及由物是人非引发的沧桑感。

以读者熟知的《西湖香市》一文来说，作者用生动灵巧的笔触浓墨重彩，细细描绘，写尽西湖香市的盛况。随后笔锋一转，寥寥几句，交待了香市的萧条与废止，以繁华衬托败落，前后对比极为鲜明，形成巨大的张力，产生一种震撼人心的艺术效果。将该文与另一篇摹写西湖夏日喧闹场景的《西湖七月半》放在一起对读，感受会更深。作者笔下的西湖乃至杭州有多美丽，多繁华，多富饶，多值得流连，战乱带来的伤害也就会有多大。盛衰今昔之比，贯穿全书，无论是写绍兴、扬州、苏州，还是写杭州、金陵，皆是如此。

作者在追述昔日繁华的笔墨中，流露出来的不仅仅是伤感，更有痛定思痛后的忏悔和反思。在寒冷孤寂的冬夜里，撰写《陶庵梦忆》以及《西湖梦寻》也许可以理解为一种取暖，从往日的生活中寻找暖意，抚慰那颗已经冰冷的心灵。凝结在心头的寒冰比现实生活中的坚冰更难融化，事实上也无法融化，作者不过是借此获得一丝安慰而已。

就全书展现的丰富内容而言，给人印象深刻的还有不少，比如作者笔下那些形形色色的奇人。这些奇人个个身怀绝艺，或奇在造园，比如范长白，或奇在绘画，比如姚简叔、陈章侯，或奇在表演，比如柳敬亭、刘晖吉、朱楚生，或奇在园艺，比如金乳生。特别是那些身份卑微、被人看不起的手工艺人，作者同样给予很高的评价，他认为没有什么东西会让人低贱，很多时候只是自己在轻贱自己而已，这一观点到现在仍具有启发性。这些奇人巧匠用自己精湛的才艺创造了奇迹，也书写了一个时代的繁荣和辉煌。

作者经历国破家亡之后，将精力放在著书立说上，重点是撰写史书，为一段历史保存记忆。其实《陶庵梦忆》还有那部《西湖梦寻》何尝不是史书，它们是个人的心灵史，是用文字书写的晚明江南的《清明上河图》。

作者用极为传神的笔墨为后人记录了一个时代，一个值得留恋的时代,尽管一切已经如风而逝,物是人非,只剩下尘封在心头的记忆碎片。

给人留下深刻印象的还有收藏。

收藏是一个时代盛衰的晴雨表,从中可见风云变迁,可见世态人心。无论是朱氏、刘太公,还是作者的本家叔叔、堂弟,都将大量的财力和精力花费在自己的爱好上,其藏品不乏稀世珍品,让人眼界大开。作者出身世家,受家庭的熏陶和影响,对此也相当痴迷,且兴趣很是广泛,无论是古玩、字画还是书籍,广为收罗,藏有不少奇珍异宝。

俗话说,乐极生悲,有聚就必然有散,这是一个无法回避的问题。就以作者自身的经历而言,三代遗书、四十年收藏,或遭族人哄抢,或毁于兵火,一夜之间,化为乌有。围绕着这些收藏的获得与失去,作者讲述了一个个惊心动魄的传奇故事。

同样让人印象深刻的,还有通过种种琐事细节逐渐清晰丰满起来的作者本人的形象,特别是他对音乐、茶道、园艺、美食的精鉴和讲究,令人叹为观止。他对精致生活的追求已经超越简单的生理需求,走向审美,走向艺术化,达到很高的境界。如果生活没有发生如此大变故的话,他完全可以做个太平闲人,安享人生。但这样的生活在残酷的战火面前烟消云散,转眼间只剩下埋在心头的温暖记忆。

作者文笔老到,描摹刻画的能力极强,很平常的一件小事,往往被他说得绘声绘色,引人入胜,一切仿佛就在眼前,仿佛刚刚发生过。不经意间娓娓道来,自有一种惊心动魄的力量。

就全书各篇所写内容而言,除了思想艺术方面的成就,还有很高的认知价值。作者所写,无论是物还是人,都达到了极致,明代文化之辉煌之灿烂,令人惊叹,尽管这里面也有刻意美化的成分在。

四

接下来说说这本书的结构和编排。前文已说过,《陶庵梦忆》采取笔记体,以小见大,全书一百二十七篇文章,内容丰富,涉及面广,各卷篇目的安排，从表面上看似乎杂乱无序，但实际上有着内在的匠心。

全书卷首两篇，一为《钟山》，一为《报恩塔》，从大明王朝开国皇帝的陵寝和明成祖的报恩塔讲起，写得如此郑重其事，结合朝代更替的创作背景来看，显然是有深意在的。

特别是《钟山》的最后一段，将亡国之痛、故国之思表达得十分明显。这一段文字系根据一卷本增补的，通行的八卷本皆删去，可见后来的刊行者对此也是心知肚明，为了避免文字狱，只得割爱。一卷本还有四篇作品不见于八卷本，删去的原因也是将亡国之感写得太露骨，担心会引来麻烦。了解这一点，也就可以明白作者创作该书的意图。

作者写报恩塔，目的不在于对该名胜各方面的详细描绘，其用意文中说得很明白："非成祖开国之精神、开国之物力、开国之功令，其胆智才略足以吞吐此塔者，不能成焉。"这才是他真正想说的话。国破家亡之际，"报恩"二字是相当醒目的。

卷二则先从《孔庙桧》《孔林》说起，自然也有深意在。如果说全书卷首两篇抒发的是亡国之痛、故国之思，这两篇则显示了作者的文化情怀和操守。在他看来，这不仅是一次王朝的更迭，也是一场文化的浩劫。这也是当时文人的一种共识，顾炎武更是提出亡国与亡天下的区别，发出天下兴亡、匹夫有责的呼唤。

作者曾写有《孔子手植桧》一诗，其中最后几句为："昔灵今不灵，顽仙逊冀英。岂下有虫蚁，乃来为窟穴。余欲驱除之，敢借击蛇笏。"其捍卫道统的志向于此可见。此外他还写有《子贡手植楷》一诗，末两句云："惟不受秦官，真堪为世楷。"立场鲜明，并不隐晦。虽然这些作品写于明亡之前，但作者的立场和态度并没有发生改变，反而更加坚定。

该卷最后两篇谈的是个人的书房和藏书，三世藏书，几代人的心血，多少珍本秘籍，竟然在改朝换代、兵荒马乱之际一日散尽。作者从孔子说到个人，可谓话里有话。

作者的忧思分两个层次：一是改朝换代带来的巨大创伤；二是道统沦丧带来的深深忧患。对前者，更多的是情感；对后者，则是理性的坚持,因为这涉及文化传统的沦丧,是个人的底线所在,退无可退。

当然,事实并没有作者想象的那么严重。清军入关之后,除了在男人发式上的野蛮推行外,对汉族文化则是采取主动认同和接受的态度,这估计是作者没有想到的。但不管怎样,那份对文化的坚守和维护是值得肯定的。

从孝陵、孔庙的祭祀到个人的风花雪月,从宏大到细微,由此可以看到全书内在的脉络。其后各篇所写皆为作者昔日所见所闻,或为奇花异宝,或为亭台名胜,或为民俗绝艺,无不体现着一个时代的繁华,但是转眼之间国破家亡,物是人非,此时的回忆正所谓追忆逝水年华。眼前的凄凉落寞,更衬托出当年的兴盛与欢乐,细腻生动的描绘中可见对往昔岁月的留恋。

全书最后一卷,始于繁华,终于凄凉,这既是阅读该卷而产生的深刻印象,实际上也是《陶庵梦忆》这部书留给读者的总体感受。特别是卷末的最后一篇《琅嬛福地》,题目就很刺眼,国已不存,家已破败,福地何在?只能将世间所有繁华声色归之于梦幻,尽管写得很生动,很有画面感,但读后令人嘘唏,徒增悲戚。

这让人想到了不久后出现的《红楼梦》。在这部小说中,当初贾府的日子也是鲜花着锦、烈火烹油,秦可卿的丧礼竟然办得轰轰烈烈,更像是整个家族的庆典;但天下没有不散的筵席,转眼之间,落了片白茫茫大地真干净,作者也是将其归之一梦,看其书名可知。

有人将这种感伤和幻灭视为消极乃至落后,这实在是大煞风景。设身处地想一想,在经历过这种从盛极到衰落的巨大变迁之后,还能忍心去歌颂、去赞美吗?有些人不能理解《陶庵梦忆》,不能理解《红楼梦》,就是因为其人生道路与张岱、与曹雪芹正好相反,他们无法体会到这些逆行者内心深处的悲凉。因此读张岱和他的《陶庵梦忆》,是需要阅历的,这是一部心灵经历岁月冲刷之后才能真正读懂的文学经典。

五

最后简要介绍一下本书的整理情况。

《陶庵梦忆》主要有两个版本系统：一个是一卷本，一个是八卷本。一卷本只有一个版本，即乾隆四十年（1775）金忠淳刊行的"砚云甲编"本，收录作品四十三篇，非《陶庵梦忆》一书的全部。八卷本则收录作品一百二十三篇，存世版本有多种，其中刊行最早者为乾隆五十九年（1794）王文诰评点本，该本存世较少。道光二年（1822），王文诰又重刻一次，对文字有所修订，这一版本流传同样不广。其后流传较广者为清咸丰间"粤雅堂丛书"本，现在市面上所见的整理本大多以该本为底本。

本书以八卷本的最早刊本即乾隆五十九年王文诰评点本的初印本为底本，以"粤雅堂丛书"本为校本，并参考其他刊本及今人的一些整理本，择善而从，因系普及读本，不再出校记。

王文诰在每篇文章后皆写有简要的评点，署名"纯生氏"，时有可取之处，也一并整理出来，供读者参考。为帮助读者理解和欣赏作品，整理者也写有简要的评述文字，放在王文诰评点后。

注释偏重人名、地名、典故及部分疑难词语，并征引作者其他著述，特别是《夜航船》中相关的文字，以作对照和补充。对书中多次出现的词语，一般只在第一次出现时出注。我的博士生王先勇、马君毅协助做了部分工作。

为便于读者更为深入、全面地了解该书，将收于《琅嬛文集》的作者自序放在卷首。"砚云甲编"本有四篇作品不见于八卷本，本书则作为附录收入。附录部分还收有作者的《自为墓志铭》及相关的小传、序跋，作为参考资料。

限于学识，本书肯定还存在一些问题，还请读者诸君批评指正，将来继续修订完善。

2020年2月25日

自　序 / 001

卷一 / 005

钟　山 / 007

报恩塔 / 011

天台牡丹 / 013

金乳生草花 / 014

日月湖 / 017

金山夜戏 / 020

筠芝亭 / 022

砎　园 / 024

葑门荷宕 / 026

越俗扫墓 / 028

奔云石 / 029

木犹龙 / 032

天　砚 / 034

吴中绝技 / 036

濮仲谦雕刻 / 037

卷二 / 039

孔庙桧 / 041

孔　林 / 044

燕子矶 / 046

鲁藩烟火 / 048

朱云崃女戏 / 050

绍兴琴派 / 052

花石纲遗石 / 055

焦　山 / 057

表胜庵 / 059

梅花书屋 / 062

不二斋 / 064

砂罐锡注 / 066

沈梅冈 / 067

岣嵝山房 / 069

三世藏书 / 072

卷三 / 075

丝　社 / 077

南镇祈梦 / 079
禊　泉 / 082
兰雪茶 / 085
白洋潮 / 088
阳和泉 / 090
闵老子茶 / 092
龙喷池 / 094
朱文懿家桂 / 095
逍遥楼 / 097
天镜园 / 099
包涵所 / 100
斗鸡社 / 103
栖　霞 / 105
湖心亭看雪 / 107
陈章侯 / 108

卷四 / 111

不系园 / 113
秦淮河房 / 115
兖州阅武 / 116
牛首山打猎 / 118
杨神庙台阁 / 120

雪　精 / 122
严助庙 / 123
乳　酪 / 126
二十四桥风月 / 127
世美堂灯 / 129
宁　了 / 131
张氏声伎 / 133
方　物 / 135
祁止祥癖 / 137
泰安州客店 / 139

卷五 / 141

范长白 / 143
于　园 / 145
诸　工 / 147
姚简叔画 / 148
炉峰月 / 149
湘　湖 / 151
柳敬亭说书 / 153
樊江陈氏橘 / 155
治沅堂 / 157
虎丘中秋夜 / 159

麋　公 / 161

扬州清明 / 162

金山竞渡 / 165

刘晖吉女戏 / 167

朱楚生 / 169

扬州瘦马 / 170

卷六 / 173

彭天锡串戏 / 175

目莲戏 / 177

甘文台炉 / 179

绍兴灯景 / 180

韵　山 / 183

天童寺僧 / 185

水浒牌 / 187

烟雨楼 / 190

朱氏收藏 / 192

仲叔古董 / 194

噱　社 / 196

鲁府松棚 / 198

一尺雪 / 199

菊　海 / 200

曹　山 / 201

齐景公墓花樽 / 203

卷七 / 205

西湖香市 / 207

鹿苑寺方柿 / 210

西湖七月半 / 211

及时雨 / 214

山艇子 / 216

悬杪亭 / 217

雷　殿 / 218

龙山雪 / 220

庞公池 / 221

品山堂鱼宕 / 222

松化石 / 223

闰中秋 / 224

愚公谷 / 226

定海水操 / 227

阿育王寺舍利 / 229

过剑门 / 231

冰山记 / 232

3

卷八 / 235
  龙山放灯 / 237
  王月生 / 239
  张东谷好酒 / 242
  楼　船 / 244
  阮圆海戏 / 245
  巘花阁 / 247
  范与兰 / 249
  蟹　会 / 250
  露　兄 / 252
  闰元宵 / 254
  合采牌 / 257
  瑞草溪亭 / 259
  琅嬛福地 / 263

附录一　补遗四篇 / 267
  鲁王宴 / 269
  冰　花 / 272
  草　妖 / 273
  平水梦 / 274

附录二 / 277
  自为墓志铭 / 279
  张岱小传一 / 281
  张岱小传二 / 282
  《陶庵梦忆》序 / 283
  金忠淳跋 / 284
  《陶庵梦忆》识语 / 285
  伍崇曜跋 / 286
  陶庵梦忆序 / 288
  《陶庵梦忆》跋 / 291

检测与评估 / 293
资源与拓展 / 295
我的兴趣与收获 / 299

自 序

　　陶庵国破家亡，无所归止，披发入山，骇骇为野人①。故旧见之，如毒药猛兽，愕窒不敢与接②。作自挽诗，每欲引决，因《石匮书》未成，尚视息人世③。然瓶粟屡罄，不能举火，始知首阳二老直头饿死，不食周粟，还是后人妆点语也④。

【注释】

①归止：归宿。　骇骇（hài）：令人吃惊、惊骇的样子。

②愕窒：惊愕得不敢喘气。接：靠近，接触。

③自挽诗：作者撰有《和挽歌辞》三首。　引决：自杀，自尽。　《石匮（guì）书》：作者当时正在撰写的一部明代史书。　视息人世：生活于人世间。视，用眼睛观看。息，以口鼻呼吸。

④罄（qìng）：空。　举火：生火做饭。　首阳二老直头饿死，不食周粟：指商朝遗民伯夷、叔齐事。周灭商后，两人隐居首阳山，不食周粟，后饿死。直头：竟自，一直。作者似乎是说首阳二老并非不食周粟，而是因没有找到吃的被饿死，意在说明自己此时生活的困顿。　妆点：修饰文字，渲染敷衍。

　　饥饿之余，好弄笔墨，因思昔人生长王、谢，颇事豪华，今日罹此果报：以笠报颅，以篑报踵，仇簪履也①；以衲报裘，以苎报绨，仇轻暖也②；以藿报肉，以粝报粻，仇甘旨也③；以荐报床，以石报枕，仇温柔也④；以绳报枢，以瓮报牖，仇爽垲也⑤；以烟报目，以粪报鼻，仇香艳也；以途报足，以囊报肩，仇舆从也。种种罪案，从种种果报中见之。

【注释】

①王、谢：东晋时王导、谢安两大家族，其生活奢华，后泛指豪门世家。　罹（lí）：遭受苦难或不幸。　簣（kuì）：草鞋。　仇：相应，匹配。

②苎：粗麻布。　绤（chī）：细葛布。

③藿（huò）：豆叶。这里泛指野菜。　粝（lì）：粗米。　粻（zhāng）：细米。　甘旨：美味佳肴。

④荐：草席，垫子。

⑤枢：门上的转轴。　牖（yǒu）：窗户。　爽垲（kǎi）：明亮、干燥的房子。作者在《夜航船》中亦有介绍："爽垲：齐景公欲更晏子之宅，谓晏子曰：'子之宅近市，不可以居，请更诸爽垲。'晏子如晋，公更宅焉。反，则成矣。既拜，乃复旧宅。"

鸡鸣枕上，夜气方回，因想余生平，繁华靡丽，过眼皆空，五十年来，总成一梦①。今当黍熟黄粱，车旅蚁穴，当作如何消受②？遥思往事，忆即书之，持向佛前，一一忏悔。不次岁月，异年谱也③；不分门类，别志林也④。偶拈一则，如游旧径，如见故人，城郭人民，翻用自喜，真所谓"痴人前不得说梦"矣⑤。

【注释】

①夜气：平旦清明之气。

②黍（shǔ）熟黄粱：此处用的是卢生黄粱美梦的典故。出自唐沈既济《枕中记》，后被汤显祖改编为《邯郸记》。　车旋蚁穴：此处用的是淳于棼梦游槐安国，醒后发现为蚁穴的典故。出自唐李公佐《南柯太守传》。

③次：排列。

④志林：《东坡志林》，苏轼所写的一部笔记体著作，这里泛指一般的笔

记之作。

⑤城郭人民：典出晋陶潜《搜神后记》卷一："丁令威，本辽东人，学道于灵虚山。后化鹤归辽，集城门华表柱。时有少年，举弓欲射之。鹤乃飞，徘徊空中而言曰：'有鸟有鸟丁令威，去家千年今始归。城郭如故人民非，何不学仙冢累累。'遂高上冲天。" 痴人前不得说梦：典出宋僧惠洪《冷斋夜话》："僧伽，龙朔中游江淮间，其迹甚异。有问之曰：'汝何姓？'答曰：'何姓。'又问：'何国人？'答曰：'何国人。'唐李邕作碑，不晓其言，乃书传曰：'大师姓何，何国人。'此正所谓对痴人说梦耳。"另见《五灯会元》："佛说三乘十二分，顿渐偏圆。痴人面前，不得说梦。"这里指自己不被外人理解。

昔有西陵脚夫为人担酒，失足破其瓮①。念无以偿，痴坐伫想曰："得是梦便好②。"一寒士乡试中式，方赴鹿鸣宴，恍然犹意非真，自啮其臂曰："莫是梦否③？"一梦耳，惟恐其非梦，又惟恐其是梦，其为痴人则一也。

余今大梦将寤，犹事雕虫，又是一番梦呓④。因叹慧业文人，名心难化，政如邯郸梦断，漏尽钟鸣，卢生遗表，犹思摹拓二王，以流传后世⑤。则其名根一点，坚固如佛家舍利，劫火猛烈，犹烧之不失也⑥。

【注释】

①西陵：西兴，钱塘江渡口，在今杭州萧山。作者在其《夜航船》中亦有介绍："西陵，在萧山。一名固陵。范蠡治兵于此，言可固守，因名。"

②伫想：长久地凝思。

③中式：乡试得以考中举人。　鹿鸣宴：唐代乡试后，州县长官为考中举子举行宴会，因宴会时多唱《诗经·小雅·鹿鸣》，故名。后泛指为庆贺举子考中而举行的宴会。作者在《夜航船》中亦有介绍："鹿鸣宴：《诗·鹿鸣》篇，燕群臣嘉宾之诗也。贡院内编定席舍，试已，长吏以乡饮酒礼，设

宾主，陈俎豆，歌《鹿鸣》之诗。" 啮：咬。

④寤（wù）：睡醒。 雕虫：汉扬雄《法言·吾子》曾云赋为雕虫小技，壮夫不为，后人以雕虫小技代指写文章。 梦呓：梦话。

⑤慧业：佛教用语，指智慧的业缘。 名心：求功名之心。 邯郸梦断，漏尽钟鸣，卢生遗表，犹思摹拓二王：此处用的是卢生黄粱美梦的典故，出自汤显祖的《邯郸记》。 二王：著名书法家王羲之、王献之父子。遗表：旧时大臣临终前所写的章表，一般在死后上奏。

⑥名根：好名的本性。 劫火：佛教语，劫难中的火灾。佛教认为在坏劫之末，将发生水、火、风三大灾。火灾发生时，世界将烧为灰烬。亦借指兵祸、兵燹。

卷 一

钟　山①

　　钟山上有云气，浮浮冉冉，红紫间之，人言王气，龙蜕藏焉②。高皇帝与刘诚意、徐中山、汤东瓯定寝穴，各志其处，藏袖中③。三人合，穴遂定。门左有孙权墓，请徙。太祖曰："孙权亦是好汉子，留他守门。"及开藏，下为梁志公和尚塔，真身不坏，指爪绕身数匝④。军士輂之不起⑤。太祖亲礼之，许以金棺银椁，庄田三百六十，奉香火，舁灵谷寺，塔之⑥。今寺僧数千人，日食一庄田焉。陵寝定，闭外羡，人不及知⑦。所见者，门三、飨殿一、寝殿一，后山苍莽而已⑧。

【注释】

①钟山：又称紫金山，在今江苏南京东。

②间：夹杂，掺杂。　龙蜕：传说中龙蜕去的皮。

③高皇帝：朱元璋（1328—1398），明开国皇帝，谥高皇帝。　刘诚意：刘基（1311—1375），字伯温，封诚意伯。　徐中山：徐达（1332—1385），字天德，封魏国公，死后追封中山王。　汤东瓯（ōu）：汤和（1326—1395），字鼎臣，死后封东瓯王。

④志公和尚：南朝僧人宝志（436—513）。俗姓朱，金城（今江苏省南京市东阳镇一带）人。志公去世后，梁永定公主为其建造一座五层石塔。明初朱元璋为营造孝陵，将塔迁至灵谷寺内。　指爪：指甲。

⑤輂（jú）：古代一种运土的器具，这里用作抬、拉的意思。

⑥椁（guǒ）：套在棺材外面的大棺材。　舁（yú）：抬。　灵谷寺：在今江苏南京紫金山。初建于梁武帝时，原名开善寺，明初改名灵谷寺。

⑦羡：墓道。

⑧飨（xiǎng）殿：祭殿。　寝殿：陵墓的正殿。

　　壬午七月，朱兆宣簿太常，中元祭期，岱观之①。飨殿深穆，暖阁去殿三尺，黄龙幔幔之②。列二交椅，褥以黄锦，孔雀翎织正面龙，甚华重。席地以毡，走其上，必去舄轻趾③。稍咳，内侍辄叱曰："莫惊驾！"

【注释】

①壬午：即崇祯十五年（1642）。　朱兆宣（1613—1672）：字弦庵，朱燮元第四子。　簿：旧时仪仗侍从，这里用为动词，意为负责仪仗侍从。　太常：太常寺，明代负责祭祀礼乐之事的官署。　中元：中元节，又称盂兰盆节、鬼节，阴历七月十五日。

②深穆：非常肃静。　暖阁：从大殿中隔出的小房间。

③舄（xì）：鞋子。　趾：脚。

　　近阁下一座稍前，为碽妃，是成祖生母①。成祖生，孝慈皇后妊为己子，事甚秘②。再下，东西列四十六席，或坐或否。祭品极简陋，朱红木簋、木壶、木酒樽，甚粗朴③。簋中肉止三片，粉一铗、黍数粒、冬瓜汤一瓯而已④。暖阁上一几，陈铜炉一、小箸瓶二、杯棬二⑤。下一大几，陈太牢一、少牢一而已⑥。他祭或不同，岱所见如是。

【注释】

①碽（gōng）：姓氏。　成祖：明成祖朱棣（1360—1424）。

②孝慈皇后：朱元璋妻子马氏，谥孝慈。宿州（今属安徽）人，郭子兴养女。

③簋（guǐ）：盛食品的器具。

④铁(jiá)：铁钳。
⑤棬(quān)：木头做的饮器。
⑥太牢：古代祭祀，牛、羊、猪三种祭品皆备或用牛为祭品，称太牢。　少牢：古代祭祀，只用羊、猪或只用羊为祭品，称少牢。

先祭一日，太常官属开牺牲所中门，导以鼓乐旗帜，牛羊自出，龙袱盖之①。至宰割所，以四索缚牛蹄。太常官属至，牛正面立，太常官属朝牲揖，揖未起，而牛头已入焊所②。焊已，舁至飨殿。次日五鼓，魏国至，主祀，太常官属不随班，侍立飨殿上③。祀毕，牛羊已臭腐不堪闻矣。平常日进二膳，亦魏国陪祀，日必至之。

【注释】
①牺牲：祭祀所用牲的通称。　龙袱：绣有龙图案的布单。
②焊(xún)：古代祭祀用肉，沉于汤中使半熟。
③魏国：魏国公，明初徐达因功封魏国公。这里指的当是徐达后裔徐弘基，万历时袭封魏国公。

戊寅，岱寓鹫峰寺①。有言孝陵上黑气一股，冲入牛斗，百有余日矣。岱夜起视，见之。自是流贼猖獗，处处告警。壬午，朱成国与王应华奉敕修陵，木枯三百年者尽出为薪，发根，隧其下数丈，识者为伤地脉、泄王气，今果有甲申之变，则寸斩应华亦不足赎也②。孝陵玉食二百八十二年，今岁清明，乃遂不得一盂麦饭，思之猿咽③。

【注释】
①戊寅：即崇祯十一年(1638)。此段文字王文诰评点本、"粤雅堂丛书"本皆无，据"砚云甲编"本补。　鹫峰寺：在今江苏南京白鹭洲公园

内，始建于明天顺五年（1461），为纪念唐代名僧鹫峰而建。

②朱成国：朱纯臣（？—1644），世袭成国公。 王应华：字崇闇，号园长。东莞（今属广东）人。崇祯元年（1628）进士，曾任礼部侍郎。明亡后参加抗清，失败后隐居。善画兰竹木石。 敕：帝王的诏书、命令。 甲申：即崇祯十七年（1644）。这一年，李自成带领起义军攻进北京，崇祯皇帝自缢而死，明朝灭亡，故称甲申之变。 赎：用行动抵销、弥补罪过。

③玉食：美食，这里用为动词。 盂：一种盛东西的器皿。 麦饭：祭祀用的饭食。 猿咽：像猿猴一样悲伤哭泣。

纯生氏曰：《梦忆》首叙钟山，亦犹《禹贡》之首叙冀州也。

【简评】

将《钟山》作为全书首篇，在国破家亡之际，从大明王朝皇帝的陵寝说起，将祭祀写得如此郑重其事，作者显然是有深意在的。

特别是最后一段，可谓卒章显志，将亡国之痛、故国之思表达得十分明显，不过将亡国的责任算在朱纯臣与王应华的头上实在没道理，只能理解为一种宣泄吧。

这一段文字系根据一卷本增补，通行的八卷本皆删去，可见后来的刊行者对作者的思想倾向也是心知肚明，为了避免文字狱，只得割爱。一卷本还有四篇作品不见于八卷本，删去的原因也是写得太露骨，担心会引来麻烦。了解这一点，也就可以明白作者创作该书的意图。

报恩塔①

中国之大古董，永乐之大窑器，则报恩塔是也②。报恩塔成于永乐初年，非成祖开国之精神、开国之物力、开国之功令，其胆智才略足以吞吐此塔者，不能成焉③。塔上下金刚佛像千百亿金身④。一金身，琉璃砖十数块凑成之，其衣折不爽分，其面目不爽毫，其须眉不爽忽，斗笋合缝，信属鬼工⑤。

【注释】

①报恩塔：在今南京市中华门外雨花路东侧，系明成祖为纪念自己的生母而建。咸丰年间毁于太平天国战火。

②永乐：明成祖朱棣年号（1403—1424）。

③功令：法律，法令。

④金身：装金的佛像，这里指用琉璃砖建成的佛像。

⑤爽：差错。　忽：计量单位，一毫十丝，一丝十忽。　斗笋：建筑物上连接和拼合的榫头。

闻烧成时，具三塔相，成其一，埋其二，编号识之①。今塔上损砖一块，以字号报工部，发一砖补之，如生成焉②。夜必灯，岁费油若干斛③。天日高霁，霏霏霭霭，摇摇曳曳，有光怪出其上，如香烟缭绕，半日方散④。永乐时，海外夷蛮重译至者百有余国，见报恩塔，必顶礼赞叹而去，谓四大部洲所无也⑤。

【注释】

①相：事物的外观，这里指塔砖。　识：标记。

②工部：明代中央政府六部之一，掌营建、水利、屯田等事。

③斛（hú）：古代容器单位，原为十斗一斛，南宋末年改为五斗一斛。

④霁（jì）：天晴。

⑤夷蛮：对其他民族的称呼。　重译：辗转翻译，意为路途遥远，言语不通。　顶礼：佛教徒最高的礼节。　四大部洲：古印度神话传说宇宙有四大洲，东方胜神洲，南方赡部洲，西方牛货洲，北方俱卢洲，这是人类所居住的世界。

纯生氏曰：昔有西域僧言此塔为天下第一，或云塔能出火，光焰薄天，亦时于塔门中隐现小塔，金灯璎珞，垂垂不绝，亦云奇矣。独怪高帝初欲沙汰佛氏，后乃选天下高僧为诸王子辅，卒之燕飞帝座，月落江湖。高僧则兵法娴于佛法，杀人到处盈城；王子则霸图垺于浮图，孝思以为不匮。虽曰天意，何其谬哉！

查夏重诗有云："法转风轮翅，光摇火树灯。地维标宝刹，天阙界金绳。"道尽侈心梵教。"比戈残骨肉，国事异中兴。此举无名极，当时负愧曾"，直是诗中之史矣。

【简评】

这一篇应和上一篇《钟山》放在一起读。作者写报恩塔，目的不在于对这一名胜各方面的详细描绘，而在于抚今思昔，其用意文中说得很明白，"非成祖开国之精神、开国之物力、开国之功令，其胆智才略足以吞吐此塔者，不能成焉"，这才是他真正想说的话。两位君主开国时期，大明王朝是何等气象，转眼之间，清明节"不得一盂麦饭"。这种强烈鲜明的今昔对比贯穿全书，作者流露的是悲伤，更是忏悔。这是理解这部书的关键所在。

国破家亡之际，"报恩"二字相当刺眼，无论是对作者还是对当时的苟活者来说，皆是如此。

天台牡丹①

　　天台多牡丹，大如拱把，其常也②。某村中有鹅黄牡丹，一株三干，其大如小斗，植五圣祠前，枝叶离披，错出檐甃之上，三间满焉③。花时数十朵，鹅子、黄鹂、松花、蒸栗，萼楼穰吐，淋漓簌沓④。土人于其外搭棚演戏四五台，婆娑乐神⑤。有侵花至漂发者，立致奇祟⑥。土人戒勿犯，故花得蔽芾而寿⑦。

【注释】

①天台：今浙江天台。

②拱把：大小如两手合围。拱，两手合围。把，一手所握。

③五圣：旧时江南一带供奉的邪神。　离披：繁茂的样子。　甃（zhòu）：砌墙的砖，这里指屋檐上的砖瓦。

④萼楼：花朵层层开放。　穰（ráng）吐：繁茂地盛开。　淋漓簌沓：形容繁花盛开，气势丰沛酣畅。

⑤土人：当地人。　婆娑：盘旋舞动的样子。

⑥漂发：毫发，细微。　祟：灾祸，灾难。

⑦蔽芾（fèi）：花木茂盛的样子。

纯生氏曰：黄牡丹出姚氏者，岁数朵，不闻树大。马嵬驿牡丹高与楼等，铜陵县民家有可系马者，皆不以黄著名。若五圣祠所植，迨古今之冠欤？

唐人诗云："晓艳远分金掌露，暮香深惹玉堂风。"自然富贵风韵，堪以品题姚花，而姚氏不称玉堂之目。陶庵记此花，不减林下风味，语虽幸之，而意实惜之，与赋影园者有间矣。

【简评】

全书前两篇开宗明义，从这篇开始转入梦忆，所写大多为作者平生经历的种种"繁华靡丽"，而"过眼皆空"隐在文字背后，需要细细体会。仅就本篇内容而言，所写确实是稀见的牡丹品种，难怪大家看得如此神圣，还搭台演戏，挺当一回事。这样也好，无人敢犯，"花得蔽芾而寿"。

金乳生草花

金乳生喜莳草花①。住宅前有空地，小河界之②。乳生濒河构小轩三间，纵其趾于北，不方而长，设竹篱经其左③。北临街，筑土墙，墙内砌花栏护其趾。再前，又砌石花栏，长丈余而稍狭。栏前以螺山石垒山披数折，有画意④。

【注释】

①莳（shì）：种植。
②界：毗邻，毗连。
③濒：靠近，临近。　构：建造。　纵其趾：拓展地基。
④螺山石：即圆通山的石头。圆通山位于云南昆明东北隅，因其山石绀青篆翠，旋如螺髻，故称。

草木百余本，错杂莳之，浓淡疏密，俱有情致。春以莺粟、虞美人为主，而山兰、素馨、决明佐之①；春老以芍药为主，而西番莲、土萱、紫兰、山矾佐之②。夏以洛阳花、建兰为主，而蜀葵、乌斯菊、望江南、茉莉、杜若、珍珠兰佐之③。秋以菊为主,而剪秋纱、秋葵、僧鞋菊、万寿芙蓉、老少年、秋海棠、雁来红、矮鸡冠佐之。冬以水仙为主,而长春佐之。其木本如紫白丁香、绿萼、玉蝶、蜡梅、西府、滇茶、日丹、白梨花,种之墙头屋角,以遮烈日④。

【注释】

①莺粟:罂粟。 虞美人:一种一年生的罂粟科植物,开红花。作者在《夜航船》中介绍了一种虞美人草,不知与此为同一物否:"虞美人自刎,葬于雅州名山县,冢中出草,状如鸡冠花,叶叶相对。唱《虞美人曲》,则应板而舞,俗称虞美人草。" 素馨:本名耶悉茗,又称"鬘华"。一种常绿灌木,原产印度,以其花色白而芳香,故称。 决明:一年生草本植物。夏秋开花,花黄色。荚呈长角状,略有四棱。嫩苗、嫩果可食。种子称决明子,代茶或供药用,有清肝明目之效。 佐:处于辅助地位,陪衬。

②西番莲:一种多年生常绿藤本植物,果实被称为"百香果"。 山矾:一种常绿灌木,春天开白花,有芳香。

③蜀葵:一种多年生草本植物,叶大而粗糙,圆形,花美丽,成顶生穗状花序。 杜若:一种多年生草本植物,叶广披针形,味辛香。夏日开白花。果实蓝黑色。

④绿萼:绿萼梅的省称。 玉蝶:即玉蝶梅。 西府:即西府海棠,一种比较名贵的海棠。 滇茶:即滇茶花,又称滇山茶、云南山茶、大茶花等。叶片光鲜,花朵硕大艳丽,有较高观赏价值。作者在《夜航船》一书中亦有解释:"茶花:以滇茶为第一,日丹次之。滇茶出自云南,色似衢红,大如茶碗,花瓣不多,中有层折,赤艳黄心,样范可爱。"

乳生弱质多病,早起,不盥不栉,蒲伏阶下,捕菊虎,芟地蚕,花根叶底,虽千百本,一日必一周之①。瘿头者火蚁,瘠枝者黑蚰,伤根者蚯蚓、蜒蚰,贼叶者象干、毛猬②。火蚁,以鲞骨、鳖甲置旁引出弃之③；黑蚰，以麻裹箸头捋出之④；蜒蚰，以夜静持灯灭杀之；蚯蚓，以石灰水灌河水解之；毛螝，以马粪水杀之；象干虫，磨铁线，穴搜之。事必亲历，虽冰龟其手，日焦其额，不顾也⑤。青帝喜其勤，近产芝三本以祥瑞之⑥。

【注释】

①盥（guàn）：洗手。　栉（zhì）：梳头。　菊虎：一种侵害菊科植物的小型天牛。　芟（shān）：除去。　地蚕：俗称土蚕、地老虎，夜蛾的幼虫，咬食花木的根茎。　周：遍。

②癃（lóng）：枯萎，衰弱。　火蚁：一种危害农作物、花木的蚂蚁。　黑蚰：一种危害花木的黑色爬虫。　蜒蚰（yán yóu）：又名蜒蛐、鼻涕虫、蛞蝓，一种软体动物，形似蜗牛而无壳，对农作物有害。　象干：即尺蠖，又名造桥虫，蚕食花木的叶子。

③鲞（xiǎng）骨：干鱼或腊鱼的骨头。

④捋（luō）：顺着枝条将其取出来。

⑤龟（jūn）：同"皲"，皮肤因受冻而裂开。

⑥青帝：古代神话传说中的司春之神。

纯生氏曰：乳生隐于花者也，而以花显于世，一手一足之烈，乃不徒老于灌园哉。叙四时，插入春老，结到产芝，具见文心灵异。

【简评】

不堪回首破碎河山，且说花花草草，像金乳生这样整天忙忙碌碌，侍弄花草，虽然辛苦，倒也乐在其中，这也是一种不错的人生状态。

金乳生所建园亭为亦园，据祁彪佳《越中园亭记》记载："（亦园）在龙门桥，主人金乳生。植草花数百本，多殊方异种，虽老圃不能辨识。四时烂熳如绣，所居仅斗室，看花人已屦满户外矣。"可作为本文的参照。

日月湖

　　宁波府城内，近南门，有日月湖①。日湖圆，略小，故日之②；月湖长，方广，故月之。二湖连络如环，中亘一堤，小桥纽之③。日湖有贺少监祠④。季真朝服拖绅，绝无黄冠气象⑤。祠中勒唐元宗饯行诗以荣之⑥。季真乞鉴湖归老，年八十余矣。其《回乡》诗曰："幼小离家老大回，乡音无改鬓毛衰。儿孙相见不相识，笑问客从何处来？"八十归老，不为早矣，乃时人称为"急流勇退"，今古传之。

【注释】

①宁波府：今浙江宁波一带。

②日之：以"日"字来称呼它。

③亘（gèn）：横贯。　纽：连结。

④贺少监：贺知章（659—744），字季真，越州永兴（今杭州萧山）人。证圣元年（695）进士，历任太常少卿、礼部侍郎、工部侍郎、太子宾客、秘书监等。天宝三载（744）还乡。

⑤拖绅：指旧时中原王朝朝服后腰所悬挂的大带，因其上有组绶，合称绶带。　黄冠气象：黄冠本是道士所戴帽子，借指道士；气象，人的举止、气度。

⑥唐元宗：即唐玄宗，底本避"玄"字，皆改其为"元"。唐玄宗又称唐明皇，即李隆基（685—762），唐代皇帝，712—755年在位。

季真曾谒一卖药王老，求冲举之术，持一珠贻之①。王老见卖饼者过，取珠易饼。季真口不敢言，甚懊惜之②。王老曰："悭吝未除，术何由得？"乃还其珠而去。则季真直一富贵利禄中人耳③。《唐书》入之《隐逸传》，亦不伦甚矣④。

【注释】

①谒（yè）：拜见。　冲举：飞升成仙。

②懊惜：懊恼痛惜。

③直：只不过。

④不伦：不相当，不相类。

月湖一泓汪洋，明瑟可爱，直抵南城①。城下密密植桃柳，四围湖岸，亦间植名花果木以萦带之②。湖中栉比皆士夫园亭，台榭倾圮，而松石苍老③。石上凌霄藤有斗大者，率百年以上物也。四明缙绅，田宅及其子，园亭及其身④。平泉木石，多暮楚朝秦，故园亭亦聊且为之，如传舍衙署焉⑤。屠赤水娑罗馆亦仅存娑罗而已，所称"雪浪"等石，在某氏园久矣⑥。

清明日，二湖游船甚盛，但桥小，船不能大。城墙下址稍广，桃柳烂熳，游人席地坐，亦饮亦歌，声存《西湖》一曲。

【注释】

①一泓：一汪，一片。　明瑟：明净。

②萦（yíng）带：环绕。

③栉比：像梳齿般紧密排比，比喻排列紧密。　倾圮（pǐ）：倒塌毁坏。

④四明：今浙江宁波。　缙绅：官宦的代称。

⑤平泉木石：典出李德裕《平泉山居戒子孙记》："鬻平泉者，非吾子孙也；以平泉一树一石与人者，非佳士也。"　作者在《夜航船》中也有介绍："平泉庄：李赞皇平泉庄周回十里，建堂榭百余所，天下奇花异卉、怪石古

松，靡不毕致。自作记云：'鬻平泉者，非吾子孙也；以一石一树与人者，非佳子弟也。吾百年后，为权势所夺，则以先人所命泣而告之。'"

⑥屠赤水：屠隆（1542—1605），字长卿，号赤水、鸿苞居士。鄞县人。万历五年（1577）进士，官至礼部主事。著有传奇《彩毫记》《昙花记》《修文记》及诗文集《栖真馆集》《鸿苞集》等。

纯生氏曰：人惟悭吝，日居月诸，牢不可破，园亭田宅，及身及子，俱从悭吝中来。读此记，如五夜钟声，鸡鸣而起，其毋虚此日月焉可矣。

【简评】

这一篇写风景，也是写人。中间写贺知章求仙不成事，颇耐人寻味。古往今来，能超然功名富贵者又有多少呢？作者写作此书时，如果不是国破家亡，他能看透这些吗？恐怕也难。

作者在《越山五佚记》一文中也谈到平泉木石一事："昔李文饶《平泉草木记》：'以吾平泉一草一木与人者，非吾子孙也。'文饶去不多时，而张全义与其孙延古争醒酒石，而致杀其身。平泉胜地，亦遂鞠为茂草，文饶所属之言，问之谁氏？故古人住宅，多舍为佛刹，如许玄度之能仁，王右军之戒珠，至今犹在。苏子瞻以吴道子四菩萨画板，舍僧惟简曰：'若得此，何以守之？'答曰：'吾盟于佛，而以鬼守之。'人苟爱惜平泉，亦当赠以此法。"读此可知作者感慨之所在。

金山夜戏①

"月光倒囊",一个"倒"字写出天空明澈、月光倾泻的宁静。

"林下漏月光","漏"字偏又于疏朗中营造出夜色的神秘。

崇祯二年中秋后一日,余道镇江往兖②。日晡,至北固,舣舟江口③。月光倒囊入水,江涛吞吐,露气吸之,噀天为白④。余大惊喜。移舟过金山寺,已二鼓矣。经龙王堂,入大殿,皆漆静⑤。林下漏月光,疏疏如残雪⑥。

【注释】

①金山:在今江苏镇江西北,名胜古迹有金山寺、慈寿塔等。

②崇祯二年:即1629年。 兖(yǎn):兖州府,在今山东省西南部济宁市一带。

③晡(bū):时刻名,即申时,相当于现在的下午三点到五点。 北固:北固山,在今江苏镇江北长江边上,由前峰、中峰和后峰组成,梁武帝曾题书"天下第一江山",名胜古迹有甘露寺等。 舣(yǐ)舟:停船靠岸。

④倒囊:倾囊。 噀(xùn):喷,吐。

⑤漆静:昏暗宁静。

⑥疏疏:稀疏的样子。

余呼小仆携戏具,盛张灯火大殿中,唱韩蕲王金山及长江大战诸剧①。锣鼓喧填,一寺人皆起看。有老僧以手背揉眼翳,翕然张口,呵欠与笑嚏俱至^②。徐定睛视，为何许人，以何事何时至，皆不敢问^③。

剧完将曙，解缆过江。山僧至山脚，目送久之，不知是人、是怪、是鬼。

> 兴之所至，漏夜演戏，你会如此癫狂吗？是不是有点魏晋风度？

【注释】

①戏具：演戏的道具。　韩蕲（qí）王：韩世忠（1089—1151），字良臣，绥德（今属陕西延安）人，行伍出身，以军功历任偏将、浙西制置使、京东淮东路宣抚处置使、枢密使等，去世后被追封为蕲王。　喧填：喧闹，喧哗。

②揋（sà）：按揋。　翳（yì）：眼角膜上所长的一种妨碍视线的白斑，多见于老年人。　翕（xī）然：忽然。

③徐：缓慢、和缓。

纯生氏曰：韩蕲王金山长江大战，本是一出大戏，不想阒寂五百余年，又开场重做，无怪金山脚下见神见鬼。

【简评】

大概是被长江壮观的景色激发出豪情，忽然来这么一出，确实出人意料。毕竟曾经年轻过，轻狂过，已到耄耋之年的作者此时回想起来，内心想必也不会平静。

夜深人静的，突然锣鼓喧天，竟然唱起夜戏来，可以想象寺里的这些僧人惊愕、好奇的表情。听了一场没头没脑的戏，如坠雾中，确实弄不清到底是人、是怪、还是鬼。

021

在作者，他实际上看了两场戏，演出的是戏，在外围观的僧人们不自觉地也配合着演了一场戏。正所谓乘兴而来，兴尽而返。作者举止，颇有魏晋风度。

筠芝亭①

"浑朴"二字乃此亭灵魂，也是作者审美的体现。

筠芝亭，浑朴一亭耳②。然而亭之事尽，筠芝亭一山之事亦尽。吾家后此亭而亭者，不及筠芝亭；后此亭而楼者、阁者、斋者，亦不及。总之，多一楼，亭中多一楼之碍；多一墙，亭中多一墙之碍。

【注释】

①筠（yún）芝亭：作者叔祖张懋之所建，在绍兴卧龙山下。据祁彪佳《越中园亭记》记载："卧龙山之右岭，有城隍庙，即古蓬莱阁。折而下，孤松兀立，古木纷披，张懋之先生构亭曰筠芝，楼曰霞外。南眺越山，明秀独绝。亭之右为啸阁，以望落霞晚照，恍若置身天际，非复一丘一壑之胜已也。主人自叙其园，有内景十二、外景七、小景六，其犹子张宗之各咏一绝记之。"

②浑朴：浑厚朴实。

太仆公造此亭成，亭之外更不增一椽一瓦，亭之内亦不设一槛一扉，此其意有在也①。亭前后，太仆公手植树皆合抱，清樾轻岚，滃滃翳翳，如在秋水②。亭前石台，蹴取亭中之景物而先得之，升高眺远，眼界光明。敬亭诸山，箕踞麓下③。溪壑潆回，水出松叶之上。台下右旋，曲磴三折，老松偻背而立，顶垂一干，倒下如小幢，小枝盘郁，曲出辅之，旋盖如曲柄葆羽④。癸丑以前，不垣不台，松意尤畅⑤。

参看《琅嬛文集》中《筠芝亭杂咏》。

【注释】

①太仆公：指作者高祖张天复（1513—1573），字复亨，号内山，嘉靖二十六年（1547）进士，曾官至太仆寺卿，故有此称。

②滃（wěng）滃翳翳：云气升腾、烟云弥漫的样子。

③箕踞：两脚张开，两膝微曲地坐着，形状像箕。这是一种不拘礼节的坐法。

④磴（dèng）：石头台阶。　偻（lǚ）：弯曲。　幢（chuáng）：一种仪仗用的旗帜。　葆（bǎo）羽：以鸟羽为饰物、供仪仗用的华盖。

⑤癸丑：万历四十一年（1613）。　垣：围墙。

纯生氏曰："浑朴"二字，包举甚大，凡事贵其能包举也。

【简评】

繁华的好处，自然人人理解，简约的妙处，未必个个明白。只要营构得当，与周围环境融为一体，恰到好处，一亭足矣。

作者谈到祖辈时，总是有一种敬意和自豪感，而提及族中的叔伯辈及兄弟，则多有微词，后文多有这类文字。富不过三代，这是一个中国人很难走出的历史怪圈。

砎　园①

　　砎园，水盘据之，而得水之用，又安顿之若无水者②。

　　寿花堂，界以堤，以小眉山，以天问台，以竹径，则曲而长，则水之；内宅，隔以霞爽轩，以酣漱，以长廊，以小曲桥，以东篱，则深而邃，则水之；临池，截以鲈香亭、梅花禅，则静而远，则水之；缘城，护以贞六居，以无漏庵，以菜园，以邻居小户，则閟而安，则水之③。

【注释】

　　①砎（jiè）园：作者祖父张汝霖晚年所筑，据作者《家传》："天启辛酉，大父以病归，龙阿携兵送，尽黔界，恸哭而去。归即筑砎园于龙山之趾，啸咏其中。"祁彪佳《越中名园记》对该园有如下记载："张肃之先生晚年筑室于龙山之旁，而开园其左。有鲈香亭，临王公池上，凭窗眺望，收拾龙山之胜殆尽。寿花堂、霞爽轩、酣漱阁皆在水石萦回、花木映带处。"砎：坚硬。

　　②安顿：安置，安排。

　　③閟（bì）：幽静。

　　水之用尽，而水之意色，指归乎庞公池之水①。庞公池，人弃我取，一意向园，目不他瞩，肠不他回，口不他诺，龙山蜿蜒，三折就之，而水不之顾②。人称砎园能用水，而卒得水力焉。

大父在日，园极华缛③。有二老盘旋其中，一老曰："竟是蓬莱阆苑了也。"一老咈之曰："个边那有这样？"④

【注释】

①庞公池：在绍兴卧龙山之西。详见本书卷七《庞公池》。

②龙山：又称卧龙山，位于绍兴城西，以形如卧龙而得名。春秋时为越国王城，越大夫文种死后葬于此处，故又名种山。后因绍兴府署设在山东麓，改称府山。　蠷（kuí）蚭（ní）：盘曲蠕动貌。

③大父：祖父，即作者的祖父张汝霖。　华缛：华采繁富，华美盛大。

④蓬莱：古代传说中神仙所居住的地方，据说东海有蓬莱、方丈、瀛洲三山。　阆（làng）苑：传说中神仙所居住的地方。　咈（fú）：否定，不赞同。　个边：那边。

纯生氏曰：张位画水，得水之神；范山人水画，得水之法；宗老砺园，得水之理，处处安顿，如兵家背水结阵，直须恃水而生，固当与神鬼鱼龙、松石屋宇同称杰作。

【简评】

得水之力、之神、之趣，却又不着痕迹，好像没水的样子，有无之间，安顿巧妙。此景只应天上有，人间难得几回观，难怪两位老先生有置身蓬莱之感。看来作者对园林的精通是有家传的，无论是其高祖还是其祖父，都精于此道。

葑门荷宕①

天启壬戌六月二十四日，偶至苏州，见士女倾城而出，毕集于葑门外之荷花宕②。楼船画舫至鱼艒小艇，雇觅一空。远方游客，有持数万钱无所得舟，蚁旋岸上者③。

【注释】

①葑（fēng）门：在今江苏苏州城东。初名封门，因周围多水塘，盛产葑，后改称葑门。　宕（dàng）：水塘，池塘。

②天启壬戌：即天启二年（1622）。　毕集：全部聚集。

③楼船：有多层结构的游船。　画舫：装饰华美的船只。　艒（mù）：同舻，小船。　蚁旋：像蚂蚁一样回旋，形容焦急的样子。

余移舟往观，一无所见。宕中以大船为经，小船为纬，游冶子弟，轻舟鼓吹，往来如梭①。舟中丽人皆倩妆淡服，摩肩簇舄，汗透重纱②。舟楫之胜以挤，鼓吹之胜以杂，男女之胜以溷，歊暑燀烁，靡沸终日而已③。

【注释】

①游冶：出游寻乐。

②丽人：美人，佳人。　倩：美好。　舄（xì）：鞋子。

③溷（hùn）：混杂，杂乱。　歊（xiāo）：炎热。　燀（tán）烁：炽热，炎热。　靡沸：杂乱，喧闹。

荷花宕经岁无人迹，是日，士女以鞋靸不至为耻①。袁石公曰："其男女之杂，灿烂之景，不可名状②。大约露帏则千花竞笑，举袂则乱云出峡，挥扇则星流月映，闻歌则雷辊涛趋③。"盖恨虎丘中秋夜之模糊躲闪，特至是日而明白昭著之也④。

【注释】

①鞋靸（sǎ）：靸，旧时一种没有后跟的鞋子。鞋靸，泛指鞋，有足迹、踪迹之意。

②袁石公：袁宏道（1568—1610），字中郎，又字无学，号石公，荆州府公安（今属湖北省荆州市）人。与兄宗道、弟中道，合称三袁，是公安派的代表人物，著有《袁中郎全集》等。下面的引文出自其《荷花荡》一文。

③袂：衣袖，袖口。 雷辊（gǔn）：雷声轰鸣。

④虎丘：在今江苏苏州，已有二千多年的历史，有吴中第一名胜的美称。作者在《夜航船》一书中亦有介绍："虎丘：吴王阖闾死，治葬，穿土为川，积壤为丘，铜棺三重，以黄金珠玉为凫雁。葬三月，金精上腾为白虎，蹲踞山顶，因名虎丘。"

纯生氏曰：妙舌如花，俗态可掬。

【简评】

农历六月二十四日，相传是荷花的生日，按苏州当地的民俗，这一天全城男女老少都要到荷花宕赏荷。这实际上就是一次全城民众的狂欢。该文如同一幅民俗风景图，生动地描绘了当年的盛况。也只有在太平盛世才会出现这样的景象，作者极力描写，大概想突出这一点。

越俗扫墓

越俗扫墓，男女袨服靓妆，画船箫鼓，如杭州人游湖，厚人薄鬼，率以为常①。二十年前，中人之家尚用平水屋帻船，男女分两截坐，不坐船，不鼓吹②。先辈谑之曰："以结上文两节之意③。"后渐华靡，虽监门小户，男女必用两坐船，必巾，必鼓吹，必欢呼鬯饮④。

【注释】

①袨（xuàn）服：华美的衣服。　靓（jìng）妆：漂亮的装扮。　箫鼓：箫和鼓，泛指演奏乐器。
②平水屋帻（zé）船：一种货船。
③谑：开玩笑。
④监门：守门。　鬯（chàng）：同"畅"。

下午必就其路之所近，游庵堂、寺院及士夫家花园。鼓吹近城，必吹《海东青》《独行千里》，锣鼓错杂。酒徒沾醉，必岸帻嚣嚎，唱无字曲，或舟中攘臂，与侪列厮打①。自二月朔至夏至，填城溢国，日日如之②。

乙酉，方兵划江而守，虽鱼鳖菱芡，收拾略尽③。坟垄数十里而遥，子孙数人挑鱼肉楮钱，徒步往返之，妇女不得出城者三岁矣④。萧索凄凉，亦物极必反之一。

【注释】

①岸帻：推起头巾，露出前额。形容态度洒脱，或衣着简率不拘。 嚣嚣：大喊大叫。 攘臂：捋起袖子，伸出胳膊。形容激动奋起的样子。 侪（chái）列：同伴，同伙。

②朔：农历每月初一。

③乙酉：顺治二年（1645）。 方兵：方国安手下士兵。当时鲁王监国绍兴，封方国安为镇东侯，负责抗清。 舠（dāo）：小船。

④坟垄：坟墓。 楮（chǔ）钱：旧俗祭祀时焚化的纸钱。

纯生氏曰：草角花须，悉为溅泪。

【简评】

就作者的观察而言，越中一代的华靡也不过就二十来年的事情，其兴也快，其败也速，"填城溢国"的扫墓盛况转眼间变成"收拾略尽"的"萧索凄凉"，"物极必反"一语后有多少难以言说的感慨和忧伤。

奔云石①

南屏石无出奔云右者②。奔云得其情，未得其理。石如滇茶一朵，风雨落之，半入泥土，花瓣棱棱，三四层折。人走其中，如蝶入花心，无须不缀也。黄寓庸先生读书其中，四方弟子千余人，门如市③。

【注释】

①奔云石：作者《西湖梦寻》卷四"小蓬莱"一则与本文内容大致相

同。该文开头介绍了奔云石命名的由来:"小蓬莱在雷峰塔右,宋内侍甘升园也。奇峰如云,古木翁蔚,理宗常临幸。有御爱松,盖数百年物也。自古称为小蓬莱。石上有宋刻'青云岩''鳌峰'等字。今为黄贞父先生读书之地,改名'寓林',题其石为'奔云'。"

②南屏:南屏山,在今浙江杭州西湖南岸,因在杭州城南,如一扇屏障,故名。多产奇石,有南屏晚钟等名胜。

③黄寓庸:黄汝亨(1558—1626),字贞父,号寓庸,仁和(今浙江杭州)人。万历二十六年(1598)进士,历任进贤知县、礼部郎中、江西布政司参议等。著有《天目游记》《廉吏传》《古奏议》《寓林集》《寓庸游记》等。他是作者祖父张汝霖的好友,作者曾向其学习举业,称其为"举业知己"。

余幼从大父访先生。先生面黧黑,多髭须,毛颊,河目海口,眉棱鼻梁,张口多笑①。交际酬酢,八面应之②。耳聆客言,目睹来牍,手书回札,口嘱侉奴,杂沓于前,未尝少错。客至,无贵贱,便肉、便饭食之,夜即与同榻。余一书记往,颇秽恶,先生寝食之不异也,余深服之③。

【注释】

①黧(lí)黑:脸色黑。 髭(zī)须:嘴边的胡子。 河目:上下眶平正而长的眼睛。旧时认为这是圣贤的相貌。

②酬酢(zuò):应酬,应对。 八面:八方。

③书记:掌管文书的人。

丙寅至寓林,亭榭倾圮,堂中奄先生遗蜕,不胜人琴之感①。余见奔云黝润,色泽不减,谓客曰:"愿假此一室,以石碣门,坐卧其下,可十年不出也。"②客曰:"有盗。"余曰:"布衣褐被,身外长物则瓶粟与残书数本而已。王弇州不曰'盗亦有道也'哉?"③

【注释】

①丙寅：即天启六年（1626）。　窀（zhūn）：埋葬。　遗蜕：遗体。人琴之感：典出《世说新语·伤逝》："王子猷、子敬俱病，而子敬先亡。子猷问左右：'何以都不闻消息？此已丧矣。'语时了不悲。便索舆来奔丧，都不哭。子敬素好琴，便径入坐灵床上，取子敬琴弹，弦既不调，掷地云：'子敬子敬，人琴俱亡。'因恸绝良久。月余亦卒。"后多用此典表达对亲友的哀悼、思念之情。

②黝润：黑色光润的样子。　礌（lěi）：同"磊"，堆砌石块。

③王弇（yǎn）州：王世贞（1526—1590），字元美，号凤洲，又号弇州山人。苏州府太仓（今属江苏苏州）人。嘉靖二十六年（1547）进士，历任刑部主事、南京刑部尚书等。以诗文名于世，是后七子代表人物。著有《弇州山人四部稿》《弇州山人续稿》《艺苑卮言》《弇山堂别集》等。

纯生氏曰：奔云礌礌如玉，寓林落落如石。

【简评】

作者写奔云石，更是写人。旧地重游，石在人亡，那份失落和伤感挥之不去。怀旧本来就是一件容易伤感的事情，更何况作者不时进行今昔对比。

《西湖梦寻》中的《小蓬莱》一文写作时间当在本文之后，其结尾一段写得颇为凄凉，兹引于下："今当丁酉，再至其地，墙围俱倒，竟成瓦砾之场。余欲筑室于此，以为东坡先生专祠，往鬻其地，而主人不肯。但林木俱无，苔藓尽剥。奔云一石，亦残缺失次，十去其五。数年之后，必鞠为茂草，荡为冷烟矣。菊水桃源，付之一想。"

木犹龙

木龙出辽海,为风涛漱击,形如巨浪跳蹴,遍体多着波纹,常开平王得之辽东,輂至京①。开平第毁,谓木龙炭矣②。及发瓦砾,见木龙埋入地数尺,火不及,惊异之,遂呼为龙。不知何缘出易于市,先君子以犀觥十七只售之,进鲁献王,误书"木龙"犯讳,峻辞之,遂留长史署中③。先君子弃世,余载归,传为世宝。

【注释】

①辽海:泛指辽河流域及其以东沿海地区。明初曾设辽海卫,隶属辽东都指挥使司。 漱击:吹打,冲击。 跳蹴(cù):跳跃。 常开平王:常遇春(1330—1369),字伯仁,怀远(今安徽怀远)人。为明开国功臣,死后追封中书右丞相、开平王。 犀觥(gōng):犀牛角做的酒杯。

②第:府第,住宅。

③易:交换,卖。 先君子:已去世的父亲,即作者的父亲张耀芳(1574—1632)。 鲁献王:当为鲁宪王,即朱寿鋐,万历二十九年(1601)被封鲁王,去世后谥宪王。 峻:严厉。

丁丑诗社,恳名公人锡之名,并赋小言咏之。周墨农字以"木犹龙",倪鸿宝字以"木寓龙",祁世培字以"海槎",王士美字以"槎浪",张毅儒字以"陆槎",诗遂盈帙①。

【注释】

①周墨农:周祚新,字又新,号墨农,山阴(今浙江绍兴)人,曾任职

南京国子监。作者好友。　字：指命名。　倪鸿宝：倪元璐（1593—1644），字汝玉，号鸿宝，上虞（今浙江绍兴）人。天启二年（1622）进士，官至户部尚书、吏部尚书。以书画名于世，传世作品有《〈舞鹤赋〉卷》《行书诗轴》《金山诗轴》等。著有《儿易内外仪》《倪文贞集》等。张岱称其为"古文知己"。　"木寓龙"：亦作木禺龙，即木雕的龙，古代祭神时用。　祁世培：祁彪佳（1602—1645），字虎子，又字幼文、弘吉，号世培，别号远山堂主人，山阴（今浙江绍兴）人。天启元年（1621）进士，曾任苏松府巡按。著有《远山堂曲品》《远山堂剧品》《越中园亭记》《救荒全书》《祁忠敏公日记》《寓山注》《里居越言》等。作者称其为"字画知己"，其事迹参见本书补遗之《祁世培》。　王士美：王业洵，字士美，余姚（今浙江余姚）人。为刘宗周弟子，善琴。　张毅儒：张弘，字毅儒，善诗文，编有《明诗存》。他是作者的堂弟，作者称其为"诗学知己"。

木龙体肥痴，重千余斤，自辽之京、之兖、之济，由陆。济之杭，由水。杭之江、之萧山、之山阴、之余舍，水陆错①。前后费至百金，所易价不与焉。呜呼，木龙可谓遇矣！

余磨其龙脑尺木，勒铭志之，曰："夜壑风雷，蹇槎化石；海立山崩，烟云灭没；谓有龙焉，呼之或出。"②又曰："扰龙张子，尺木书铭；何以似之，秋涛夏云③。"

【注释】

①萧山：今杭州萧山。　山阴：今浙江绍兴。

②尺木：传说龙升天时所凭依的短小树木。作者在《夜航船》一书中有介绍："尺木：龙头上有一物，如博山形，名曰尺木。龙无尺木，不能升天。"　勒：刻。

③张子：作者的自称。本书中作者多以"张子"自称。

纯生氏曰：木犹龙诸诗歌具载枫社全诗，当时推宗老、毅儒为冠。

【简评】

作者与这个木龙还真是有缘分，本来是常遇春家的宝物，后来应该进鲁王府，结果阴差阳错，从东北一路流落，直到摆放在作者家里，好在终于遇到识货的明主，也算是找到最好的归宿。

作者另写有《木寓龙》一诗，诗序中说："先君子有木寓龙，生于辽海，形如蹴浪，命岱赋之，因用东坡《木假山》诗龙。"可与本文参看。

天　砚

少年视砚，不得砚丑。徽州汪砚伯至，以古款废砚，立得重价，越中藏石俱尽①。阅砚多，砚理出。曾托友人秦一生为余觅石，遍城中无有②。

山阴狱中大盗出一石，璞耳，索银二斤。余适往武林，一生造次不能辨，持示燕客③。燕客指石中白眼曰："黄牙臭口，堪留支桌④。"赚一生还盗⑤。燕客夜以三十金攫去。命砚伯制一天砚，上五小星一大星，谱曰"五星拱月"。燕客恐一生见，铲去大、小三星，止留三小星。一生知之，大懊恨，向余言。余笑曰："犹子比儿⑥。"

【注释】

①古款废砚：款式古旧的废弃砚石。

②秦一生：作者好友，绍兴人，性好山水声伎、丝竹管弦。作者写有《祭秦一生文》。

③造次：仓促，匆忙。　燕客：张萼，字介子，号燕客，系张岱叔父张联芳之子。

④黄牙臭口：这里是说石头品质低劣。

⑤赚：哄骗。

⑥犹子：侄子。"犹子比儿"，语出《千字文》："诸姑伯叔，犹子比儿。"　作者在其《夜航船》一书中亦有介绍："犹子：卢迈进中书侍郎，再娶无子。或劝蓄姬媵，迈曰：'兄弟多子，犹子也，可以主后。'"作者引这句话，意在安慰秦一生，砚在燕客那里与在他手里是一样的，不必太计较。

亟往索看。燕客捧出，赤比马肝，酥润如玉，背隐白丝类玛瑙，指螺细篆，面三星坟起如弩眼，着墨无声而墨沉烟起①。一生痴骇，口张而不能翕②。

燕客属余铭，铭曰："女娲炼天，不分玉石；鳌血芦灰，烹霞铸日；星河溷扰，参横箕翕③。"

【注释】

①马肝：即马肝石，一种制砚的石材。　指螺：螺旋形的指纹。这里当是指砚石的纹路。细篆：笔画纤细的篆字。　坟起：隆起、突出。　弩眼：瞪眼，睁眼。

②痴骇（hāi）：呆痴。

③"女娲炼天"句：古代神话传说，女娲炼五色石补天，折鳌四足支撑四极，用芦灰来堵洪水。　溷扰：烦扰，打扰。　参、箕：星宿名，这里指砚上的小星。

纯生氏曰：元圃积玉，无非异光。

【简评】

作者的这位堂弟燕客倒也算是懂行，一眼就能看出砚石的好坏，只

035

是手段太不光明正大，占有欲太强。不过砚却是好砚，作者称之为天砚。作者后文还会多次提到这个纨绔子弟，这是一个典型的败家子，不把家财挥霍干净誓不罢休。

吴中绝技①

吴中绝技：陆子冈之治玉，鲍天成之治犀，周柱之治嵌镶，赵良璧之治梳，朱碧山之治金银，马勋、荷叶李之治扇，张寄修之治琴，范昆白之治三弦子，俱可上下百年保无敌手。②

但其良工苦心，亦技艺之能事。至其厚薄深浅，浓淡疏密，适与后世赏鉴家之心力、目力针芥相对，是岂工匠之所能办乎③？盖技也而进乎技矣④。

【注释】

①吴中：今江苏吴县一带。泛指吴地。

②嵌镶：以物嵌入或镶边。　张寄修之治琴：张寄修是当时著名的"张氏五修"之一。"张氏五修"即张敬修、张寄修（亦作"张季修"）、张顺修、张睿修、张敏修五人，他们出自明代斫琴世家张氏，在明末崇祯年间享有盛誉。如今，张寄修斫制的琴仍流传于世，如成公亮旧藏忘忧琴就出自张寄修之手，此琴龙池内有"吴门张季修制，寰虚李道人藏"腹款。这里所说的琴专指七弦琴，即我们今天所说的古琴。

③针芥相对：即针芥相投，比喻性情契合，相互合得来。

④进乎技矣：语出《庄子·养生主》："臣之所好者道也，进乎技矣。"

纯生氏曰：庖丁解牛，皆中理解，非庄叟神化之笔不传。

【简评】

"技也而进乎技矣",这就是大师与一般工匠的区别所在。在一般工匠那里,绝技就是绝技;但在大师那里,绝技之外,还有超出绝技的东西,那就是人们通常所说的道。

其他版本的最后一句皆作"盖技也而进乎道矣",与"技也而进乎技矣"相比,说得太直白,没有韵味,不如用"技"显得机智灵巧。

濮仲谦雕刻①

南京濮仲谦,古貌古心,粥粥若无能者,然其技艺之巧,夺天工焉②。其竹器,一帚一刷,竹寸耳,勾勒数刀,价以两计。然其所以自喜者,又必用竹之盘根错节,以不事刀斧为奇,则是经其手略刮磨之,而遂得重价,真不可解也。

仲谦名噪甚,得其款,物辄腾贵③。三山街润泽于仲谦之手者数十人焉,而仲谦赤贫自如也④。于友人座间见有佳竹、佳犀,辄自为之。意偶不属,虽势劫之、利啖之,终不可得⑤。

【注释】

①濮(pú)仲谦:濮澄,字仲谦,当涂(今属安徽)人。民间竹刻艺人。作者《夜航船》亦有记载:"竹器:南京所制竹器,以濮仲谦为第一,其所雕琢,必以竹根错节盘结怪异者,方肯动手,时人得其一款物,甚珍重之。"此外作者还曾为其竹刻作品撰写《鸠柴奇觚记序》。

②古貌:古朴的形貌。 古心:不同俗流的思想。 粥粥:柔弱无能的样子。

③款：此处指器物上的刻字。

④三山街：在今江苏南京中华路、建康路交会处，因临近三山门而得名。　润泽：受到好处、恩惠。

⑤不属：不及，不满意。　啖（dàn）：利诱，引诱。

纯生氏曰：百里奚爵禄不入胸中，饭牛牛肥。仲谦身分，故臻于此。

【简评】

此篇承接《吴中绝技》而来，描写了一位身怀绝技的民间艺人的形象。他不仅手艺巧夺天工，而且很有个性，正是这种个性，成就了一位大师。如果事事都是为了金钱，那不过就是一名工匠而已。

清代宋琬在其《竹罂草堂歌》一诗中曾这样描写濮仲谦的技艺："白门濮生亦其亚，大朴不斫开新硎。虬须削尽见龙蜕，轮囷蟠屈鸱夷形。匠心奇创古无有，区区荷锸羞刘伶。妙制流传真者少，何侯得之为异宝。"可为本文之补充。

卷 二

孔庙桧①

己巳至曲阜,谒孔庙,买门者门以入②。宫墙上有楼耸出,匾曰"梁山伯祝英台读书处",骇异之。③

【注释】

①孔庙:在今山东曲阜市中心鼓楼西侧300米处。原为孔子故宅,初建于公元前478年,后历代帝王不断加封孔子,扩建庙宇,是我国三大古建筑群之一。 桧(guì):又称"刺柏",一种常绿乔木,木材呈桃红色,有香气。

②己巳:即崇祯二年(1629)。

③梁山伯祝英台:民间传说中的人物。祝英台女扮男装,与梁山伯同窗共读,结下深厚情谊。因父母干涉,婚姻未成,两人殉情而死,化为一对蝴蝶。 骇异:感到惊讶怪异。

进仪门,看孔子手植桧①。桧历周、秦、汉、晋几千年,至晋怀帝永嘉三年而枯②。枯三百有九年,子孙守之不毁,至隋恭帝义宁元年复生③。生五十一年,至唐高宗乾封三年再枯④。枯三百七十有四年,至宋仁宗康定元年再荣⑤。至金宣宗贞祐三年罹于兵火,枝叶俱焚,仅存其干,高二丈有奇⑥。后八十一年,元世祖三十一年再发⑦。至洪武二十二年己巳,发数枝,蓊郁,后十余年又落⑧。摩其干,滑泽坚润,纹皆左纽,扣之作金石声。孔氏子孙恒视其荣枯以占世运焉⑨。

【注释】

①仪门：大门内的第二重正门。

②晋怀帝永嘉三年：309年。

③隋恭帝义宁元年：617年。

④唐高宗乾封三年：668年。

⑤宋仁宗康定元年：1040年。

⑥金宣宗贞祐三年：1215年。　罹（lí）：遭遇，遭受。

⑦元世祖三十一年：即至元三十一年（1294）。

⑧洪武二十二年：1389年。

⑨占：推测吉凶。

再进一大亭，卧一碑，书"杏坛"二字，党英笔也①。亭界一桥，洙、泗水汇此②。过桥，入大殿，殿壮丽，宣圣及四配、十哲俱塑像冕旒③。案上列铜鼎三、一牺、一象、一辟邪，款制遒古，浑身翡翠，以钉钉案上④。阶下竖历代帝王碑记，独元碑高大，用风磨铜龛员，高丈余⑤。左殿三楹，规模略小，为孔氏家庙。东西两壁，用小木匾书历代帝王祭文。西壁之隅，高皇殿焉⑥。

庙中凡明朝封号，俱置不用，总以见其大也。孔家人曰："天下只三家人家：我家与江西张、凤阳朱而已⑦。江西张，道士气；凤阳朱，暴发人家，小家气。"

【注释】

①杏坛：相传为孔子聚徒授业讲学之处。后泛指授徒讲学之处，亦用来比喻教育界。　党英：当即党怀英（1134—1211），字世杰，号竹溪，祖籍冯翊（今陕西大荔）。曾官至翰林学士承旨，以书法名于世。

②洙：泗水的支流。　泗水：源出山东泗水县陪尾山，因其四源合为一水，故名。

③宣圣：汉平帝追谥孔子为褒成宣公，后历代王朝皆尊孔子为圣人，世人多尊称其为宣圣。　四配：配祀孔子的四位儒门圣贤，即复圣颜子、宗圣曾子、述圣子思子、亚圣孟子。　十哲：孔子门下最优秀的十位学生，即子渊、子骞、伯牛、仲弓、子有、子贡、子路、子我、子游、子夏。　冕旒：旧时最尊贵的一种礼帽。冕，礼帽。旒，礼帽前后端垂下的穿玉丝绳。

④遒古：雄健古朴。

⑤风磨铜：一种主要成分为铜、金的合金，风越吹磨则越明亮。　赑屃(bì xì)：古代传说中的一种动物，外形像龟，能负重，旧时石碑基座多雕成其形。

⑥高皇：即朱元璋，安徽凤阳人。

⑦江西张：指江西张天师家族，其始祖为张道陵。　凤阳朱：指凤阳朱元璋家族。

纯生氏曰：华林园万年树及此桧否？人生安得如汝寿，盍为桧咏？

【简评】

此卷先从《孔庙桧》说起，强调孔子手植桧在历代的传承，同样有其深意在。如果说第一卷的《钟山》一文抒发的是亡国之痛、故国之思，那么这一篇就显示了作者的文化情怀和操守。在他看来，这不仅是一次王朝的更迭，也是一场文化的浩劫。明朝亡不过二百多年的历史，而以孔子为代表的道统则薪火不绝，传承了上千年，这更需要去捍卫。这也是当时文人的一种共识，顾炎武更是由此提出亡国与亡天下的区别，发出天下兴亡、匹夫有责的呼唤。

作者曾写有《孔子手植桧》一诗，其中最后几句为："昔灵今不灵，顽仙逊蓂荚。岂下有虫蚁，乃来为窟穴。余欲驱除之，敢借击蛇笏。"其捍卫道统的志向与担当于此可见。

孔　林①

　　曲阜出北门五里许，为孔林。紫金城城之，门以楼，楼上见小山一点正对东南者，峄山也②。折而西，有石虎、石羊三四，在榛莽中。过一桥，二水汇，泗水也。享殿后有子贡手植楷③。楷大小千余本，鲁人取为材，为棋枰。享殿正对伯鱼墓，圣人葬其子，得中气④。由伯鱼墓折而右，为宣圣墓⑤。去数丈，案一小山，小山之南为子思墓⑥。数百武之内，父、子、孙三墓在焉⑦。

【注释】

①孔林：在今山东曲阜北门外，为孔子及其后裔的墓地。作者《夜航船》一书亦有介绍，兹引如下："自泰山发脉，石骨走二百里，至曲阜结穴，洙、泗二水会于其前，孔林数百亩，筑城围之。城以外皆孔氏子孙，围绕列葬，三千年来，未尝易处。南门正对峄山，石羊、石虎皆低小，埋土中。伯鱼墓，孔子所葬，南面居中，前有享堂。堂右横去数十武，为宣圣墓。墓坐一小阜，右有小屋三楹，上书'子贡庐墓处'。墓前近案，对一小山，其前即葬子思父子孙三墓，所隔不远，马鬣之封不用石砌，土堆而已。林中树以千数，惟一楷木老本，有石碑刻'子贡手植楷'，其下小楷生植甚繁。此外合抱之树皆异种，鲁人世世无能辨其名者，盖孔子弟子异国人，皆持其国中树来种者。林以内不生荆棘，并无刺人之草。"

②峄（yì）山：又名邹山，在今山东邹县。

③子贡：端木赐，字子贡，孔子的弟子。　楷（jiē）：又名黄连木，一种落叶乔木。

④伯鱼：孔鲤，字伯鱼，孔子的儿子。

⑤宣圣墓：孔子墓。
⑥子思：孔伋，字子思，孔子的孙子。
⑦武：古以六尺为一步，半步为武。

谯周云："孔子死后，鲁人就冢次而居者百有余家，曰'孔里'。"①《孔丛子》曰："夫子墓茔方一里，在鲁城北六里泗水上。"②诸孔氏封五十余所，人名昭穆，不可复识③。

【注释】

①谯（qiáo）周：谯周（201—270），字允南，西充（今属四川南充）人。曾任蜀汉光禄大夫等职。入晋后任骑都尉等职。著有《五经然否论》《古史考》等。

②《孔丛子》：三卷二十一篇，旧题孔鲋撰。主要记叙孔子及子思、子上、子高、子顺等人的言行。学者多认为该书为伪托之书。

③昭穆：古代宗法制度所规定宗庙或宗庙中神主的排列次序，以始祖居中，以下父子相递为昭穆，左为昭，右为穆。

有碑铭三，兽碣俱在。《皇览》曰："弟子各以四方奇木来植，故多异树，不能名。一里之中未尝产棘木、荆草。"①紫金城外，环而墓者数千家，三千二百余年，子孙列葬不他徙，从古帝王所不能比隆也。宣圣墓右，有小屋三间，匾曰"子贡庐墓处"。盖自兖州至曲阜道上，时官以木坊表识，有曰"齐人归馈处"，有曰"子在川上处"，尚有义理；至泰山顶上，乃勒石曰"孔子小天下处"，则不觉失笑矣。②

【注释】

①《皇览》：三国魏文帝时刘劭、王象等人所编撰的一部类书，共四十余部。因供皇帝阅览，故名。原书今已失传，后人有辑本。

②齐人归讙（huān）：语出《春秋·定公十年》："齐人来归郓、讙、龟阴田。" 子在川上：语出《论语·子罕》："子在川上曰：'逝者如斯夫，不舍昼夜。'" 泰山：在今山东泰安，古称东岳，为五岳之首。 孔子小天下：语出《孟子·尽心上》："孔子登东山而小鲁，登泰山而小天下。"

纯生氏曰：不必如何赞叹，自极生民未有之盛。

【简评】

上一篇写孔庙桧，这一篇则写孔林，既是记录见闻，也是在写孔子之学的绵延不绝。这两篇与第一卷的前两篇放在一起，可见作者的用意。即便大势已去，他仍坚持自己的立场，不放弃对文化道统的守望。

作者还写有《子贡手植楷》一诗，末两句云："惟不受秦官，真堪为世楷。"立场鲜明，并不隐晦。

燕子矶①

燕子矶，余三过之。水势湁潗，舟人至此，捷捽抒取，钩挽铁缆，蚁附而上②。篷窗中见石骨棱层，撑拒水际，不喜而怖，不识岸上有如许境界③。

【注释】

①燕子矶：在今江苏南京城北直渎山，因石峰突出江上，三面临空，远望如燕子展翅欲飞，故名。名胜有头台洞、观音洞、二台洞和三台洞等。

②湁潗（chì jí）：水流喷涌翻腾。 捽（zuó）：揪，抓。 蚁附：像蚂蚁那样群集攀附。

③篷窗：船窗。　棱层：即崚嶒，山势高耸突兀。　撑拒：支撑，支持。

戊寅到京后，同吕吉士出观音门，游燕子矶，方晓佛地仙都，当面蹉过之矣①。登关王殿，吴头楚尾，是侯用武之地，灵爽赫赫，须眉戟起②。缘山走矶上，坐亭子，看水江潎洌，舟下如箭③。折而南，走观音阁，度索上之④。阁傍僧院，有峭壁千寻，碚礧如铁⑤；大枫数株，翳以他树，森森冷绿⑥。小楼痴对，便可十年面壁⑦。今僧寮佛阁，故故背之，其心何忍⑧？

是年，余归浙，闵老子、王月生送至矶，饮石壁下⑨。

【注释】

①戊寅：崇祯十一年（1638）。　吕吉士：吕福生，字吉士，浙江绍兴人。复社成员，入清后曾任高淳知县。　蹉过：错过。

②吴头楚尾：吴的上游，楚的下游。关于吴头楚尾有不同的说法，有人认为在江西。　灵爽：神灵，神明。

③潎洌（piē liè）：水流很急的样子。

④度索：顺着绳索，走绳索。作者在《夜航船》中亦有解释："度索，以绳索相引而度也。"

⑤寻：古代长度单位，八尺为一寻。　碚礧（bèi léi）：坚硬的石头。

⑥翳：草木茂盛。

⑦面壁：又称壁观，面对墙壁默坐静修，后泛指十分专心地思考、反省。

⑧寮（liáo）：小房子，小屋子。　故故背之：偏偏故意背对峭壁。

⑨闵老子：闵汶水，作者在金陵结识的一位茶友。详见本书卷三《闵老子茶》。　王月生：明末南京名妓，详见本书卷八"王月生"。

纯生氏曰：绝妙荆关画图，惟当倩周昉来，为月生写照。

【简评】

目光从山东转向金陵，如此奇险秀美的风景，自然是不能"当面蹉过"。作者最后一次游览，是在明亡之前几年。后来再没有这样的机会，只能在梦中游历了。

鲁藩烟火①

兖州鲁藩烟火妙天下②。烟火必张灯，鲁藩之灯，灯其殿、灯其壁、灯其楹柱、灯其屏、灯其座、灯其宫扇伞盖③。诸王公子、宫娥僚属、队舞乐工，尽收为灯中景物。及放烟火，灯中景物又收为烟火中景物。天下之看灯者，看灯灯外；看烟火者，看烟火烟火外，未有身入灯中、光中、影中、烟中、火中，闪烁变幻，不知其为王宫内之烟火，亦不知其为烟火内之王宫也。

【注释】

①鲁藩：洪武三年（1370），朱元璋封其第十子朱檀为鲁王，居兖州，后世代因袭，故名。

②兖州：今属山东省济宁市，为其下辖一个区。

③灯其殿：此处灯活用为动词，有装灯、点灯之意。下文"灯其壁""灯其楹柱"等皆同。

殿前搭木架数层，上放"黄蜂出窠""撒花盖顶""天花喷礴"。四旁珍珠帘八架，架高二丈许，每一帘嵌孝、悌、忠、信、礼、义、廉、耻一大字，每字高丈许，晶映高明。下以五色火漆塑狮、象、橐驼之属百余头，上骑百蛮，手中持象牙、犀角、珊瑚、玉斗诸器，器中实"千丈菊""千丈梨"诸火器，兽足蹑以车轮，腹内藏人，旋转其下①。百蛮手中瓶花徐发，雁雁行行，且阵且走②。

【注释】

①火漆：以松脂、石蜡为原料，加颜料制成的物质，易融化，亦易凝固，通常用于密封文件、瓶口等。　橐（tuó）驼：骆驼。　百蛮：泛称少数民族。

②雁雁行行：排列整齐，井然有序的样子。　且阵且走：一边排列队阵一边跑。

移时，百兽口出火，尻亦出火，纵横践踏①。端门内外，烟焰蔽天，月不得明，露不得下。看者耳目攫夺，屡欲狂易，恒内手持之②。

昔者有一苏州人，自夸其州中灯事之盛，曰："苏州此时有起火，亦无处放，放亦不得上③。"众曰："何也？"曰："此时天上被起火挤住，无空隙处耳！"人笑其诞。于鲁府观之，殆不诬也④。

【注释】

①尻（kāo）：脊骨的末端，包括骶骨和尾骨。

②攫夺：攫取掠夺。　狂易：精神失常，一反常态。　内（nà）：同"纳"，接纳，接入手中。

③起火：一种烟花，又称冲天炮。

④诬：欺骗，骗人。

纯生氏曰：烟腾火发，荧台之象也。

【简评】

因父亲在鲁王手下任职的关系，作者对鲁藩的生活较为熟悉，从烟火之一端不难想见其生活之奢华。

在作者看来，鲁藩烟火的绝妙之处在于人物与烟火融为一体，互为风景。读罢此文，很自然会联想到现代诗人卞之琳的《断章》：

你站在桥上看风景，
看风景的人在楼上看你。

明月装饰了你的窗子，
你装饰了别人的梦。

朱云崃女戏①

朱云崃教女戏，非教戏也。未教戏，先教琴，先教琵琶，先教提琴、弦子、箫管、鼓吹、歌舞，借戏为之，其实不专为戏也。郭汾阳、杨越公、王司徒女乐，当日未必有此②。丝竹错杂，檀板清讴，已妙腠理，唱完以曲白终之，反觉多事矣③。

【注释】

①朱云崃（lái）：生平未详。

②郭汾阳：郭子仪（697—781），郑县（今陕西渭南市华州区）人。历任兵部尚书、太尉兼中书令等职，封汾阳郡王。　杨越公：杨素（？—606），字处道，华阴（今属陕西）人。曾被封越国公。　王司徒：王允

(137—192)，字子师，太原祁（今山西祁县）人，历任豫州刺史、司徒等职。

③腠（còu）理：中医指皮肤等的纹理和皮下肌肉的空隙。此处泛指条理。

西施歌舞，对舞者五人，长袖缓带，绕身若环，曾挠摩地，扶旋猗那，弱如秋药①。女官内侍，执扇葆璇盖、金莲宝炬、纨扇宫灯二十余人，光焰荧煌，锦绣纷叠，见者错愕②。

【注释】

①西施：春秋时期的美女，曾协助越王勾践灭吴。"绕身若环"以下四句等语：语出《淮南子·修务训》："今鼓舞者，绕身若环，曾挠摩地，扶旋猗那，动容转曲，便媚拟神，身若秋药被风。"描绘舞者的舞技高超，舞姿美妙。

②女官：在宫中执事的女子。作者在《夜航船》中有介绍："女官：周始制女史，佐内治。汉制女官十四等，数百人。唐设六局二十四司，官九十人，女史五十余人。"　璇盖：玉饰的车盖。　宝炬：蜡烛的美称。　荧煌：闪耀辉煌。　错愕：吃惊。

云老好胜，遇得意处，辄盱目视客①；得一赞语，辄走戏房，与诸姬道之，佹出佹入，颇极劳顿②。且闻云老多疑忌，诸姬曲房密户，重重封锁，夜犹躬自巡历，诸姬心憎之，有当御者辄遁去，互相藏闪，只在曲房，无可觅处，必叱咤而罢③。殷殷防护，日夜为劳，是无知老贱自讨苦吃者也，堪为老年好色之戒。

【注释】

①盱（xū）目：瞪大眼睛看。
②戏房：戏场后台。　佹（guǐ）：时而。

③曲房：密室。 当御：值班。

纯生氏曰：云崃工虎儿墨戏，惜其溺于声色，世遂不传。

【简评】
朱云崃教戏、演戏很有一套，"借戏为之，其实不专为戏也"，功夫在戏外，说起来也是一种难得的艺术境界，这正是其高明之处。作者在本书中多次写到演戏，或以歌舞胜，或以道具胜，或以扮相胜，写出了明代戏曲的丰富多元。正是各个方面达到极致，才成就了明代戏曲的辉煌。从戏曲的角度而言，该书是一份晚明时期江南演剧的珍贵记录。

绍兴琴派

丙辰学琴于王侣鹅，绍兴存王明泉派者推侣鹅，学《渔樵问答》《列子御风》《碧玉调》《水龙吟》《捣衣》《环珮声》等曲①。戊午学琴于王本吾，半年得二十余曲：《雁落平沙》《山居吟》《静观吟》《清夜坐钟》《乌夜啼》《汉宫秋》《高山》《流水》《梅花弄》《淳化引》《沧江夜雨》《庄周梦》，又《胡笳十八拍》《普庵咒》等小曲十余种②。

【注释】
①丙辰：万历四十四年（1616）。
②戊午：万历四十六年（1618）。 《清夜坐钟》：现存琴谱中并无名为"清夜坐钟"的琴曲，该曲名亦不见于文献记载，琴谱中有《清夜闻钟》一曲，或系"闻"字草书之形似"坐"字而致误。 《淳化引》：琴曲中没有

名为"淳化引"者，此处应当是指琴曲《神化引》。

王本吾指法圆静，微带油腔[1]。余得其法，练熟还生，以涩勒出之，遂称合作[2]。同学者，范与兰、尹尔韬、何紫翔、王士美、燕客、平子[3]。与兰、士美、燕客、平子俱不成，紫翔得本吾之八九而微嫩，尔韬得本吾之八九而微迂。余曾与本吾、紫翔、尔韬取琴四张弹之，如出一手，听者骇服[4]。后本吾而来越者，有张慎行、何明台，结实有余而萧散不足，无出本吾上者[5]。

【注释】

[1]油腔：古琴艺术非常讲究气息与韵味，古琴音乐的韵味在很大程度上取决于"走手音"的处理。此处所说的"油腔"就是指弹奏"走手音"时，左手按压琴弦并在琴弦上移动的距离较长，左手移动的速度较慢，从而造成浓艳绮靡的音乐效果，如同戏曲艺术中所说的"油腔"。

[2]涩勒：生涩，不够顺畅。

[3]范与兰：参见本书卷八《范与兰》。　尹尔韬（约1600—约1678）：后改名尹晔，字紫芝，晚年号芝仙，又号袖花老人，山阴（今浙江绍兴）人。曾任中书舍人，精通音律，以琴侍崇祯皇帝，奉旨撰有《五音取法》八十篇、《五音确义》五十篇及《原琴正议》《审音奏议》等，并谱有《皇极》《崆峒引》《敲爻歌》《据梧吟》《烂柯行》《参同契》等曲。明亡后，寓居淮上，后徙居淄青、苏门，居三十余载，谱有《鲁风》《安乐窝歌》《苏门长啸》《夏峰歌》《归来曲》《归去来辞》等曲。此外，他还编有琴谱《徽言秘旨》并流传至今。　何紫翔：生平不详，作者写有《与何紫翔》书，与其探讨弹琴之法。　平子：张峰，字平子，作者的弟弟。

[4]骇（hài）：同"骇"，惊异。

[5]结实有余而萧散不足：此处的"结实"与"萧散"是作者评论古琴音乐韵味的两个概念。所谓"结实"，是指弹奏时下指较重，取音较实；所谓"萧散"，是说弹奏时运指洒脱，不急不躁，且节奏舒缓。这句话的意思是批

评弹奏者弹琴时取音过于坚实，没有做到虚实结合，同时下指急躁，没有做到疏淡洒脱。

纯生氏曰：练熟还生，精于琴学者也。余虽未谙操缦，曾事安弦，特为表出。

【简评】
从这篇文章可见作者早年所受的教育，对其如此精通琴艺也就不难理解。至于中国琴史上是否有绍兴琴派，学界看法不一。

作者在《与何紫翔》一文中曾谈到弹琴的"练熟还生"之法，颇为精彩，兹引如下，可以加深对本文的理解。

> 弹琴者，初学入手，患不能熟；及至一熟，患不能生。夫生，非涩勒离歧、遗忘断续之谓也。古人弹琴，吟揉绰注，得手应心。其间勾留之巧，穿度之齐，呼应之灵，顿挫之妙，真有非指非弦，非勾非剔，一种生鲜之气，人不及知，己不及觉者。非十分纯熟，十分淘洗，十分脱化，必不能到此地步。
>
> 盖此练熟还生之法，自弹琴拨阮，蹴踘吹箫，唱曲演戏，描画写字，作文做诗，凡百诸项，皆借此一口生气。得此生气者，自致清虚；失此生气者，终成渣秽。吾辈弹琴，亦唯取此一段生气已矣。

花石纲遗石①

越中无佳石。董文简斋中一石，磊块正骨，窋窊数孔，疏爽明易，不作灵谲波诡，朱勔花石纲所遗，陆放翁家物也②。文简竖之庭除，石后种剔牙松一株，辟咡负剑，与石意相得③。文简轩其北，名"独石"，轩石之，轩独之，无异也。石篑先生读书其中，勒铭志之④。

【注释】

①花石纲：古代专门运送花木异石以满足皇帝喜好的运输编队的名称。北宋时为修建艮岳，宋徽宗在苏州设置应奉局，在江南搜罗花木奇石，经水路运至汴京。当时的船队十船为一组，称作一"纲"，花石纲名称由此而来。

②董文简：董玘（1487—1546），字文玉，会稽（今浙江绍兴）人，弘治十八年（1505）进士，历任刑部主事、吏部左侍郎等职。谥文简。著有《董中峰稿》。　窋窊（zhú zhà）：原意为物体在穴中突出的样子，这里指洞穴。　灵谲波诡：神奇怪异的样子。　朱勔（miǎn）（1075—1126）：苏州人。宋徽宗时，朱勔为逢迎皇帝，搜求珍奇花石以献，劳民伤财。　陆放翁：即陆游（1125—1210），字务观，号放翁，越州山阴（今浙江绍兴）人。历任夔州通判、朝议大夫、礼部郎中等职。著有《剑南诗稿》《渭南文集》《南唐书》《老学庵笔记》等。

③除：台阶。　辟咡（èr）：耳语，侧着头交谈。

④石篑先生：陶望龄（1562—1609），字周望，号石篑，会稽（今浙江绍兴）人。万历十七年（1589）进士，历任翰林院编修、侍讲、国子监祭酒等职。著有《制草》《歇庵集》《解庄》《天水阁集》等。　勒铭：镌刻铭文。

大江以南花石纲遗石，以吴门徐清之家一石为石祖①。石高丈五，朱勔移舟中，石盘沉太湖底，觅不得，遂不果行。后归乌程董氏，载至中流，船复覆②。董氏破赀募善入水者取之。先得其盘，诧异之，又溺水取石，石亦旋起，时人比之延津剑焉③。后数十年，遂为徐氏有④。再传至清之，以三百金竖之。

　　石连底高二丈许，变幻百出，无可名状。大约如吴无奇游黄山，见一怪石，辄瞋目叫曰："岂有此理！岂有此理！"⑤

【注释】

①吴门：苏州。徐清之：即徐溶，字清之，明嘉靖二十年（1541）进士，官至尚宝卿。

②乌程：在今浙江湖州。　董氏：指董份（1510—1595），字用均，号泌园、南浔山人，乌程人。嘉靖二十年（1541）进士。历任翰林院编修、太常寺少卿、礼部右侍郎、礼部尚书、吏部尚书等职。著有《泌园集》。

③延津剑：指龙泉、太阿两剑。据《晋书》记载，雷焕得双剑，一曰龙泉，一曰太阿，他送张华一把，一把自佩，后来"华诛，失剑所在。焕卒，子华为州从事，持剑行经延平津，剑忽于腰间跃出堕水。使人没水取之，不见剑，但见两龙各长数丈"。

④徐氏：徐泰时（1540—1598），原名三锡，字大来，号舆浦，长洲（今江苏苏州）人。万历八年（1580），历任工部主事、太仆寺少卿等职。苏州著名园林留园即其所建。他是董份的女婿、徐清之的父亲。

⑤吴无奇：吴士奇，字无奇，号恒初，安徽歙县人。万历二十年（1592）进士。历任宁化知县、归安知县、南京户部主事、太常寺卿等职，著有《绿滋馆稿》《史裁》等。　瞋（chēn）目：瞪大眼睛。

　　纯生氏曰：金华山白石，皇初平叱之，皆起立。

【简评】

文中所写两处花石纲遗石，从北宋至明代，不断易主，好在都保存了下来。在观赏价值之外，这些石头也被赋予了丰富的文化内涵。

文中所言徐家所藏石祖，原放置在徐氏东园（今留园）内，并更名为瑞云峰。乾隆四十四年（1779），乾隆皇帝南巡，将其移到行宫（现苏州第十中学）内，今保存完好。

焦　山①

仲叔守瓜州，余借住于园，无事辄登金山寺②。风月清爽，二鼓，犹上妙高台，长江之险，遂同沟浍③。

【注释】

①焦山：又名浮玉山，在今江苏镇江，位于长江中，因汉末学者焦光隐居此地而得名。作者在《夜航船》中亦有介绍："焦山者，汉末隐士焦光隐此，故名。上有《瘗鹤铭》，陶隐居所书，雷火断之，今坠江岸。"

②仲叔：即张联芳（1576—1644），字尔葆，号二酉。官至扬州司马。他是作者的堂叔。　瓜州：即瓜洲，在今江苏邗江县，与镇江隔江斜望，位于古运河下游与长江交汇处。　于园：详见本书卷五《于园》。　金山寺：在今江苏镇江。东晋时建造，原名泽心寺、龙游寺，自唐代以来人们多称其为金山寺。

③二鼓：二更天，相当于现在的晚间九点到十一点。　妙高台：又名晒经台，为宋代僧人了元所建。1948年与金山寺大殿、藏经楼等同毁于火，今仅存台址。　沟浍：泛指田间水道。浍，田间水渠。

一日，放舟焦山，山更纤谲可喜①。江曲涡山下，水望澄明，渊无潜甲②。海猪、海马，投饭起食，驯扰若豢鱼③。看水晶殿，寻《瘗鹤铭》，山无人杂，静若太古④。回首瓜州，烟火城中，真如隔世。

【注释】

①纤谲：曲折。

②曲涡：盘旋，回环。 甲：甲鱼之类的水生动物。

③海猪：海豚。 驯扰：驯服，顺服。

④《瘗（yì）鹤铭》：南朝摩崖刻石。原刻在今江苏镇江焦山西麓崖石上。宋时受雷击崩落长江中，清康熙时移置山上，后砌入定慧寺壁间，今存残石。瘗，埋葬。《瘗鹤铭》，也就是葬鹤的铭文，其在中国书法史上有着重要的地位和影响。 太古：上古，远古。

饭饱睡足，新浴而出，走拜焦处士祠①。见其轩冕黼黻，夫人列坐，陪臣四，女官四，羽葆云罕，俨然王者②。盖土人奉为土谷，以王礼祀之③。是犹以杜十姨配伍髭须，千古不能正其非也④。处士有灵，不知走向何所？

【注释】

①焦处士：焦先，字孝然，东汉末年人。汉末天下大乱，他隐居山中，焦山即由此而得名。

②轩冕：士大夫以上官员的车乘和冕服。 黼黻（fǔ fú）：泛指古代礼服上所绣的精美花纹。 羽葆：用鸟羽装饰的车盖。作者在其《夜航船》中亦有解释："羽葆：聚五采羽为幢，建于车上，天子之仪卫也。" 云罕：旌旗。

③土谷：土地神和五谷神。

④以杜十姨配伍髭须：典出宋俞琰《席上腐谈》："温州有土地杜拾姨无

夫，五撮须相公无妇。州人迎杜拾姨以配五撮须，合为一庙。杜十姨为谁？乃杜拾遗也。五撮须为谁？乃伍子胥也。少陵有灵，必对子胥笑曰：'尔尚有相公之称，我乃为十姨，岂不雌我耶？'"

纯生氏曰：长江沟浍，猪马鲧鱼，陶庵忘机矣。一见焦先生，何遽不然。

【简评】
相比《金山夜戏》里的狂放不羁，作者这次游览要安静很多，焦山一带景致写得颇为真切、传神，这是靠道听途说无法做到的。虽然有看景不如听景之说，但很多名胜古迹非亲自观赏不能体会其佳处。

有趣的是，作者每到一处，总喜欢对那些古迹、神庙进行考索，指出其牵强附会之处。除本文外，作者前文写到孔庙、孔林时也谈及这一问题。

表胜庵①

炉峰石屋为一金和尚结茅守土之地，后住锡柯桥融光寺②。大父造表胜庵成，迎和尚还山住持。命余作启，启曰："伏以丛林表胜，惭给孤之大地布金③；天瓦安禅，冀宝掌自五天飞锡④。重来石塔，戒长老特为东坡⑤；悬契松枝，万回师却逢西向⑥。去无作相，住亦随缘。伏惟九里山之精蓝，实是一金师之初地⑦。偶听柯亭之竹笛，留滞人间⑧；久虚石屋之烟霞，应超尘外。譬之孤天之鹤，尚眷旧枝；想彼弥空之云，亦归故岫⑨。况兹胜域，宜兆异人，了住山之夙因，立开堂之新范⑩。护门容虎，洗钵归龙⑪。茗得先春，仍是寒泉风味；香来破腊，依然茅屋梅花。半月岩似与人猜，请大师试为标指⑫；一片石正堪对语，听生公说到点头⑬。敬借山灵，愿同石隐。倘净念结远公之社，定不攒眉⑭；若居心如康乐之流，自难开口⑮。立返山中之驾，看回湖上之船。仰望慈悲，俯从大众。"

【注释】

①表胜庵：作者祖父张汝霖所建，祁彪佳《越中园亭记》对其有详细的描绘："表胜，庵也，而列之园，则张肃之先生精舍在焉。山名九里，以越盛时笙歌闻于九里，故名。渡岭穿溪，至水尽路穷而庵始出。冷香亭居庵之左，矼阁、钟楼，若断若续，俱悬崖架壑为之，而奇石陡峻，则莫过于鸥虎轩。"

②炉峰：即香炉峰，为会稽山的支峰，在绍兴城南。　石屋：寺院名，在香炉峰西麓。结茅：建造茅庐。　住锡：谓僧人在某地居留。　柯桥：今属浙江绍兴，为其下辖区。　融光寺：在今柯桥融光桥西南。宋绍兴六年（1136）始建，明正统十二年（1447）改称融光寺。

③启：中国古代一种用作书信的文体。　给孤之大地布金：传说印度憍萨罗国给孤独长者欲购买太子祇陀的园林，以赠释迦，让其在此说法。太子说，如能用黄金将地面铺满，便将此园相让。给孤独依言用黄金铺地，感动太子。后此园以两人名字命名为"祇树给孤独园"。

④天瓦：即天瓦山房，在表胜庵下，背负绝壁。　宝掌：印度高僧。五天：即五天竺，指古印度。古代印度分东天竺、南天竺、西天竺、北天竺、中天竺五个区域。　飞锡：云游四方。作者《夜航船》一书亦有介绍："《高僧传》：梁武时，宝志爱舒州潜山奇绝，时有方士白鹤道人者亦欲之。帝命二人各以物识其地，得者居之。道人以鹤止处为记，宝志以卓锡处为记。已而，鹤先飞去，忽闻空中锡飞声，遂卓于山麓，而鹤止他处，遂各以所识筑室焉。故称行僧为飞锡，住僧为卓锡，又曰挂锡。"

⑤重来石塔，戒长老特为东坡：苏轼《重请戒长老住石塔疏》一文中有

"大士未曾说法，谁作金毛之声；众生各自开堂，何关石塔之事。去无作相，住亦随缘。长老戒公，开不二门，施无尽藏。念西湖之久别，本是偶然；为东坡而少留，无不可者"之语。戒长老，北宋高僧，法号戒弼。

⑥万回师却逢西向：传说唐代僧人万回之兄服役安西，父母十分想念。他早上去探望兄长，晚上就带回兄长的书信。

⑦九里山：在绍兴城南。　精蓝：佛寺。

⑧柯亭之竹笛：据晋伏滔《长笛赋序》记载："邕避难江南，宿于柯亭。柯亭之观，以竹为椽，邕仰而眄之曰：'良竹也。'取以为笛，音声独绝。"　柯亭，又名高迁亭，在今绍兴西南。

⑨岫（xiù）：山洞。

⑩了：了结，结束。　夙因：前世因缘，前世的根源。

⑪洗钵归龙：《晋书·僧涉传》："僧涉者，西域人也，不知何姓。少为沙门，苻坚时入长安。……能以秘祝下神龙，每旱，坚常使之咒龙请雨。俄而龙下钵中，天辄大雨。"

⑫半月岩：即半月泉，在绍兴法华山天衣寺下。今不存。　标指：指点，揭示。

⑬一片石正堪对语：典出唐张鷟《朝野佥载》："温子升作《韩陵山寺碑》，（庾）信读而写其本。南人问信曰：'北方文士何如？'信曰：'唯有韩陵山一片石堪共语。'"作者《夜航船》一书亦有记载："韩山一片石：庾信自南朝至北方，惟爱温子升所作《韩山碑》。或问北方何如，信曰：'惟韩山一片堪与语，余若驴鸣犬吠耳。'"　听生公说到点头：语出晋无名氏《莲社高贤传·道生法师》："师被摈，南还，入虎丘山，聚石为徒。讲《涅槃经》，至阐提处，则说有佛性，且曰：'如我所说，契佛心否？'群石皆为点头，旬日学众云集。"后以"顽石点头"比喻说理透彻，令人信服。

⑭远公之社：东晋元兴元年（402），高僧慧远（334—416）曾与信徒一百多人在庐山结白莲社，倡导净土法门。

⑮康乐：谢灵运（385—433），原籍陈郡阳夏（今河南太康），出生于会稽始宁（今浙江上虞），出身名门望族，袭封康乐公。曾任大司马行参军、

太尉参军、中书侍郎、散骑常侍、太子左卫率等职。为山水诗的开创者，有《晋书》《谢康乐集》等。

纯生氏曰：大畅宗风，妙析奇致，宁曰富丽为工。

【简评】
作者遵祖父之命，撰写这篇启文，系表祝贺之意。文章应当写于作者年轻时，虽然是官样文章，但写得颇有文采，可见作者文风的另一面。文中引用不少佛教掌故，可见其知识之渊博。启文之外，作者还写了不少檄文，本书多有收录。

梅花书屋

陔萼楼后老屋倾圮，余筑基四尺，造书屋一大间①。旁广耳室如纱幮，设卧榻②。前后空地，后墙坛其趾，西瓜瓤大牡丹三株，花出墙上，岁满三百余朵。坛前西府二树，花时积三尺香雪③。前四壁稍高，对面砌石台，插太湖石数峰。西溪梅骨古劲，滇茶数茎，妩媚其旁，梅根种西番莲，缠绕如缨络④。窗外竹棚，密宝襄盖之⑤。阶下翠草深三尺，秋海棠疏疏杂入。前后明窗，宝襄、西府，渐作绿暗。

余坐卧其中，非高流佳客，不得辄入⑥。慕倪迂清閟，又以"云林秘阁"名之⑦。

【注释】

①倾圮：倒塌毁坏。

②耳室：堂屋两旁的小房间。　幮（chú）：一种似橱形的帏帐。

③香雪：指白色的花。

④缨络：同璎珞，用珠玉串成的装饰品。

⑤宝襄：当为"宝相"，一种蔷薇花。

⑥高流：指才识出众的人物。

⑦倪迂清閟（bì）：倪瓒（1301—1374），初名珽，字元镇，号云林，别号幼霞生、荆蛮民、奚元朗等，世人称其为"倪迂"，无锡（今江苏无锡）人。元末明初书画家，与黄公望、吴镇、王蒙并称"元四家"，著有《清閟阁集》。家中建有清閟阁以收藏书画、古玩。　清閟：即清秘阁。作者《夜航船》一书有介绍："清秘阁：倪云林所居，有清秘阁、云林堂。其清秘阁尤胜，前植碧梧，四周列以奇石，蓄古法书名画其中，客非佳流不得入。尝有夷人入贡，道经无锡，闻云林名，欲见之，以沉香百斤为赞，云林令人绐云：'适往惠山饮泉。'翌日再至，又辞以出探梅花。夷人不得一见，徘徊其家。倪密令开云林堂使登焉，东设古玉器，西设古鼎彝尊罍，夷人方惊顾，问其家人曰：'闻有清秘阁，可一观否？'家人曰：'此阁非人所易入，且吾主已出，不可得也。'夷人望阁再拜而去。"

纯生氏曰：华竹和气，验人安乐，草木文章，发帝机杼。

【简评】

书房不在大，而在清幽。作者因陋就简，在倒塌房屋的地基上另起炉灶，建了一间书屋，用各种草木遮掩映衬，面目焕然一新。坐卧其中，自得其乐，让人不禁想起唐人刘禹锡的《陋室铭》。

除本文外，作者还写有《云林秘阁》三首。其二云：

清閟倪迂在，云林浪得名。

鼎彝贡使拜,浥唾主人薰。
石卧苍霞老,草横空翠生。
琅嬛真福地,南面有书城。

不二斋①

不二斋,高梧三丈,翠樾千重,墙西稍空,蜡梅补之,但有绿天,暑气不到②。后窗墙高于槛,方竹数竿,潇潇洒洒,郑子昭"满耳秋声"横披一幅③。天光下射,望空视之,晶沁如玻璃、云母,坐者恒在清凉世界④。图书四壁,充栋连床⑤;鼎彝尊罍,不移而具⑥。

【注释】

①不二斋:为作者曾祖父张元忭所建。祁彪佳在《越中园亭记》中有如下记载:"张文恭于居第旁有楼三楹,为讲学地,其家曾孙宗子更新之,建云林秘阁于后。宗子嗜古,擅诗文,多蓄奇书文玩之具,皆极精好,洵惟懒瓒清秘,足以拟之。"

②高梧:高大的梧桐树。 翠樾(yuè):绿荫。

③郑子昭:当时的著名画家。

④晶沁:亮光透入。 云母:一种矿物,主要是白色和黑色,能分成透明薄片。

⑤充栋:形容藏书之多。

⑥罍(léi):古代一种盛酒或水的容器。

余于左设石床竹几，帷之纱幕，以障蚊虻①。绿暗侵纱，照面成碧。夏日，建兰、茉莉，芗泽浸人，沁入衣裾②。重阳前后，移菊北窗下，菊盆五层，高下列之，颜色空明，天光晶映，如沉秋水③。冬则梧叶落，蜡梅开，暖日晒窗，红炉氍毹④。以昆山石种水仙，列阶趾。春时，四壁下皆山兰，槛前芍药半亩，多有异本⑤。余解衣盘礴，寒暑未尝轻出。思之如在隔世⑥。

【注释】

①蚊虻：一种昆虫，身体灰黑色，长椭圆形，头阔，触角短，黑绿色复眼，翅透明。多生活在野草丛里，雄的吸植物汁液，雌的吸人、畜的血。此指蚊子。

②建兰：俗称雄兰、骏河兰、剑蕙等，兰花的一个品种，花香浓郁，具有很高的观赏价值。　芗（xiāng）泽：同"香泽"，香气。

③重阳：重阳节，每年农历九月初九。

④氍毹（tà dēng）：有花纹的细毛毯。

⑤异本：奇异的品种。

⑥盘礴（bó）：伸开腿坐，无拘无束的样子。

纯生氏曰：挥洒云起，恍引人水帘濠上也。盛暑对之，冷然惊爽。

【简评】

不二斋与梅花书屋一样，都是作者的书房。在如此清雅幽静的庭院里坐拥书城，读书会友，也是人生的一大快乐，读之令人神往。文章最后一句"思之如在隔世"，短短六个字，使所有浓墨重彩描绘的景致化为乌有，对此时的作者来说，不过是一梦而已。当年流连其中时，谁能想到日后的凄楚。

砂罐锡注①

宜兴罐，以龚春为上，时大彬次之，陈用卿又次之②。锡注，以王元吉为上，归懋德次之③。夫砂罐，砂也；锡注，锡也。器方脱手，而一罐一注价五六金，则是砂与锡与价，其轻重正相等焉，岂非怪事。

然一砂罐、一锡注，直跻之商彝、周鼎之列而毫无惭色，则是其品地也④。

【注释】

①砂罐：一种陶质器皿。　锡注：一种锡做的酒壶。

②宜兴：今江苏宜兴。　龚春：或作供春，明正德、嘉靖间人。原为吴颐山家童，以制陶名于世。作者在《夜航船》一书中亦有介绍："无锡瓷壶：以龚春为上，时大彬次之。其规格大略粗蠢，细泥精巧，皆是后人所溷。"　时大彬：号少山，宜兴人。明代制壶"四大家"之一时朋之子，制壶严谨，讲究古朴，壶上多有"时"或"大彬"印款。　陈用卿：俗称陈一卿、陈三呆子等，明代制壶名家，善制大壶，所造莲子、汤婆、钵盂、圆珠等式样，不用规矩准绳而自然圆整。

③王元吉：当为黄元吉。作者在《夜航船》中亦有介绍："嘉兴锡壶：所制精工，以黄元吉为上，归懋德次之。初年价钱极贵，后渐轻微。"

④跻（jī）：登，升，达到。　商彝、周鼎：商周时期的青铜礼器。彝、鼎：古代祭祀所用的鼎、尊等礼器。这里泛指珍贵的古董。　品地：品格，品质。

纯生氏曰：至微之物，入宗子手，便能点铁成金。

【简评】

晚明时期江南的繁荣体现在各个方面，比如戏曲，比如园林，比如本文中谈到的陶瓷、锡器等手工艺品。正如一代有一代之文学，手工艺品也是一代有一代之工艺，在此方面不必厚古薄今，就像作者所说的，这些手工艺品"直跻之商彝、周鼎之列而毫无惭色"。

作者曾写有《龚春壶为诸仲轼作》一诗，可与本文对读。兹引如下：

  仲轼龚春壶，两世精神在。
  非泥亦非沙，所结但光怪。
  应有神主之，兵火不能坏。
  质地一瓦缶，何以配鼎鼐。
  跻之三代前，意色略不愧。
  当日示荆溪，仆仆必下拜。

沈梅冈①

沈梅冈先生忤相嵩，在狱十八年②。读书之暇，旁攻匠艺，无斧锯，以片铁日夕磨之，遂铦利③。得香楠尺许，琢为文具一，大匣三、小匣七、壁锁二④；棕竹数片，为箄一，为骨十八，以笋、以缝、以键，坚密肉好，巧匠谢不能事⑤。

【注释】

①沈梅冈：沈束（1514—1581），字宗安，号梅冈，会稽（今浙江绍兴）人。嘉靖二十三年（1544）进士，历任徽州推官、礼科给事中等。嘉靖二十八年（1549）因得罪严嵩被下狱，时间长达十八年。

②忤：冒犯，得罪。　相嵩：即严嵩（1480—1567），字惟中，号介溪，江西分宜人，弘治十八年（1505）进士，历任翰林院庶吉士、礼部尚书、武英殿大学士等职，曾任首辅，把持朝政多年。

③匠艺：工匠手艺。　铦（xiān）利：锋利。

④香楠：楠树。有香气，故称。

⑤棕竹：一种常绿丛生灌木，叶形略似棕榈，质薄尖细如竹叶。干细而坚韧，可制手杖、伞柄等。　箑（shà）：扇子。　谢：逊让，不如。

　　夫人丐先文恭志公墓，持以为贽①。文恭拜受之，铭其匣曰："十九年，中郎节；十八年，给谏匣，节邪匣邪同一辙。"②铭其箑曰："塞外毡，饥可餐；狱中箑，尘莫干，前苏后沈名班班。"③梅冈制，文恭铭，徐文长书，张应尧镌，人称四绝，余珍藏之④。

　　又闻其以粥炼土，凡数年，范为铜鼓者二，声闻里许，胜暹罗铜⑤。

【注释】

①夫人：沈束的妻子张氏。　丐：请求。　先文恭：即张元忭（1538—1588）。　志公墓：为沈束写墓志铭。　贽（zhì）：见面礼。

②铭：在器物上刻文字。　十九年，中郎节：西汉时苏武以中郎将身份出使匈奴十九年，手持汉节，不忘汉朝。单于逼他投降，将其关入地窖，断绝饮食。苏武啖毡饮雪，始终没有变节。　给谏：明清时期六科给事中的别称。

③塞外毡，饥可餐：指苏武被断绝饮食，啖毡饮雪事。　前苏后沈：苏指苏武，沈即沈梅冈。

④徐文长：徐渭（1521—1593），字文清，后改字文长，别号青藤、天池、田水月等，山阴（今浙江绍兴）人。曾帮助总督胡宗宪筹划军机。著有

《徐文长集》《徐文长佚草》《四声猿》《南词叙录》等。作者年轻时曾搜辑徐渭遗稿，成《徐文长逸稿》。 张应尧：主要生活在明末清初，嘉定（今属上海）人。以刻竹而闻名。

⑤范：模子，模具。 暹（xiān）罗：泰国的旧称。作者在《夜航船》中亦有介绍："暹罗国：本暹与罗斛二国，暹乃汉赤眉遗种。元至正间，暹降于罗斛，合为一国。明洪武初，上金叶表文入贡，诏给印绶，赐《大统历》，且乞量衡为中国式，从之。"

纯生氏曰：小霞抟土鼓，祝云："若鸣，当出狱。"一日，土鼓自鸣，寻亦超雪。

【简评】

十八年漫长的囹圄生涯竟然将一位耿直的朝廷大臣磨炼成技艺出众的工艺大师，这正应了一句名言：监狱是最好的学校。沈梅冈的气节值得敬重，其背后的毅力与执着更让人钦佩，一般人根本做不到。不知道这算是造化弄人还是天将降大任于斯人？苦难对不同的人来说，有着完全不同的意义。

岣嵝山房①

岣嵝山房，逼山，逼溪，逼奯光路，故无径不梁，无屋不阁②。门外苍松傲睨，翁以杂木，冷绿万顷，人面俱失③。石桥低磴，可坐十人。寺僧刳竹引泉，桥下交交牙牙，皆为竹邮④。

【注释】

①岣嵝（gǒu lǒu）山房：作者在《西湖梦寻》一书中对其有详细介绍："李茇号岣嵝，武林人，住灵隐韬光山下。造山房数楹，尽驾回溪绝壑之上。溪声淙淙出阁下，高崖插天，古木蓊蔚，大有幽致。山人居此，孑然一身。好诗，与天池徐渭友善。客至，则呼童驾小舫，荡桨于西泠、断桥之间，笑咏竟日。以山石自碌生圹，死即埋之。所著有《岣嵝山人诗集》四卷。天启甲子，余与赵介臣、陈章侯、颜叙伯、卓珂月、余弟平子读书其中。主僧自超，园蔬山蕨，淡薄凄清。但恨名利之心未净，未免唐突山灵，至今犹有愧色。"岣嵝，山巅。

②逼：切近，靠近。

③傲睨：傲慢斜视。这里形容苍松的姿态。

④刳（kū）：劈。　交交牙牙：纵横杂错的样子。　竹邮：引水用的竹筒。

　　天启甲子，余键户其中者七阅月，耳饱溪声，目饱清樾①。山上下，多西栗、边笋，甘芳无比②。邻人以山房为市，蓏果、羽族日致之，而独无鱼③。乃潴溪为壑，系巨鱼数十头④。有客至，辄取鱼给鲜。日晡，必步冷泉亭、包园、飞来峰⑤。

【注释】

①天启甲子：即天启四年（1624）。　键户：闭门不出。键，门闩。户，门。　七阅月：过了七个月。阅，经过。

②边笋：即鞭笋。

③蓏（luǒ）：瓜类植物的果实。在木曰果，在地曰蓏。　羽族：禽类。

④潴（zhū）溪为壑：拦溪蓄水，制造水塘。　系：这里是放养的意思。

⑤日晡：申时，下午三点至五点。　冷泉亭：在飞来峰下，因下临冷泉而得名。　包园：包涵所所建的园亭。　飞来峰：又名灵鹫峰，在杭州西湖西北灵隐寺前。东晋僧人慧理云此山系中天竺国灵鹫山之小岭，不知何年飞

来，故名。作者在《夜航船》一书中亦有介绍："飞来峰：在杭州虎林山之前。晋时西僧叹曰：'此是天竺国灵鹫山之小岭，不知何日飞来？'因名之飞来峰。"

一日，缘溪走看佛像，口口骂杨髡①。见一波斯坐龙象，蛮女四五献花果，皆裸形，勒石志之，乃真伽像也②。余椎落其首，并碎诸蛮女，置溺溲处以报之③。寺僧以余为椎佛也，咄咄作怪事，及知为杨髡，皆欢喜赞叹④。

【注释】

①口口：口口声声。　杨髡（kūn）：即杨琏真伽，元代党项族僧人。曾任江南释教都总统。至元二十九年（1292），他与其他僧人勾结，大量盗挖宋代帝王、公侯的寝陵。作者在《西湖梦寻》卷二"飞来峰"条有详细介绍，可参看。

②波斯：泛称来自中亚地区的人。　蛮女：胡女。

③椎（chuí）：敲打，用椎打击。　溺溲（sōu）：撒尿。

④咄咄（duō duō）：感慨声，表示感慨、责备或惊诧。

纯生氏曰：嘉靖时陈仕贤守杭州，曾击真伽像，弃于圊中。

【简评】

在如此清幽静谧的环境中，有这样一座风格怪异的塑像，确实有些不协调，难怪作者要打坏，更何况杨髡劣迹斑斑。

不过放在文化交流的角度看，这座佛像也有其文物价值。不知杨髡塑像，现在尚有残存否？毕竟是一段历史的记录，不管是荣光还是耻辱。

三世藏书

余家三世积书三万余卷。大父诏余曰："诸孙中惟尔好书，尔要看者，随意携去①。"余简太仆、文恭、大父丹铅所及，有手泽者存焉，汇以请，大父喜，命舁去，约二千余卷②。崇正乙丑，大父去世，余适往武林，父叔及诸弟、门客、匠指、臧获、獠婢辈乱取之，三代遗书，一日尽失③。

【注释】

①诏：告诉。

②简：挑选。 太仆：即张天复，曾任太仆寺卿。他是作者的高祖。丹铅：古人点校文字时所使用的丹砂和铅粉。 手泽：先人或前辈的遗墨、遗物等。

③崇正乙丑：崇正即崇祯，因避"祯"字，改为"正"。崇祯间没有乙丑年，结合此年"大父去世"一语推测，当为天启乙丑，即天启五年（1625）。 匠指：工匠。 臧（zāng）获：奴婢。作者在《夜航船》一书中有解释："臧获：海岱之间骂奴曰臧，骂婢曰获。盖古无奴婢，犯事者被臧，没入官为奴；妇女逃亡，获得者为婢。" 獠（lǎo）婢：粗蠢的婢女。獠，与"獠"同。

余自垂髫聚书四十年，不下二万卷①。乙酉避兵入剡，略携数簏随行，而所存者，为方兵所据，日裂以吹烟，并舁至江干，藉甲内，挡箭弹，四十年所积，亦一日尽失②。此吾家书运，亦复谁尤③。

【注释】

①垂髫（tiáo）：孩童，童年。

②乙酉：顺治二年（1645）。　剡（shàn）：剡溪，在今浙江嵊县。簏（lù）：竹箱。　江干：江边，江畔。　藉（jiè）：衬垫。

③尤：责怪，怪罪。

余因叹古今藏书之富，无过隋、唐。隋嘉则殿分三品，有红琉璃、绀琉璃、漆轴之异①。殿垂锦幔，绕刻飞仙。帝幸书室，践暗机，则飞仙收幔而上，橱扉自启②；帝出，闭如初。隋之书计三十七万卷。唐迁内库书于东宫丽正殿，置修文、著作两院，学士得通籍出入③。太府月给蜀都麻纸五千番，季给上谷墨三百三十六丸，岁给河间、景城、清河、博平四郡兔千五百皮为笔，以甲、乙、丙、丁为次④。唐之书计二十万八千卷。我明中秘书不可胜计，即《永乐大典》一书，亦堆积数库焉⑤。余书直九牛一毛耳，何足数哉⑥。

【注释】

①隋嘉则殿分三品，有红琉璃、绀琉璃、漆轴之异：据《隋书·经籍志》记载："炀帝即位，秘阁之书，限写五十副本，分为三品：上品红琉璃轴，中品绀琉璃轴，下品漆轴。"作者对隋嘉则殿藏书情况的介绍又见其《夜航船》，内容相同。

②暗机：隐藏的机关。

③通籍：古代出入宫时将写有姓名、年龄、身份的竹片挂在门外，以备核对。作者《夜航船》一书亦有解释："通籍：举子登科后，禁门中皆有名籍，可恣意出入也。"

④太府：官名，掌管国家钱谷财货。　麻纸：一种用麻纤维制成的纸。　上谷墨：唐代易州（今河北省易县一带）出产的墨，易州古称上谷郡，故名上谷墨。　以甲、乙、丙、丁为次：作者《夜航船》："四部：唐

073

《经籍志》：玄宗两都各聚书四部，以甲、乙、丙、丁为号；甲，经部，赤牙签；乙，史部，绿牙签；丙，子部，碧牙签；丁，集部，白牙签。"

⑤中秘书：宫廷藏书。 《永乐大典》：明成祖时期解缙等人所修撰的一部大型类书，共二万二千八百七十七卷，收录古代典籍七八千种。正本约毁于明亡之际。副本至清咸丰时逐渐散佚。1900年，八国联军攻入北京，副本遭到焚毁和抢掠。现存已征集到残卷七百九十五卷，不过是原书的一个零头。

⑥直：只不过。 九牛一毛：比喻渺小轻微，不值一提。

纯生氏曰：记书混混有致，记隋唐靡靡可听，宗子超超元箸。

【简评】

　　只要将前面的《梅花书屋》《不二斋》与本文放在一起对读，就会明白作者为什么要发出"思之如在隔世"的感叹。一夜之间，三代遗书荡然无存；一夜之间，四十年的藏书化为乌有。一是毁于家人，一是毁于兵火，对于一个读书人来说，还有什么比这更为痛心的事情呢？

　　本文最后一段为作者《石匮书》卷三十七《艺文志总论》中的一部分。从个人藏书之失联想到历代藏书之变迁，言语之间流露出沧桑之叹。是啊，国已不存，命在旦夕，这些书籍又算什么呢？又有谁能守得住呢？

卷 三

丝 社

　　越中琴客不满五六人，经年不事操缦，琴安得佳①？余结丝社，月必三会之。有小檄曰："中郎音癖，《清溪弄》三载乃成②；贺令神交，《广陵散》千年不绝③。器由神以合道，人易学而难精。幸生岩壑之乡，共志丝桐之雅④。清泉磐石，援琴歌《水仙》之操，便足怡情⑤；涧响松风，三者皆自然之声，正须类聚。偕我同志，爰立琴盟，约有常期，宁虚芳日⑥。杂丝和竹，用以鼓吹清音；动操鸣弦，自令众山皆响。非关匣里，不在指头，东坡老方是解人⑦；但识琴中，无劳弦上，元亮辈正堪佳侣⑧。既调商角，翻信肉不如丝⑨；谐畅风神，雅羡心生于手。从容秘玩，莫令解秽于花奴⑩；抑按盘桓，敢谓倦生于古乐⑪。共怜同调之友声，用振丝坛之盛举。"

【注释】

　　①操缦（màn）：调弄琴弦，这里代指弹奏古琴。

　　②檄（xí）：中国古代一种文体，常用于召集军队、讨伐敌人。作者假借官府文书口吻，召集同道中人结社，有些游戏笔墨的戏谑意味。"中郎音癖"句：典出《太平御览》："蔡邕，字伯喈，陈留人。性沉审，志好琴道，以嘉平元年入清溪访鬼谷先生所居。山五曲，曲有幽居灵迹。每一曲制一弄，三年曲成。出呈马融、王元、董卓等，异之。"中郎，蔡邕（133—192），字伯喈，陈留圉（今河南省杞县西南）人。因曾任左中郎将，故称"蔡中郎"。

　　③"贺令神交"句：典出南朝宋刘义庆《幽明录》："会稽贺思令善弹琴，尝夜在月中坐，临风抚奏。忽有一人，形器甚伟，着械有惨色，至其中

庭，称善，便与共语。自云是嵇中散，谓贺云：'卿下手极快，但于古法未合。'因授以《广陵散》。贺因得之，于今不绝。"

④岩壑（hè）：山峦溪谷。　丝桐：琴。古人削桐为琴，练丝为弦，故有此称。

⑤《水仙》之操：《水仙操》，古琴名曲。据汉蔡邕《琴操》记载："《水仙操》者，伯牙之所作也。伯牙学琴于成连先生，先生曰：'吾能传曲，而不能移情。吾师有方子春者，善于琴，能作人之情，今在东海上，子能与我同事之乎？'伯牙曰：'夫子有命，敢不敬从。'乃相与至海上，见子春受业焉。"（孙星衍）案，《事类赋·乐部》注引《乐府解题·水仙操前段》与此文略同，下云：乃与伯牙俱往，至蓬莱山，留伯牙：'子居习之，吾将迎之。'划船而去。旬时，伯牙延望无人，但闻海水洞涌，山林杳冥，怆然叹曰：'先生移我情矣。'乃援琴而歌，作《水仙》之操。"

⑥同志：志趣相同的人。

⑦非关匣里，不在指头，东坡老方是解人：语出苏轼《琴诗》："若言琴上有琴声，放在匣中何不鸣？若言声在指头上，何不于君指上听？"东坡老，苏轼（1037—1101），字子瞻，号东坡居士，眉州眉山（今四川省眉山市）人。嘉祐二年（1057）进士，曾任祠部员外郎、杭州知州、翰林学士等职。与父亲苏洵、弟弟苏辙合称"三苏"，是唐宋八大家之一。

⑧但识琴中，无劳弦上，元亮辈正堪佳侣：语出《晋书》卷九十四《隐逸传》："（陶潜）性不解音，而畜素琴一张，弦徽不具，每朋酒之会，则抚而和之，曰：'但识琴中趣，何劳弦上声。'"元亮，陶渊明（365—427），一名潜，字元亮，柴桑（今江西九江）人。曾做过彭泽令之类的小官，后辞官隐居。

⑨商角：宫、商、角、徵、羽是我国五声音阶中五个不同音的名称，总称五音。商角在这里泛指音乐。　肉不如丝：美妙的歌喉不如丝弦弹拨乐器般悦耳动听。人们通常说丝不如竹，竹不如肉，作者这里是反其意而用之。

⑩解秽于花奴：典出唐南卓《羯鼓录》："上（唐玄宗）性俊迈，酷不好琴。曾听弹琴，正弄未及毕，叱琴者出，曰：'待诏出去！'谓内官曰：'速

召花奴，将羯鼓来，为我解秽。'" 花奴，汝南王李琎的小名，善击羯鼓。

⑪抑按盘桓：指古琴演奏时的指法动作。抑按是指左手按压琴弦的动作，盘桓是指左手压弦后在琴面上往来移动，此即"走手音"的动作。

纯生氏曰：风韵清远，从海上移情悟入，鼓琴华阳亭，不无少仙机耳。

【简评】

越中一地人杰地灵，文化底蕴丰厚，而琴客竟然不满五六人，作者的丝社想必颇为冷落，真是曲高和寡。不过这样也好，人多了就不是操琴，而是卖艺了。

南镇祈梦①

万历壬子，余年十六，祈梦于南镇梦神之前，因作疏曰："爰自混沌谱中，别开天地②；华胥国里，蚤见春秋③。梦两楹，梦赤舄，至人不无④；梦蕉鹿，梦轩冕，痴人敢说⑤。惟其无想无因，未尝梦乘车入鼠穴，捣齑啖铁杵⑥；非其先知先觉，何以将得位梦棺器，得财梦秽矢⑦？正在恍惚之交，俨若神明之赐。某也蹭蹬偃蹇，轩鬐樊笼，顾影自怜，将谁以告⑧？为人所玩，吾何以堪。一鸣惊人，赤壁鹤邪⑨？局促辕下，南柯蚁耶⑩？得时则驾，渭水熊耶⑪？半榻蘧除，漆园蝶耶⑫？神其诏我，或寝或吪；我得先知，何从何去。择此一阳之始，以祈六梦之正⑬。功名志急，欲搔首而问天；祈祷心坚，故举头以抢地⑭。轩辕氏圆梦鼎湖，已知一字而一有

079

验⑮；李卫公上书西岳，可云三问而三不灵⑯。肃此以闻，惟神垂鉴。"

【注释】

①南镇祈梦：绍兴习俗，除夕之夜，民众到南镇殿内夜宿，梦中所占吉凶，据说很是灵验。南镇，会稽山，在今浙江绍兴，因在我国五大镇山中位居南镇，故称。

②万历壬子：万历四十年（1612）。　混沌谱：即天地混沌时的曲谱。据明洪应明《仙佛奇踪》记载，陈抟在华山修行时，"一日，有一客过访先生，适值其睡。见旁有一异人，听其息声，以墨笔记之，满纸糊涂莫辨。客怪而问之。其人曰：'此先生华胥调、混沌谱也。'"。

③华胥国：古代传说中的国家。《列子·黄帝》："（黄帝）昼寝而梦，游于华胥氏之国。华胥氏之国在弇州之西、台州之北，不知斯齐国几千万里。盖非舟车足力之所及，神游而已。"后常以其代称梦境。

④梦两楹：典出《礼记·檀弓上》，孔子梦见自己"坐奠于两楹之间"，预感到自己将不久于人世，后"寝疾七日而没"。　赤舄（xì）：古代君王贵族所穿的鞋子。

⑤梦蕉鹿：典出《列子·周穆王》："郑人有薪于野者，遇骇鹿，御而击之，毙之。恐人见之也，遽而藏诸隍中，覆之以蕉，不胜其喜。俄而遗其所藏之处，遂以为梦焉。"

⑥"惟其无想无因"以下三句：典出《世说新语》："卫玠总角时，问乐令'梦'，乐云'是想'。卫曰：'形神所不接而梦，岂是想邪？'乐云：'因也。未尝梦乘车入鼠穴，捣齑啖铁杵，皆无想无因故也。'"

⑦"何以将得位梦棺器"以下两句：典出《世说新语》："人有问殷中军：'何以将得位而梦棺器，将得财而梦矢秽？'殷曰：'官本是臭腐，所以将得而梦棺尸；财本是粪土，所以将得而梦秽污。'时人以为名通。"

⑧蹞跜（kuí ní）：踞伏的样子。　偃潴（zhū）：泥潭，水洼。　轩蒿（zhù）：飞动。

⑨赤壁鹤：典出苏轼《后赤壁赋》："时夜将半，四顾寂寥。适有孤鹤，横江东来。翅如车轮，玄裳缟衣，戛然长鸣，掠予舟而西也。须臾客去，予亦就睡。梦一道士，羽衣翩跹，过临皋之下。"

⑩南柯蚁：这里用的是南柯一梦的典故，淳于棼经过一番游历之后，发现自己不过是在蚁穴中。见唐李公佐《南柯太守传》。

⑪渭水熊：典出《史记·齐太公世家》："西伯将出猎，卜之，曰'所获非龙非彲，非虎非罴，所获霸王之辅'。于是周西伯猎，果遇太公于渭之阳。"后人由此演绎出周文王梦飞熊得姜尚的故事，详见《封神演义》第二十三回《文王夜梦飞熊兆》。

⑫半榻蘧（qú）除，漆园蝶耶：典出《庄子·齐物论》："昔者庄周梦为胡蝶，栩栩然胡蝶也。自喻适志与，不知周也。俄然觉，则蘧蘧然周也。不知周之梦为胡蝶与，胡蝶之梦为周与？周与胡蝶，则必有分矣。此之谓物化。" 半榻，一种坐具，可坐可躺。蘧除，用苇或竹编成的粗席。

⑬一阳：冬至，俗语有"冬至一阳生"之说。 六梦：语出《周礼·春官·占梦》："以日月星辰占六梦之吉凶：一曰正梦，二曰噩梦，三曰思梦，四曰寤梦，五曰喜梦，六曰惧梦。"

⑭抢：碰，撞。

⑮轩辕氏圆梦鼎湖：典出《史记·封禅书》："黄帝采首山铜，铸鼎于荆山下。鼎既成，有龙垂胡髯下迎黄帝。"轩辕氏，即黄帝，传说中的上古帝王，因生于轩辕之丘，故称轩辕氏。

⑯李卫公：李靖（571—649），字药师，三原（今陕西三原）人。因曾被封卫国公，世称李卫公。唐初著名将领，善于用兵。李靖撰有《上西岳书》一文，其中有"若三问不对，亦何神之有灵？然后即靖斩大王头，焚其庙，建纵横之略，亦未晚也"之语。

纯生氏曰： 想见宗老颓颓如玉山，轩轩如千里马，飔飔如行松柏之下，岩岩如清峭壁立千仞，无往非适。

【简评】

作者喜欢做梦，也喜欢写梦。只是不知道他所祈得的梦中，有无改朝换代的预示、国破家亡的先兆。

禊　泉①

惠山泉不渡钱唐，西兴脚子挑水过江，喃喃作怪事②。有缙绅先生造大父，饮茗大佳，问曰："何地水？"③大父曰："惠泉水。"缙绅先生顾其价曰："我家逼近卫前，而不知打水吃，切记之。"④董日铸先生常曰："浓、热、满三字尽茶理，陆羽《经》可烧也。"⑤两先生之言，足见绍兴人之村之朴⑥。

【注释】

①禊（xì）：古代于春秋两季在水边举行的一种祭礼。

②惠山泉：位于江苏无锡西郊惠山山麓，世称天下第二泉。作者《夜航船》一书亦有介绍："惠山泉：在无锡县锡山，旧名九龙山，有泉出石穴。陆羽品之，谓天下第二泉。"　西兴：古称固陵，今属浙江省杭州市滨江区。　脚子：脚夫。

③缙绅先生：或作搢绅先生，泛称有官职或曾做过官的人。　造：到，拜访。

④价（jiè）：称被派遣传送东西或传达事情的人。　逼近：靠近。　卫前：这位缙绅先生将"惠泉"误听为"卫前"。

⑤董日铸：董懋策，字撰仲，号日铸。作者《有明於越三不朽名贤图赞》载其生平事迹："董日铸懋策，文简公曾孙，精于《易》学，设帐蕺山，四方从游者岁数百人。学舍不足，僦屋以居。其月旦课艺，必糊名《易》

《书》，列以等第，时人比之白鹿书院焉。"著有《大易床头私录》《大学大意》《庄子翼评点》《昌谷诗注》等。　陆羽《经》：陆羽（733—约804），字鸿渐，一名疾，字季疵，号桑苎翁，竟陵（今湖北天门）人。对茶有很精深的研究，被后人尊称为茶圣。著有《茶经》，是世界上最早研究茶的著作。

⑥村：粗野，粗俗。

余不能饮潟卤，又无力递惠山水①。甲寅夏，过斑竹庵，取水啜之，磷磷有圭角，异之②。走看其色，如秋月霜空，噀天为白③；又如轻岚出岫，缭松迷石，淡淡欲散④。余仓卒见井口有字画，用帚刷之，"禊泉"字出，书法大似右军，益异之⑤。试茶，茶香发。新汲少有石腥，宿三日，气方尽。

【注释】

①潟（xì）卤：原指盐碱过多、无法耕种的土地，这里指含有盐味的水。

②甲寅：万历四十二年（1614）。　斑竹庵：长庆寺，在今浙江绍兴。始建于唐代，因本系东晋尚书陈嚣竹园，故名竹园寺，俗称斑竹庵。　磷磷：即粼粼，清澈明净的样子。　圭角：棱角，引申为突出的特点。

③噀（xùn）：喷，吐。

④岫（xiù）：山洞，洞穴。

⑤右军：王羲之（303—361），字逸少。琅邪临沂（今山东临沂）人，后移居会稽山阴（今浙江绍兴）。曾任秘书郎、长史、宁远将军、江州刺史、会稽内史等职，因曾任右军将军，后人称其为王右军。擅长书法，被后人誉为"书圣"。

辨禊泉者无他法，取水入口，第挢舌舐腭，过颊即空，若无水可咽者，是为禊泉①。好事者信之，汲日至，或取以酿酒，或开禊泉茶馆，或瓮而卖及馈送有司②。董方伯守越，饮其水，甘之，恐不给,封锁禊泉,禊泉名日益重③。会稽陶溪、萧山北干、杭州虎跑,皆非其伍,惠山差堪伯仲④。

【注释】

①挢(jiǎo)舌:翘舌。

②馈:进献。

③董方伯:董承诏,武进人。万历三十五年(1609)进士,历官兵部主事、员外郎、郎中,浙江布政使等。方伯,布政使的别称。

④陶溪:溪名,在绍兴陶晏岭。 北干:北干山,在今杭州萧山,山下有干泉。 虎跑:虎跑泉,在今杭州西南大慈山虎跑寺,泉水晶莹甘洌,有"天下第三泉"之称。作者《夜航船》一书亦有介绍:"虎跑泉:在钱塘。唐元和十四年,性空大师栖禅其中,以无水欲去。有二虎跑山出泉甘洌,乃建虎跑寺。观泉者,僧为举梵呗,泉即霈沸而出。" 伯仲:兄弟间长幼秩序,伯是老大,仲是老二,这里引申为差不多之意。

在蠡城,惠泉亦劳而微热,此方鲜磊亦胜一筹矣①。长年卤莽,水递不至其地,易他水,余笞之,詈同伴,谓发其私,及余辨是某地某井水,方信服②。

昔人水辨淄、渑,侈为异事。诸水到口,实实易辨,何待易牙③?余友赵介臣亦不余信,同事久,别余去,曰:"家下水实进口不得,须还我口去。"④

【注释】

①蠡(lǐ)城:春秋时期越国国都,传说为范蠡所建,故称。故址在今浙江绍兴,后以此代指绍兴。 惠泉:在浙江绍兴太平山。

②水递:运用泉水的快递。唐李德裕喜欢饮用山泉水,令人自常州至长安专置传送惠山泉水的递铺。 詈(lì):责骂,训斥。

③"昔人水辨淄、渑"句:典出《淮南子·道应训》:"白公问于孔

曰：……'若以水投水，何如？'孔子曰：'淄、渑之水合，易牙尝而知之。'" 易牙，春秋时期齐桓公的宠臣，擅长烹调。

④赵介臣：生平事迹不详。作者《快园道古》一书载其一段逸事："赵介臣为清朝教官，其友孟子塞致书责之，谓：'吾辈明伦，政在今日，尔奈何为教官，且坐明伦堂上？'介臣愧不能答。两年后，子塞亦贡，亦为教官，晤介臣，介臣曰：'天下学宫制度不一，岂贵庠没有明伦堂耶？'"

纯生氏曰：蒲元性取成都水淬刀，言杂涪水八升，盖汲者于涪津覆水，即以八升益之耳。李赞皇使人置金山泉杨子水，伪以石头城者献，李饮之，曰："此颇似建业水。"俱谢过，不敢隐。两公术解之妙，不可思议，今得宗子而成鼎立。

【简评】

作者可谓知水者，其品水水平令人叹为观止。他在写各种奇人绝艺的时候可能没有意识到，他本人也是一个奇人。

兰雪茶

日铸者，越王铸剑地也①。茶味棱棱，有金石之气②。欧阳永叔曰："两浙之茶，日铸第一。"③王龟龄曰："龙山瑞草，日铸雪芽。"④日铸名起此。京师茶客，有茶则至，意不在雪芽也，而雪芽利之，一如京茶式，不敢独异。

【注释】

①日铸：山名，在今浙江绍兴东南。以产茶著称，所产之茶以"日铸"

为名，又称"日注茶""日铸雪芽"。作者在《夜航船》中亦有介绍："雪芽：越郡茶有龙山瑞草，日铸雪芽。欧阳永叔云，两浙之茶，以日铸为第一。" 越王：勾践（？—前465），春秋时期越国的国君。

②棱棱：寒冷，严寒。这是形容茶叶的味道有金石之气。

③欧阳永叔：欧阳修（1007—1072），字永叔，号醉翁、六一居士，庐陵（今江西吉安）人。天圣八年（1030）进士，历任翰林学士、枢密副使、参知政事等职。北宋古文运动领袖，唐宋八大家之一。著有《新五代史》《欧阳文忠集》等。 两浙之茶，日铸第一：语出欧阳修《归田录》："草茶盛于两浙，两浙之品，日注为第一。" 日注即日铸。

④王龟龄：王十朋（1112—1171），字龟龄，号梅溪，乐清（今属浙江）人。南宋绍兴二十七年（1157）状元，官至龙图阁学士。著有《王梅溪先生文集》等。 龙山瑞草，日铸雪芽：语出王十朋《会稽风俗赋》："日铸雪芽，卧龙瑞草。"

三娥叔知松萝焙法，取瑞草试之，香扑冽①。余曰："瑞草固佳，汉武帝食露盘，无补多欲②；日铸茶数，'牛虽瘠，偾于豚上'也。"③遂募歙人入日铸④。扚法、掐法、挪法、撒法、扇法、炒法、焙法、藏法，一如松萝⑤。他泉瀹之，香气不出，煮禊泉，投以小罐，则香太浓郁⑥。杂入茉莉，再三较量，用敞口瓷瓯淡放之，候其冷；以旋滚汤冲泻之，色如竹箨方解，绿粉初匀，又如山窗初曙，透纸黎光⑦。取青妃白，倾向素瓷，真如百茎素兰同雪涛并泻也。雪芽得其色矣，未得其气，余戏呼之"兰雪"。

【注释】

①三娥：当为"三峨"，即张炳芳，字尔含，号三峨，作者的三叔。松萝：松萝茶，产于安徽休宁县松萝山。

②汉武帝：刘彻（前156—前87），幼名刘彘，西汉第五位皇帝。公元前141至前87年在位。 露盘：承露盘，汉武帝建于建章宫。

③茶薮（sǒu）：薮，人或物聚集的地方，这里指盛产茶的地方。 牛虽瘠，偾（fèn）于豚上：语出《左传·昭公十三年》："牛虽瘠，偾于豚上，其畏不死？"原意为瘦弱的牛倒在小猪身上，小猪必定被压死。强国虽然衰弱，但如果攻打弱国的话，弱国也必定会被灭掉。

④歙（shè）：今安徽歙县。

⑤扐（lì）：按，压。

⑥瀹（yuè）：煮。

⑦竹箨（tuò）：笋壳。

四五年后，兰雪茶一哄如市焉。越之好事者不食松萝，止食兰雪。兰雪则食，以松萝而纂兰雪者亦食，盖松萝贬声价俯就兰雪，从俗也①。乃近日徽、歙间松萝亦改名兰雪，向以松萝名者，封面系换，则又奇矣。

【注释】

①纂（zuǎn）：汇集，聚集，这里指掺杂。

纯生氏曰：兰雪名茶，艳思藻发，羽《经》得未曾有。

【简评】

从茶中能品出金石之气，茶艺之精，令人惊叹。有了这样的知音，茶也获得了生命，变得有个性了。

白洋潮①

　　故事，三江看潮，实无潮看②。午后喧传曰："今年暗涨潮。"岁岁如之。

　　庚辰八月，吊朱恒岳少师，至白洋，陈章侯、祁世培同席③。海塘上呼看潮，余遄往，章侯、世培踵至④。立塘上，见潮头一线，从海宁而来，直奔塘上⑤。稍近，则隐隐露白，如驱千百群小鹅，擘翼惊飞⑥。渐近，喷沫，冰花蹴起，如百万雪狮蔽江而下，怒雷鞭之，万首镞镞，无敢后先⑦。再近，则飓风逼之，势欲拍岸而上。看者辟易，走避塘下⑧。潮到塘，尽力一礴，水击射，溅起数丈，着面皆湿。旋卷而右，龟山一挡，轰怒非常，炮碎龙湫，半空雪舞⑨。看之惊眩，坐半日，颜始定。

　　先辈言：浙江潮头自龛、赭两山漱激而起⑩。白洋在两山外，潮头更大，何耶？

【注释】

①白洋：在今浙江绍兴柯桥区白洋村一带。

②故事：先例，惯例。　三江：三江口，在绍兴西北，为钱清江、钱塘江、曹娥江交汇处。

③庚辰：即崇祯十三年（1640）。朱燮元逝世于崇祯十一年（1638，戊寅），又据祁彪佳《祁忠敏公日记》，张岱与陈洪绶、祁彪佳等人吊朱燮元事为戊寅年，故此处"庚辰"当为"戊寅"之误。　朱恒岳：朱燮元（1566—1638），字懋和，号恒岳，浙江绍兴人。万历二十年（1592）进士，历任大

理评事、四川左布政使、兵部尚书等职。朱燮元去世后，作者写有《祭少师朱恒岳公文》。　陈章侯：陈洪绶（1598—1652），字章侯，号老莲，诸暨（今属浙江）人。明代著名画家，代表作有《水浒叶子》等。作者与其往来密切，称其为"字画知己"。另参见本书卷三《陈章侯》。

④遄（chuán）：快速，迅速。　踵（zhǒng）至：接踵而来。

⑤海宁：今浙江海宁，南临杭州湾。

⑥擘（bò）：张开，分开。

⑦镞镞（zú）：簇拥。镞，通"簇"。

⑧辟易：后退，退避。

⑨龟山：又名白洋山、乌凤山，在绍兴西北。

⑩龛（kān）、赭（zhě）：龛山，即坎山，在今杭州萧山；赭山在今浙江海宁。

纯生氏曰：惊雷斧天，球雪高斗。

【简评】

本文写观潮，绘声绘色，极为生动，如在眼前。作者另有《白洋看潮》一诗，同样写得精彩，兹引如下：

  潮来自海宁，水起刚一抹。
  摇曳数里长，但见天地阔。
  阴阒闻龙腥，群狮蒙雪走。
  鞭策迅雷中，万首敢先后？
  钱镠劲弩围，山奔海亦立。
  疾如划电驱，怒若暴雨急。
  铁杵捣冰山，杵落碎成屑。
  骤然先怪在，沐日复浴月。
  劫火烧昆仑，银河水倾决。

观其冲激威，寰宇当覆灭。
用力扑海塘，势大难抵止。
寒栗不自持，海塘薄于纸。
一扑即回头，龟山挡其辙。
共工触不周，崩轰天柱折。
世上无女娲，谁补东南缺？
潮后吼赤泥，应是玄黄血。
从此上小亹，赭兖嘆两颊。
江神驾白螭，横扫峨嵋雪。

阳和泉

禊泉出城中，水递者日至①。臧获到庵借炊，索薪、索菜、索米，后索酒、索肉，无酒肉，辄挥老拳。僧苦之。无计脱此苦，乃罪泉，投之刍秽②。不已，乃决沟水败泉，泉大坏。张子知之，至禊井，命长年浚之③。及半，见竹管积其下，皆鳖胀作气④；竹尽，见刍秽，又作奇臭。张子淘洗数次，俟泉至，泉实不坏，又甘洌⑤。张子去，僧又坏之。不旋踵，至再、至三，卒不能救，禊泉竟坏矣⑥。是时，食之而知其坏者半，食之不知其坏而仍食之者半，食之知其坏而无泉可食、不得已而仍食之者半。

【注释】

①水递者：递运供饮用之泉水的人。

②刍（chú）秽：刍藁，干草。
③张子：作者自称。　长年：长工。　浚：疏通。
④蠡（lí）胀：颜色发黑，东西腐烂。
⑤俟：等待。
⑥旋踵：掉转脚跟。形容时间很短。

壬申，有称阳和岭玉带泉者，张子试之，空灵不及禊而清洌过之①。特以玉带名不雅驯，张子谓阳和岭实为余家祖墓，诞生我文恭，遗风余烈，与山水俱长。昔孤山泉出，东坡名之"六一"，今此泉名之"阳和"，至当不易②。

盖生岭、生泉，俱在生文恭之前，不待文恭而天固已阳和之矣，夫复何疑？土人有好事者，恐玉带失其姓，遂勒石署之，且曰："自张志禊泉而禊泉为张氏有，今琶山是其祖垄，擅之益易。立石署之，惧其夺也。"时有传其语者，阳和泉之名益著。

铭曰："有山如砺，有泉如砥；太史遗烈，落落磊磊。孤屿溢流，六一擅之。千年巴蜀，实繁其齿；但言眉山，自属苏氏③。"

【注释】

①壬申：崇祯五年（1632）。　阳和岭：在今浙江绍兴城南。
②孤山：在杭州西湖西北角。　东坡：苏轼，自号东坡居士。　六一：六一泉，在杭州西湖孤山南麓。作者在《西湖梦寻》卷三"六一泉"条有详细介绍，兹引如下："六一泉在孤山之南，一名竹阁，一名勤公讲堂。宋元祐六年，东坡先生与惠勤上人同哭欧阳公处也。勤上人讲堂初构，掘地得泉，东坡为作泉铭。以两人皆列欧公门下，此泉方出，适哭公讣，名以六一，犹见公也。其徒作石屋覆泉，且刻铭其上。南渡高宗为康王时，常使金，夜行，见四巨人执殳前驱。登位后，问方士，乃言紫薇垣有四大将，曰天蓬、天猷、翊圣、真武。帝思报之，遂废竹阁，改延祥观，以祀四巨人。至元初，世祖又废观为帝师祠。泉没于二氏之居二百余年。元季兵火，

泉眼复见，但石屋已圮，而泉铭亦为邻僧异去。洪武初，有僧名行升者，锄荒涤垢，图复旧观。仍树石屋，且求泉铭，复于故处。乃欲建祠堂，以奉祀东坡、勤上人，以参寥故事，力有未逮。"

③眉山：苏轼为四川眉山人。

纯生氏曰：陶庵以阳和比六一，不思山门玉带，千古增韵耶？

【简评】

好端端一处泉水，就这样被毁掉了。一个和尚挑水喝，两个和尚抬水喝，三个和尚没水喝，一群和尚……

闵老子茶

周墨农向余道闵汶水茶不置口。戊寅九月，至留都，抵岸，即访闵汶水于桃叶渡①。日晡，汶水他出，迟其归，乃婆娑一老。方叙话，遽起曰："杖忘某所。"又去。余曰："今日岂可空去？"迟之又久，汶水返，更定矣。睨余曰："客尚在耶？客在奚为者？"②余曰："慕汶老久，今日不畅饮汶老茶，决不去。"

汶水喜，自起当炉。茶旋煮，速如风雨。导至一室，明窗净几，荆溪壶，成、宣窑磁瓯十余种，皆精绝③。灯下视茶色，与磁瓯无别，而香气逼人，余叫绝。余问汶水曰："此茶何产？"汶水曰："阆苑茶也。"余再啜之，曰："莫绐余，是阆苑制法，而味不似④。"汶水匿笑曰："客知是何产？"余再啜之，曰："何其似罗岕甚也⑤？"汶水吐舌曰："奇，奇。"余问："水何水？"曰："惠泉。"

余又曰:"莫绐余,惠泉走千里,水劳而圭角不动,何也?"汶水曰:"不复敢隐。其取惠水,必淘井,静夜候新泉至,旋汲之。山石磊磊藉瓮底,舟非风则勿行,故水之生磊,即寻常惠水,犹逊一头地,况他水耶。"又吐舌曰:"奇,奇。"言未毕,汶水去。少顷,持一壶满斟余曰:"客啜此。"余曰:"香扑烈,味甚浑厚,此春茶耶?向瀹者的是秋采。"汶水大笑曰:"予年七十,精赏鉴者,无客比。"遂与定交。

【注释】

①戊寅:崇祯十一年(1638)。 留都:古代王朝迁都之后,仍在旧都置官留守,故称留都。明迁都北京后,以南京为留都。 桃叶渡:在今江苏南京十里秦淮与古青溪水道合流处附近,传说王献之曾在此迎送爱妾桃叶,故名,为金陵四十八景之一。作者在《夜航船》中亦讲到此典故:"桃叶:晋王献之爱妾名桃叶,尝渡秦淮口,献之作歌送之。今名曰桃叶渡。献之有歌曰:'桃叶复桃叶,渡江不用楫。但渡无所苦,我自来迎接。'"

②睨(nì):斜眼看。

③荆溪:在今江苏宜兴,古称荆溪,又称阳羡。因境内有河荆溪,故名。 成、宣窑:成窑、宣窑,明代瓷器。成窑指明成化年间官窑烧制的一种瓷器,以小件和五彩者最为名贵。作者《夜航船》一书亦有介绍:"成窑:大明成化年所制。有五彩鸡缸、淡青花诸器茶瓯酒杯,俱享重价。"宣窑为宣德窑的省称,指明宣德年间江西景德镇官窑烧制的一种瓷器,选料、制样、画器、题款,皆很精良。作者《夜航船》一书亦有介绍:"宣窑:大明宣德年制。青花、纯白,俱踞绝顶,有鸡皮纹可辨。醮坛茶杯,有值一两一只者,有酒字、枣汤、姜汤等类者稍贱。"

④绐(dài):同"诒",骗。

⑤罗岕(jiè):罗岕山,在浙江长兴、江苏宜兴交界处,所产之茶品质优良,人称阳羡茶。

纯生氏曰：啜闵老子茶，思与蒙山僧同入青城访道。

【简评】

作者在《与胡季望》一文中曾这样说："金陵闵汶水死后，茶之一道绝矣。"可见其对闵汶水的赞许。

作者《茶史序》一文的内容与本文大体相同，并云"因出余《茶史》细细论定，劂之以授好事者，使世知茶理之微如此，人毋得浪言茗战也"。以作者对茶道的精通，这部书应不乏妙论至言。遗憾的是，该书至今未见流传，不知这部令人神往的《茶史》如今尚在人世间否？

龙喷池

卧龙骧首于耶溪，大池百仞，出其颔下[1]。六十年内，陵谷迁徙，水道分裂[2]。崇祯己卯，余请太守橄，捐金纠众，畚锸千人，毁屋三十余间，开土壤二十余亩，辟除瓦砾刍秽千有余艘，伏道蜿蜒，偃潴澄靛，克还旧观[3]。昔之日不通线道者，今可肆行舟楫矣。喜而铭之，铭曰："蹴醒骊龙，如寐斯揭。不避逆鳞，抉其鲠喑[4]。潴蓄澄泓，煦湿濡沫[5]。夜静水寒，颔珠如月。风雷逼之，扬鬐鼓鬣[6]。"

【注释】

①卧龙：卧龙山，即今绍兴府山。 骧（xiāng）：高举，高昂。 耶溪：若耶溪，今名平水江，在今浙江绍兴境内。

②陵谷：丘陵，山谷。

③崇祯己卯：即崇祯十二年（1639）。 畚锸（běn chā）：泛指挖运泥

土的用具。畚是盛土的用具，锸是挖土的用具。　澄靛（diàn）：使浑水变得清澈。

④不避逆鳞，抉其鲠噎：民间传说，龙的喉下有径尺逆鳞，凡触犯逆鳞者，会被杀死。这里指疏通水道。鲠噎，谓食物堵住食管，这里指堵塞河道的瓦砾、刍秒等物。

⑤澄泓：水清而深。　煦湿濡沫：典出《庄子·大宗师》："泉涸，鱼相与处于陆，相呴以湿，相濡以沫，不如相忘于江湖。"

⑥鬐（qí）、鬣（liè）：指龙颈及颔旁的鬃毛。

纯生氏曰：鳞甲怒张，有龙跳天门之势。

【简评】

费了那么多人力物力，终于功德圆满，遇到作者这样的有心人可谓龙喷池之幸。人们常说山水是有灵性的。其实山水哪有什么灵性，只是遇到有灵性的人，山水才获得了灵性。世间万物，不都是如此吗？

朱文懿家桂[①]

桂以香山名，然覆墓木耳，北邙萧然，不堪久立[②]。单醪河钱氏二桂，老而秃[③]。独朱文懿公宅后一桂，干大如斗，枝叶觊髩，樾荫亩许，下可坐客三四十席[④]。不亭、不屋、不台、不栏、不砌，弃之篱落间。花时不许人入看，而主人亦禁足勿之往，听其自开自谢已耳。

樗栎以不材终其天年，其得力全在弃也[⑤]。百岁老人多出蓬户，子孙第厌其癃瘇耳，何足称瑞[⑥]。

095

【注释】

①朱文懿：朱赓（1535—1608），字少钦，号金庭，山阴（今浙江绍兴）人。隆庆二年（1568）进士，明朝内阁首辅。死后赠太保，谥文懿。著有《经筵奏疏》《朱文懿文集》。他是张岱祖父张汝霖的岳父。

②香山：在绍兴鹿池山东。　北邙（máng）：山名，在今河南洛阳，东汉、魏晋时期的王侯公卿多葬于此，后以此指墓地或坟墓。

③箪醪（láo）河：即箪醪河，又名投醪河、劳师泽，在绍兴城内。作者在《夜航船》一书中亦有介绍："箪醪河：在绍兴府治南。勾践行师日，有献壶浆者，跪而受之，取覆上流水中，命士卒乘流而饮。人百其勇，一战遂有吴国，因以名之。"

④朱文懿公宅后一桂：据祁彪佳《越中园亭记》记载，"秋水园：在朱文懿公居第后，凿池园中。……旁有桂树，大数围，荫一亩余。"　觊觎（míng méng）：草木丛生貌。

⑤樗栎（chū lì）：无用之材。语出《庄子·逍遥游》："吾有大树，人谓之樗，其大本拥肿而不中绳墨，其小枝卷曲而不中规矩，立之涂，匠者不顾。"《庄子·人间世》："匠石之齐，至于曲辕，见栎社树……曰：'散木也，以为舟则沉，以为棺椁则速腐，以为器则速毁，以为门户则液樠，以为柱则蠹。是不材之木也，无所可用。'"

⑥蓬户：用蓬草所编的门户，这里指穷苦人家。　第：但，只。　癃痈（lóng zhǒng）：同"龙钟"，手脚不灵便、走路不稳的样子。

纯生氏曰：清江酒户，老梅如屋，此桂似之。

【简评】

既是写树，也是写人。得与用，用与废，远比我们想象的复杂，这篇文章写得颇有哲理，耐人深思。

逍遥楼①

滇茶故不易得，亦未有老其材八十余年者。朱文懿公逍遥楼滇茶，为陈海樵先生手植，扶疏蓊翳，老而愈茂②。诸文孙恐其力不胜葩，岁删其萼盈斛，然所遗落枝头，犹自燔山熠谷焉③。

【注释】

①逍遥楼：在绍兴龟山下，为朱赓所建。朱赓在《逍遥楼记》一文中这样描绘该楼："楼凡三楹，与浮屠东西犄角。十里之外，望而见之，环楼皆牗，环牗皆城，环城皆湖，环湖皆山。开牗四顾，则万堞之形，蜿蜒如带，鉴湖八百，错汇于田畴间，如飘练浮镜。"

②陈海樵：陈鹤（？—1560），字鸣野，号海樵，山阴（今浙江绍兴）人。擅长书法、绘画，著有《海樵集》。他是朱赓的岳父。 蓊翳（wěng yì）：草木茂密的样子。

③力不胜葩（pā）：茎干不能承受花朵的压力。 萼：花。 斛：一种古代的量器。 燔（fán）山熠（yì）谷：形容茶花繁盛，红艳耀眼，好像整个山谷都燃烧起来一样。

文懿公，张无垢后身①。无垢降乩与文懿，谈宿世因甚悉，约公某日面晤于逍遥楼②。公伫立久之，有老人至，剧谈良久，公殊不为意③。但与公言："柯亭绿竹庵梁上有残经一卷，可了之④。"寻别去，公始悟老人为无垢。次日，走绿竹庵，简梁上，有《维摩经》一部，缮写精良，后二卷未竟，盖无垢笔也⑤。公取而续书之，如出一手。

【注释】

①张无垢：张九成（1092—1159），字子韶，号无垢居士，钱塘（今浙江杭州）人。绍兴二年（1132）进士。历任宗正少卿、礼部侍郎兼侍讲、刑部侍郎等职。著有《横浦先生文集》等。　后身：佛教有"三世"的说法，谓转世之身为"后身"。

②乩（jī）：一种通过占卜来问吉凶的算命方式。　面晤：面谈。

③剧谈：畅谈，长谈。

④了：了结，结束。此处指写完。

⑤《维摩经》：佛教经典，全名为《维摩诘所说经》，又称《维摩诘经》。通行本由后秦鸠摩罗什所译。　缮（shàn）写：誊写，抄写。

先君言乩仙供余家寿芝楼，悬笔挂壁间，有事辄自动，扶下书之，有奇验。娠祈子，病祈药，赐丹，诏取某处，立应。先君祈嗣，诏取丹于某簏临川笔内，簏失钥闭久，先君简视之，锁自出，觚管中有金丹一粒，先宜人吞之，即娠余①。

【注释】

①簏（lù）：用竹子、柳条、藤条等所编的圆形盛物器具。　临川笔：语出骆宾王《滕王阁序》："邺水朱华，光照临川之笔。"临川，谢灵运曾任临川内史，故称。　先宜人：去世的母亲，即作者的母亲陶氏。古代妇女因丈夫或子孙得到封号，称"宜人"。

朱文懿公有姬媵，陈夫人狮子吼，公苦之①。祷于仙，求化妒丹。乩书曰："难，难！丹在公枕内。"取以进夫人，夫人服之，语人曰："老头子有仙丹，不饷诸婢，而余是饷，尚昵余。"②与公相好如初。

【注释】

①狮子吼：语出洪迈《容斋三笔》卷三"陈季常"条："陈慥，字季常，公弼之子，居于黄州之岐亭，自称'龙丘先生'，又曰'方山子'。好宾客，喜蓄声妓，然其妻柳氏绝凶妒，故东坡有诗云：'龙丘居士亦可怜，谈空说有夜不眠。忽闻河东师子吼，拄杖落手心茫然。'河东师子，指柳氏也。""狮子吼"一语源于佛教，有威严之意。因陈慥素喜谈佛，苏轼借此调侃。河东为柳姓郡望，这里指柳氏。后常以"河东狮吼"来比喻妻子的妒悍。

②饷：用酒食等款待。 昵：亲爱，亲近。

纯生氏曰：女子妒色，仙有医法，亦仅见之矣。吾更愿仙赐妒才丹方，以广其化。

【简评】

出人意料的有趣误读，很有喜感。不管怎样，只要夫妻和好，就算达到目的了。正所谓功夫在药外。

天镜园①

天镜园浴凫堂，高槐深竹，樾暗千层。坐对兰荡，一泓漾之，水木明瑟，鱼鸟藻荇，类若乘空。余读书其中，扑面临头，受用一绿，幽窗开卷，字俱碧鲜②。

每岁春老，破塘笋必道此③。轻舠飞出，牙人择顶大笋一株掷水面，呼园人曰："捞笋④！"鼓枻飞去⑤。园丁划小舟拾之，形如象牙，白如雪，嫩如花藕，甜如蔗霜。煮食之，无可名言，但有惭愧。

099

【注释】

①天镜园：作者祖父张汝霖读书之所，据张岱《家传》记载，妻子去世后，张汝霖"乃尽遣姬侍，独居天镜园，拥书万卷，日事紬绎"。祁彪佳《越中园亭记》对天镜园有颇为详细的描绘："出南门里许为兰荡，水天一碧，游人乘小艇过之，得天镜园。园之胜以水，而不尽于水也。远山入座，奇石当门，为堂为亭，为台为沼，每转一境界，则自有丘壑。斗胜簇奇，游人往往迷所入。其后五泄君新构南楼，尤为畅绝。越中诸园，推此为冠。"

②碧鲜：青翠鲜润的颜色。

③春老：暮春时节。　破塘：在绍兴西，以产笋而闻名。

④舠（dāo）：一种刀形的小船。　牙人：撮合买卖、获取佣金的中间人，这里指商贩。

⑤枻（yì）：船桨。

纯生氏曰：绿字照眼，白雪沁肠，写出踌躇满志。

【简评】

张汝霖的好友黄汝亨曾这样评价天镜园："此中未许尘客到，徙倚沧浪唱独醒。"（《天镜园作》）看来不是谁都可以到此游览的，好景不可辜负。

包涵所①

西湖三船之楼，实包副使涵所创为之。大小三号：头号置歌筵，储歌童；次载书画；再次偫美人②。涵老声妓非侍妾比，仿石季伦、宋子京家法，都令见客③。靓妆走马，媻姗勃窣，穿柳过之，以为笑乐④。明槛绮疏，曼讴其下，撷篥弹筝，声如莺试⑤。客至则歌童演剧，队舞鼓吹，无不绝伦。乘兴一出，住必浃旬，观者相逐，问其所止⑥。

【注释】

①包涵所：包应登，字涵所，钱塘（今浙江杭州）人。万历十四年（1586）进士，曾任福建提学副使。本文与作者《西湖梦寻》卷四"包涵庄"内容全同。

②庤（zhì）：储藏。

③声妓：歌妓，艺妓。　石季伦：石崇（249—300），字季伦，青州（今山东青州）人，历任修武县令、南中郎将、荆州刺史等职。家巨富，生活豪奢，多蓄声妓。　宋子京：宋祁（998—1061），字子京，雍丘（今河南杞县）人。天圣二年（1024）进士，奏名第一。历任大理寺丞、国子监直讲、史馆修撰、工部尚书等职。

④媻（pán）姗勃窣（sū）：步履缓慢的样子。语出司马相如《子虚赋》："于是乃相与獠于蕙圃，媻姗勃窣，上乎金堤。"　媻姗，同"蹒跚"。　勃窣，行动笨拙不敏捷。

⑤明槛：轩前的栏杆。　绮疏：雕刻有空心花纹的窗户。　曼讴：轻歌曼舞。　撷篥（yè yuè）：演奏乐器。　撷，同"擪"，用手指按捺。篥，边棱音气鸣乐器。　莺试：雏莺试啼，优美婉转。

⑥浃（jiā）旬：一旬，十天。

南园在雷峰塔下，北园在飞来峰下①。两地皆石薮，积牒礌砢，无非奇峭，但亦借作溪涧桥梁，不于山上叠山，大有文理②。大厅以拱斗抬梁，偷其中间四柱，队舞狮子甚畅③。北园作八卦房，园亭如规，分作八格，形如扇面④。当其狭处，横亘一床，帐前后开阖，下里帐则床向外，下外帐则床向内。涵老据其中，扃上开明窗，焚香倚枕，则八床面面皆出⑤。穷奢极欲，老于西湖者二十年。

【注释】

①雷峰塔：在今杭州西湖南岸夕照山上。吴越国王钱俶为其妃黄氏而建，故又名"黄妃塔"。作者在《夜航船》一书中亦有介绍："雷峰塔：在钱塘西湖净寺前南屏之支麓也，昔有雷就者居之，故名。上有塔，遭回禄，今存其残塔半株。"另参见其《西湖梦寻》卷四"雷峰塔"。

②石薮：石头聚集的地方。　积堞磥砢（lěi luǒ）：很多石头堆积重叠在一起的样子。　大有文理：颇具匠心。

③偷：省去，减去。

④规：圆形。

⑤扃（jiōng）：门户的通称。

　　金谷、郿坞，着一毫寒俭不得，索性繁华到底，亦杭州人所谓"左右是左右"也①。西湖大家，何所不有，西子有时亦贮金屋②。咄咄书空，则穷措大耳③。

【注释】

①金谷：即金谷园，石崇所修建的豪宅。唐时已荒废，故址在今河南洛阳。作者在《夜航船》中亦有介绍："金谷园：石崇为荆州刺史时，刺劫远使商客，致富不赀。有别馆，在河阳之金谷，一名梓泽园，中有清泉茂林，竹柏药草之属莫不毕备。尝与众客游宴，屡迁其处，或登高临下，或列坐水滨，琴瑟笙筑合载车中，道路并作，令与鼓吹递奏，昼夜不倦。后房数百，俱极佳丽之选，以肴羞精丽相高，求市恩宠。"　郿（méi）坞：东汉时董卓所建，高厚七丈，与长安城相当，号万岁坞，世称"郿坞"。坞中广聚珍宝、粮谷。故址在今陕西眉县。　寒俭：寒酸。　左右是左右：反正就这样，就这么回事。

②贮金屋：语出《汉武故事》，武帝为太子时，长公主欲以女配帝，问

曰:"得阿娇好否?"帝曰:"若得阿娇,当以金屋贮之。"

③咄咄（duō duō）书空：失意、怀恨的样子。典出《世说新语》:"殷中军被废,在信安,终日恒书空作字。扬州吏民寻义逐之,窃视,唯作'咄咄怪事'四字而已。"　穷措大：贫穷的读书人,带有贬义。

纯生氏曰：《乐志论》开口"良田广宅",无此华靡,而《池上篇》则全以澹胜,虽有樱口柳腰,语不及也。

【简评】

从此文可见明代繁华的另一面,这位包涵所的生活真是到了穷奢极欲的程度,"索性繁华到底",且得以善终,这可能不符合有些人因果报应、盛极必衰的心理期待,似乎这位老兄一定要家道中落、晚年凄凉、忏悔不已才显得有意义。

斗鸡社

天启壬戌间好斗鸡,设斗鸡社于龙山下,仿王勃《斗鸡檄》,檄同社①。仲叔、秦一生日携古董、书画、文锦、川扇等物与余博,余鸡屡胜之。仲叔忿懑,金其距,介其羽,凡足以助其膒膊翰昧者无遗策②。又不胜。

【注释】

①天启壬戌：即天启二年（1622）。　王勃：王勃（650或649—675）,字子安,绛州龙门（今山西河津）人。与杨炯、卢照邻、骆宾王并称初唐四杰。有《王子安集》传世。因见诸王在一起斗鸡取乐,戏为《檄英王鸡》

103

文，得罪唐高宗李治，不得重用。

②忿懑（mèn）：气愤，愤恨不平。　金其距，介其羽：典出《左传·昭公二十五年》"季、郈之鸡斗，季氏介其鸡，郈氏为之金距"。金，戴上金属套子。距，雄鸡脚掌后突出的像脚趾的部分。介，本义是铠甲。　介其羽，给羽毛套上防护器具。　腷（bì）膊：跳跃闹腾声。　啅咮（zhuō zhòu）：鸡喙。

人有言徐州武阳侯樊哙子孙，斗鸡雄天下，长颈乌喙，能于高桌上啄粟①。仲叔心动，密遣使访之，又不得，益忿懑。

一日，余阅稗史，有言唐玄宗以酉年酉月生，好斗鸡而亡其国②。余亦酉年酉月生，遂止③。

【注释】

①樊哙（kuài）（？—前189）：沛县（今江苏沛县）人。西汉开国功臣，被封舞阳侯。

②稗史：野史、小说。　作者所说当为唐陈鸿《东城老父传》，其中有"上生于乙酉鸡辰，使人朝服斗鸡，兆乱于太平矣"之语。

③酉年酉月：作者生于明万历二十五年（1597）八月二十五日，这一年是丁酉年（鸡年），农历八月为酉月，故有此说。

纯生氏曰：季、郈之鸡，无乃类是。

【简评】

这种玩法已经不是玩物丧志的问题，而是要家破人亡了，好在作者及时醒悟，就此打住。

对这位整日沉迷于斗鸡和收藏的叔叔，张岱曾发出这样的感叹："货利嗜欲之中，无吾驻足之地，何必终日劳劳持筹握算也。"（《附传》）这是另一个版本的包涵所。

栖　霞①

　　戊寅冬，余携竹兜一、苍头一，游栖霞，三宿之②。山上下左右、鳞次而栉比之岩石颇佳，尽刻佛像，与杭州飞来峰同受黥劓，是大可恨事③。山顶怪石巉岏，灌木苍郁，有颠僧住之④。与余谈，荒诞有奇理，惜不得穷诘之⑤。日晡，上摄山顶观霞，非复霞理，余坐石上痴对。复走庵后，看长江帆影，老鹳河、黄天荡，条条出麓下，悄然有山河辽廓之感⑥。

【注释】

①栖霞：栖霞山，又名摄山，在今江苏南京城东，因南朝时山中建有栖霞精舍而得名。有栖霞寺、南朝石刻千佛岩、舍利塔等古迹。作者在《夜航船》中亦有介绍："摄山：在应天府治东北。产摄生草。上有千佛岩、栖霞寺，即明僧绍舍宅。"

②戊寅：即崇祯十一年（1638）。　竹兜：一种有座位而无轿厢的竹制轿子。　苍头：年纪较大的仆人。

③黥劓（qíng yì）：古代刑罚的名称，黥即墨刑，是在犯人脸上刻字并用墨染黑；劓则为割鼻刑。这里指对山石风景的破坏。

④巉岏（chán wán）：山石险峻、高耸。　颠僧：疯疯癫癫的僧人。

⑤诘：追问。

⑥老鹳河：又名老鹳嘴、七里港，即芦门河，在今江苏南京东北。　黄天荡：在今南京东北龙潭附近。曾是长江下游的一段港湾，水面辽阔，今已不存。

一客盘礴余前，熟视余，余晋与揖，问之，为萧伯玉先生①。因坐与剧谈，庵僧设茶供②。伯玉问及补陀，余适以是年朝海归，谈之甚悉③。《补陀志》方成，在箧底，出示伯玉，伯玉大喜，为余作叙④。取火下山，拉与同寓宿，夜长，无不谈之，伯玉强余再留一宿。

【注释】

①盘礴（bó）：箕踞而坐，比较随意的样子。 熟视：盯着看，仔细看。 晋：进前，上前。 萧伯玉：即萧士玮（1585—1651），字伯玉，江西泰和人。万历四十四年（1616）进士。历任吏部郎中、光禄寺卿等职。著有《春浮园集》《春浮园别集》等。

②剧谈：畅谈。

③补陀：即普陀山，全名补陀落迦山，亦称"补落迦""补陁"等。在今浙江舟山普陀区，为佛教四大名山之一。

④《补陀志》：即作者所写《海志》。 箧（qiè）：小箱子。藏物之具，大曰箱，小曰箧。

纯生氏曰：伯玉极精《南华》，旷世才也。

【简评】

畅游风景名胜，本来就是一件很开心的事情；再与一位谈得来的朋友不期而遇，那更是意外惊喜，人生之乐，莫过于此。作者心情之愉悦，可以想见。

湖心亭看雪①

崇祯五年十二月，余住西湖②。大雪三日，湖中人鸟声俱绝。是日更定矣，余拏一小舟，拥毳衣炉火，独往湖心亭看雪③。雾凇沆砀，天与云、与山、与水，上下一白④。湖上影子，惟长堤一痕，湖心亭一点，与余舟一芥，舟中人两三粒而已。

到亭上，有两人铺毡对坐，一童子烧酒，炉正沸。见余大惊喜，曰："湖中焉得更有此人！"拉余同饮。余强饮三大白而别⑤。问其姓氏，是金陵人，客此。及下船，舟子喃喃曰："莫说相公痴，更有痴似相公者。"

【注释】

①湖心亭：又名湖心寺、清喜阁，位于浙江杭州外西湖中，小瀛洲北面。因在外西湖中央小岛上，故名。作者《西湖梦寻》卷三"湖心亭"条有详细介绍："湖心亭旧为湖心寺，湖中三塔，此其一也。明弘治间，按察司佥事阴子淑秉宪甚厉。寺僧怙镇守中官，杜门不纳官长。阴廉其奸事，毁之，并去其塔。嘉靖三十一年，太守孙孟寻遗迹，建亭其上。露台亩许，周以石栏，湖山胜概，一览无遗。数年寻圮。万历四年，佥事徐廷裸重建。万历二十八年，司礼监孙东瀛改为清喜阁，金碧辉煌，规模壮丽，游人望之如海市蜃楼。烟云吞吐，恐滕

建议：可与《陶庵梦忆》中《龙山雪》一文对照阅读。

近代作家施蛰存：借舟子的话，来点明自己看雪的痴态。却又用一个更痴的人来作陪衬，显得"吾道不孤"，天下还有不少这样高逸之士。

王阁、岳阳楼俱无甚伟观也。"作者曾为此亭撰写楹联："如月当空，偶以微云点河汉；在人为目，且将秋水剪瞳神。"

②崇祯五年：1632年。

③更定：初更以后，在晚上八九点左右。 更，古代夜间计时单位，一夜分五更，每更约两小时。 拏（ná）：划动。 毳（cuì）衣：用皮毛做的衣服。

④雾凇（sōng）：又名树挂，雾气凝结在树木枝叶上而形成的一种白色松散冰晶。 沆砀（hàng dàng）：烟云雾气弥漫的样子。语出《汉书·礼乐志》："西颢沆砀，秋气肃杀。"

⑤大白：大酒杯。

纯生氏曰：扁舟破浪来相见，出船巍然，使人神耸。

【简评】

从古至今，到过西湖的游人不知道有多少，其中大多选择在春夏之季。至于冬日西湖雪景之佳，能亲身领略者可就不多，这一遗憾可以通过阅读本文来弥补。最美的风景一定留给有慧心的人去发现。

陈章侯

崇祯己卯八月十三，侍南华老人饮湖舫，先月早归[①]。章侯怅怅向余曰："如此好月，拥被卧耶？"余敕苍头携家酿斗许，呼一小划船再到断桥，章侯独饮，不觉沾醉。过玉莲亭，丁叔潜呼舟北岸，出塘栖蜜橘相饷，畅啖之[②]。

【注释】

①崇祯己卯：崇祯十二年（1639）。　南华老人：张汝懋，字众之，号芝亭。万历四十一年（1613）进士，历任休宁县令、大理寺丞等职。他是作者的叔祖。

②玉莲亭：有关该亭情况，作者在《西湖梦寻》卷一"玉莲亭"条言之甚详，兹引如下："白乐天守杭州，政平讼简。贫民有犯法者，于西湖种树几株；富民有赎罪者，令于西湖开葑田数亩。历任多年，湖葑尽拓，树木成荫。乐天每于此地载妓看山，寻花问柳。居民设像祀之。亭临湖岸，多种青莲，以象公之洁白。右折而北，为缆舟亭，楼船鳞集，高柳长堤。游人至此买舫入湖者，喧阗如市。东去为玉凫园，湖水一角，僻处城阿，舟楫罕到。寓西湖者，欲避嚣杂，莫于此地为宜。园中有楼，倚窗南望，沙际水明，常见浴凫数百出没波心，此景幽绝。"　塘栖：地名，在杭州城北。

章侯方卧船上嚎嚣，岸上有女郎，命童子致意云："相公船肯载我女郎至一桥否？"①余许之。女郎欣然下，轻纨淡弱，婉㜲可人②。章侯被酒挑之曰："女郎侠如张一妹，能同虬髯客饮否③？"女郎欣然就饮。移舟至一桥，漏二下矣，竟倾家酿而去。问其住处，笑而不答。章侯欲蹑之，见其过岳王坟，不能追也④。

【注释】

①嚎嚣：大声喊叫。

②轻纨淡弱：女子衣袂轻柔，体态婉转柔弱。轻纨，轻薄洁白的绢衣。　婉㜲（yì）：温顺娴静。

③张一妹、虬髯客：唐末杜光庭小说《虬髯客传》中的人物。此处章侯以虬髯客自比。

④蹑（niè）：追踪，跟随。　岳王坟：在今浙江杭州。初建于南宋嘉定十四年（1221）。岳飞死后被朝廷追封为鄂王，故称岳王。作者《西湖梦寻》一书有详细介绍，可参看。

109

纯生氏曰：软语清谑，宛睹眉宇。

【简评】

那位神秘女郎来无影，去无踪，人乎？仙乎？醒时？梦中？作者挺会卖关子，写得恍恍惚惚，迷迷离离，读者只能揣想得之。世间的事情不见得都有答案，包括作者本人。

卷四

不系园①

甲戌十月，携楚生住不系园看红叶②。至定香桥，客不期而至者八人：南京曾波臣，东阳赵纯卿，金坛彭天锡，诸暨陈章侯，杭州杨与民、陆九、罗三，女伶陈素芝③。余留饮。章侯携缣素为纯卿画古佛，波臣为纯卿写照，杨与民弹三弦子，罗三唱曲，陆九吹箫④。与民复出寸许界尺，据小梧，用北调说《金瓶梅》一剧，使人绝倒⑤。

是夜，彭天锡与罗三、与民串本腔戏，妙绝⑥；与楚生、素芝串调腔戏，又复妙绝⑦。章侯唱村落小歌，余取琴和之，牙牙如话⑧。纯卿笑曰："恨弟无一长以侑兄辈酒⑨。"余曰："唐裴将军旻居丧，请吴道子画天宫壁度亡母⑩。道子曰：'将军为我舞剑一回，庶因猛厉以通幽冥⑪。'旻脱缞衣缠结，上马驰骤，挥剑入云，高十数丈，若电光下射，执鞘承之，剑透室而入，观者惊栗⑫。道子奋袂如风，画壁立就⑬。章侯为纯卿画佛，而纯卿舞剑，正今日事也。"

纯卿跳身起，取其竹节鞭，重三十斤，作胡旋舞数缠，大噱而去⑭。

【注释】

①不系园：明末安徽富商汪汝谦在西湖湖畔建造的一艘游船，得名于《庄子·列御寇》："巧者劳而知者忧，无能者无所求，饱食而遨游，泛若不系之舟，虚而遨游者也。"船名由陈继儒题字。当时陈继儒、董其昌、李渔、钱谦益等人都曾在不系园中饮宴，并留下诗文。

②甲戌：即崇祯七年（1634）。　楚生：即朱楚生，详见本书卷五《朱

楚生》。

③定香桥：在杭州西湖花港观鱼亭前，南宋时临安府尹袁韶所建。　曾波臣：曾鲸（1564—1647），字波臣，莆田（今属福建）人。擅长肖像画，是波臣画派的开创者。　彭天锡：生卒年不详，金坛（今属江苏）人。本为士人，与南京缙绅多有往来，喜演剧，擅长净、丑戏，详见本书卷六《彭天锡串戏》。

④缣（jiān）素：供写字绘画用的白色丝绢。

⑤小梧：木头做的支架。

⑥串：原指担任戏曲角色，这里指表演。　本腔戏：昆腔，昆剧。

⑦调腔戏：又名掉腔、绍兴高调，流行于浙东绍兴等地的一个剧种，由明代南戏四大声腔之一的余姚腔发展而来。

⑧牙牙：拟声词，小孩学说话时的声音。

⑨侑（yòu）：劝酒。

⑩裴将军旻（mín）：裴旻，唐代将领，擅长舞剑。当时曾将李白的诗、张旭的草书和裴旻的剑舞并称为"三绝"。　吴道子（约686—约760）：又名道玄，阳翟（今河南禹州）人。擅长丹青，被后人誉为画圣。　度亡母：超度亡故的母亲。

⑪幽冥：阴间。

⑫缞（cuī）衣：古代用粗麻布制成的丧服。　室：指剑鞘。

⑬奋袂（mèi）：扬起袖子。

⑭胡旋舞：唐代西北少数民族的舞蹈，以各种旋转动作为特色。　缠：周。　噱（xué）：大笑。

纯生氏曰：尝怪《西园雅集记》类点鬼簿，此作乃见奇创之才。

【简评】

在栖霞山巧遇朋友，到杭州西湖又见到一群故交，大家在一起欢聚，各各施展绝艺。一生中能有几次这样的快乐，也就心满意足了。

秦淮河房①

秦淮河河房，便寓，便交际，便淫冶，房值甚贵，而寓之者无虚日②。画船箫鼓，去去来来，周折其间。河房之外，家有露台，朱栏绮疏，竹帘纱幔③。夏月浴罢，露台杂坐。两岸水楼中，茉莉风起，动儿女香甚。女客团扇轻纨，缓鬓倾髻，软媚着人④。

年年端午，京城士女填溢之看灯船⑤。好事者集小篷船百什艇，篷上挂羊角灯如联珠，船首尾相衔，有连至十余艇者⑥。船如烛龙火蜃，屈曲连蜷，蟠委旋折，水火激射⑦。舟中㵄钹星铙，宴歌弦管，腾腾如沸⑧。士女凭栏轰笑，声光乱乱，耳目不能自主。午夜，曲倦灯残，星星自散。钟伯敬有《秦淮河灯船赋》，备极形致⑨。

【注释】

①秦淮河：又称淮水、龙藏浦。由东向西横贯南京城区，分内河和外河，内河在城中，沿河一带有很多名胜古迹。

②淫冶：淫荡，轻狎，这里指声色娱乐。

③绮疏：雕刻成空心花纹的窗户。

④轻纨：轻薄洁白的绢衣。　着人：讨人喜欢。

⑤填溢：充满，挤满。

⑥羊角灯：用透明角材料做罩的灯。

⑦蜃（shèn）：传说中蛟龙一类的动物，能吐气成海市蜃楼。　连蜷：长而弯曲的样子。　蟠委旋折：盘旋曲折。

⑧㵄（sǎn）钹星铙：钹铙击打时快时慢，形容各种乐器齐鸣。㵄，弩机松弛；星，跟流星一样迅速。

⑨钟伯敬：钟惺（1574—1624），字伯敬，竟陵（今属湖北）人。万历三十八年（1610）进士，历任行人司行人、工部主事、南京礼部主事、福建提学佥事等职。他是竟陵派的代表人物，著有《隐秀轩集》等。

纯生氏曰：屠赤水云："虹梁百丈，灯火万家，管弦沸楼，鱼虾腥市。"其秦淮之谓乎？

【简评】

不知道是秦淮的繁华成就了《秦淮河灯船赋》这样的名篇佳作，还是《秦淮河灯船赋》这样的名篇佳作成就了秦淮的繁华。从一个朝代到另一个朝代，千百年来，秦淮风月见证着岁月的繁华，也记录着时代的沧桑。

兖州阅武①

辛未三月，余至兖州，见直指阅武②。马骑三千，步兵七千，军容甚壮。马蹄卒步，滔滔旷旷，眼与俱驶，猛掣始回③。其阵法奇在变换，儋动而鼓，左抽右旋，疾若风雨④。阵既成列，则进图直指，前立一牌曰"某阵变某阵"。连变十余阵，奇不在整齐而在便捷。扮敌人百余骑，数里外烟尘垒起⑤。迥卒五骑，小如黑子，顷刻驰至，入辕门报警⑥。建大将旗鼓，出奇设伏。敌骑突至，一鼓成擒，俘献中军。

【注释】

①兖州：今山东济宁兖州区。明时设兖州府，隶属山东承宣布政使司，以嵫阳为府治所在地。

②辛未：即崇祯四年（1631）。　直指：直指使者，又称"绣衣直指"或"直指绣衣使者"，朝廷直接派往地方巡视、处理政务的官员。

③滔滔旷旷：连续不断，盛大的样子。　眼与俱驶：眼睛随着军队的行进而移动。

④旝（kuài）：古代作战指挥所用的令旗。

⑤坌（bèn）起：飞起，扬起。

⑥迾（liè）卒：担任警戒的士卒。迾，列队警戒。

　　内以姣童扮女三四十骑，荷旃被毲，绣祛魋结，马上走解，颠倒横竖，借骑翻腾，柔如无骨①。奏乐马上，三弦、胡拨（琥珀词）四、上儿密失、义儿机，僸佅兜离，罔不毕集，在直指筵前供唱，北调淫俚，曲尽其妙②。是年，参将罗某，北人，所扮者皆其歌童外宅，故极姣丽，恐易人为之，未必能尔也。

【注释】

①荷旃（zhān）被毲（cuì）：扛着赤色曲柄的旗帜，身披毛织的衣物。旃，古代的一种赤色曲柄旗。毲，鸟兽毛经过加工而制成的毛织品。　祛（qū）：袖口。　魋（tuí）结：即魋髻，结成锥形的发髻。　走解：在马上表演技艺。

②胡拨（琥珀词）四：当作"胡拨四（琥珀词）"，即火不思，又名浑不似、胡拨四、琥珀词、和必斯，皆为琴的蒙语音译，一种蒙古族弹拨乐器，四弦，长柄，无品，音箱梨形。　上儿密失：当为"土儿密失"，即都哩默色。清英廉等编《日下旧闻考》："都哩，蒙古语式样也，默色，器械也，旧作土儿密失。"　义（yì）儿机：当为"叉儿机"，即察尔奇。《日下旧闻考》："察尔奇，满洲语扎板也，旧作叉儿机。"　僸佅（jìn mài）兜离：

117

泛指少数民族音乐。语出班固《东都赋》："四夷间奏，德广所及，僸佅兜离，罔不具集。"《白虎通》："南夷之乐曰兜，西夷之乐曰僸，北夷之乐曰佅，东夷之乐曰离。" 罔（wǎng）：无。 毕：尽，全。 淫俚：轻狎俚俗。

纯生氏曰：宫女陈师，兵法行酒，戏事也。斩二姬，锄一吕，不以戏目之也。彼等之儿戏者，真如优人矣。

【简评】
看起来气势恢宏，很有画面感，但与其说是军事操练，不如说是在做军队团体操，后来更是变成了文艺表演。当这样花拳绣腿的军队面对彪悍的东北铁骑，胜负根本就没有悬念。

牛首山打猎[①]

戊寅冬，余在留都，同族人隆平侯与其弟勋卫、甥赵忻城，贵州杨爱生，扬州顾不盈，余友吕吉士、姚简叔，姬侍王月生、顾眉、董白、李十、杨能，取戎衣衣客，并衣姬侍[②]。姬侍服大红锦狐嵌箭衣、昭君套，乘款段马，鞲青骹，绁韩卢，铳箭手百余人，旗帜棍棒称是，出南门，校猎于牛首山前后，极驰骤纵送之乐[③]。得鹿一、麂三、兔四、雉三、猫狸七[④]。看剧于献花岩，宿于祖堂[⑤]。次日午后猎归，出鹿麂以飨士，复纵饮于隆平家[⑥]。

江南不晓猎较为何事，余见之图画戏剧，今身亲为之，果称雄快[⑦]。然自须勋戚豪右为之，寒酸不办也[⑧]。

【注释】

①牛首山：又称牛头山，在今江苏南京，因其两座主峰南北耸峙，宛如牛首，故名。作者在《夜航船》一书中有介绍："牛首山：在祖堂之北，上有二峰相对，如牛角，故名。晋王导曰：'此天阙也。'又名天阙山。"

②戊寅：即崇祯十一年（1638）。　留都：指南京。　隆平侯与其弟勋卫：张信因军功于永乐年间被封隆平侯，文中所说隆平侯、勋卫为其后裔。　赵忻（xīn）城：赵之龙，明末人，袭封忻城伯，后降清。　杨爱生：杨鼎卿，字爱生，贵州贵阳人，杨文骢之子。　顾不盈：顾尔迈，字不盈，曾做过范景文幕僚，著有《明珰彰瘅录》等。　姚简叔：姚允在，字简叔，会稽（今浙江绍兴）人。工诗善画，以山水、人物见长。作者称其为"字画知己"，参见本书卷五《姚简叔画》。　顾眉：字眉生，号横波，为秦淮八艳之一，后嫁龚鼎孳为妾。　董白：原名白，字小宛，为秦淮八艳之一，后嫁冒襄为妾。　李十：名湘真，字雪衣，十娘为其号。秦淮歌妓。　杨能：秦淮歌妓，生平不详。　衣（yì）：穿。

③款段马：行路缓慢的马。　鞲（gōu）青骹（xiāo），绁韩卢：语出张衡《西京赋》："青骹击于鞲下，韩卢噬于绁末。"　鞲，同"韝"，一种射箭或放鹰时所用的皮制臂套。青骹，一种青腿的猎鹰。绁，绳索。韩卢，战国时韩国一只善跑的黑狗，这里泛指良犬。　铳（chòng）：旧时指枪一类的火器。

④麂（jǐ）：哺乳动物，像鹿，腿细而有力，善于跳跃，皮很软，可以制革。　雉：野鸡。

⑤献花岩：牛首山分支祖堂山北的一个石窟。相传唐代时法融禅师在此讲经，有百鸟衔花来献，故名。　祖莹（yíng）：当为"祖堂"。祖堂山为牛首山分支，上有幽栖寺、花岩寺等建筑。作者在《夜航船》一书中亦有介绍："祖堂：在应天府治南。唐法融和尚得道于此，为南宗第一祖师，在山房禅定，有百鸟献花，故又名献花岩。"此外作者还写有《阮圆海祖堂留宿二首》。

⑥飨（xiǎng）：用酒食慰劳。
⑦猎较：泛指打猎。
⑧勋戚：有功勋的皇族亲戚。　豪右：豪门望族。

纯生氏曰：李昌夔荆州打猎，大修装饰，锦鞯绣袄，女队二千人。兹虽不及其盛，而豪气过之。

【简评】

本文的看点不在于打猎声势之大，也不在于打到的猎物之多，而在于作者于文后隐隐生出的那丝寒酸感。连见过世面的作者都觉得自己开了眼界，可见当时勋戚豪右之奢华。

杨神庙台阁①

枫桥杨神庙，九月迎台阁。十年前迎台阁，台阁而已。自骆氏兄弟主之，一以思致文理为之②。扮马上故事，二三十骑扮传奇一本，年年换，三日亦三换之③。其人与传奇中人必酷肖方用，全在未扮时，一指点为某似某，非人人绝倒者不之用④。迎后，如扮胡琏者，直呼为胡琏，遂无不胡琏之，而此人反失其姓⑤。人定，然后议扮法，必裂缯为之⑥。果其人其袍铠须某色、某缎、某花样，虽匹锦数十金不惜也。一冠一履，主人全副精神在焉。诸友中有能生造刻画者，一月前礼聘至，匠意为之，唯其使。装束备，先期扮演，非百口叫绝又不用。故一人一骑，其中思致文理，如玩古董名画，一勾一勒，不得放过焉。

土人有小小灾祲，辄以小白旗一面到庙禳之，所积盈库⑦。是日以一竿穿旗三四，一人持竿三四，走神前，长可七八里，如几百万白蝴蝶回翔盘礴在山坳树隙⑧。

四方来观者数十万人。市枫桥下，亦摊亦篷。台阁上、马上有金珠宝石堕地，拾者如有物凭焉，不能去，必送还神前；其在树丛田坎间者，问神，辄示其处，不或爽⑨。

【注释】

①杨神庙：今称枫桥大庙，在浙江诸暨枫桥镇，所供之神名杨俨，始建于南宋。清咸丰十一年（1861）毁于太平军战火，后历经修建。　台阁：即台阁戏，一种在指定范围内表演的戏曲形式，演员不能任意走动，通过扮演不同人物来表演某个特定的场景。

②思致文理：思想意趣，文章情节。

③传奇：这里是对戏曲的统称。

④酷肖：非常像。

⑤胡琏（liǎn）：戏曲《蕉帕记》中的人物。　无不胡琏之：无不用胡琏来称呼那名演员。

⑥裂缯（zēng）：据西晋皇甫谧《帝王世纪》记载："妹喜好闻裂缯之声而笑，桀为发缯裂之，以顺适其意。"这里有不惜重金之意。缯，一种丝织品。

⑦灾祲（jìn）：灾难。　禳（ráng）：祈祷消灾。

⑧盘礴：徘徊，逗留。

⑨爽：差错。

纯生氏曰：得名者反失其姓，名之累人，不可思议。

【简评】

演一场戏花费如此大的物力和精力，明代戏曲之兴盛，由此可见一斑。这种台阁戏与一般的戏曲似乎不大一样，人物扮演除了神似外，还很注重形似，有些像西方的话剧。

雪 精①

外祖陶兰风先生倅寿州，得白骡，蹄跲都白，日行二百里，畜署中②。寿州人病噎隔，辄取其尿疗之③。凡告期，乞骡尿状常十数纸。外祖以木香沁其尿，诏百姓来取。后致仕归，捐馆，舅氏啬轩解骖赠余④。

余豢之十年许，实未尝具一日草料，日夜听其自出觅食，视其腹未尝不饱，然亦不晓其何从得饱也⑤。天曙，必至门祗候，进厩候驱策，至午勿御，仍出觅食如故⑥。后渐跋扈难御，见余则驯服不动，跨鞍去如箭，易人则咆哮蹄啮，百计鞭策之不应也。

一日，与风马争道城上，失足堕濠堑死，余命葬之，谥之曰"雪精"⑦。

【注释】

①雪精：指白驴。司马光《温公续诗话》："韩退处士，绛州人，放诞不拘，浪迹秦、晋间，以诗自名。尝跨一白驴，自有诗云：'山人跨雪精，上便不论程。嗅地打不动，笑天休始行。'"亦指白骡，据说为仙人洪崖的坐骑。元张羽《题彭大年祷雨诗卷和仲举韵延祐己未开玄道院作》诗有"白石资方青鼬饭，洪崖借乘雪精骡"之语。

②陶兰风：即陶允嘉（1556—1622），字幼美，号兰风，山阴（今浙江绍兴）人。万历二十八年（1600）副贡，官至福建盐运司同知。著有《泽农

吟集》。 倅（cuì）：担任副职。 寿州：今安徽寿县。 蹢跼（jié）：蹢趾。

③噎隔：即噎嗝，一种疾病，主要症状为吞咽困难，饮食难下，或食入即吐。

④致仕：交还官职，即辞职，退休。 捐馆：去世的婉辞。 啬轩：陶崇文，字乳周，号啬轩。撰有杂剧《宫枭记》。 骖（cān）：古代驾在车前两侧的马，这里代指马。

⑤秣：喂养。

⑥祇（zhī）候：恭敬地等候。

⑦风马：指疾驰如风的马。 濠（háo）堑：壕沟。

纯生氏曰：白骡不入华山而以溲活人，设有款门求肝者，骡其不免乎？争道以死，亦云幸矣。

【简评】

作者饲养这头白骡的方式很有意思，基本上是一种野化的放养，难怪到后来谁都驾驭不了。

严助庙①

陶堰司徒庙，汉会稽太守严助庙也②。岁上元设供，任事者聚族谋之终岁③。凡山物犇犇（虎、豹、麋鹿、獾猪之类），海物噩噩（江豚、海马、鲟黄、沙鱼之类），陆物痴痴（猪必三百斤，羊必二百斤，一日一换。鸡、鹅、凫、鸭之属，不极肥，不上贡），水物唅唅（凡虾、鱼、蟹、蚌之类，无不鲜活），羽物毸毸（孔雀、白鹇、锦鸡、白鹦鹉之属，即生供之），毛物绒绒（白鹿、白兔、活貂鼠之属，亦生供之），洎非地（闽鲜荔枝、圆眼、北苹婆果、沙果、文官果之类）、非天（桃、梅、李、杏、杨梅、枇杷、樱桃之属，收藏如新撷）、非制（熊掌、猩唇、豹胎之属）、非性（酒醉、蜜饯之类）、非理（云南蜜唧、峨眉雪蛆之类）、非想（天花龙蛋、雕镂瓜枣、捻塑米面之类）之物，无不集④。庭实之盛，自帝王宗庙、社稷坛壝所不能比隆者⑤。

【注释】

①严助（？—前122）：本名庄助，《汉书》为避东汉明帝刘庄讳，将其改为严助，会稽吴（今江苏苏州）人。历任中大夫、会稽太守等职，著有《相儿经》《严助赋》等。

②陶堰：又名陶家堰，在今浙江绍兴东。

③上元：上元节，每年农历的正月十五。

④觕觕（chù chù）："觕"为古文"触"字，本义为兽类用犄角抵物。觕觕，或指兽类凶猛相争的样子。 獾（huān）猪：即猪獾，一种鼬科动物，鼻头有发达鼻垫，类似猪的鼻子，所以又叫猪獾。 噩噩：肥腴的样子。 唵唵（yǎn yǎn）：鱼在水面张口呼吸的样子。 毨毨（xiǎn xiǎn）：羽毛丰满鲜明的样子。 白鹇（xián）：鸟名，又称银雉。雄鸟的冠及下体纯蓝黑色，上体及两翼白色，故名。 洎（jì）：到，及。 圆眼：桂圆。 撷：采摘。

⑤壝（wéi）：祭坛周围的矮墙。

十三日，以大船二十艘载盘辂，以童崽扮故事，无甚文理，以多为胜。城中及村落人，水逐陆奔，随路兜截转折，谓之"看灯头"。①且夜夜在庙演剧，梨园必倩越中上三班，或雇自武林者，缠头日数万钱，唱《伯喈》《荆钗》，一老者坐台下对院本，一字脱落，群起噪之，又开场重做②。越中有"全《伯喈》""全《荆钗》"之名,起此。

【注释】

①盘斡(líng):当为"盘铃",一种乐器。这里指的是盘铃傀儡,即一种以盘铃伴奏的傀儡戏。 文理:文辞义理,文章条理,这里指故事情节。 兜截转折:这里指观众观剧时随着演出人员的移动或超越或尾随。兜截,包抄拦截。转折,转向,改变。

②且:底本作"五"字,据砚云本等改。 倩:请,央求。 缠头:赠送给演员的布帛或财物。 《伯喈》《荆钗》:即《琵琶记》《荆钗记》。 院本:这里指剧本。

天启三年,余兄弟携南院王岑、老串杨四、徐孟雅,圆社河南张大来辈往观之①。到庙蹴鞠,张大来以"一丁泥""一串珠"名世②。球着足,浑身旋滚,一似粘寘有胶、提掇有线、穿插有孔者,人人叫绝③。剧至半,王岑扮李三娘,杨四扮火工窦老,徐孟雅扮洪一嫂,马小卿十二岁,扮咬脐,串《磨房》《撇池》《送子》《出猎》四出④。科诨曲白,妙入筋髓,又复叫绝⑤。遂解维归⑥。戏场气夺,锣不得响,灯不得亮。

【注释】

①天启三年:即公元1623年。

②蹴鞠(jū):古代一种球类游戏。

③寘(zhì):停留,停滞。

④"王岑扮李三娘……《出猎》四出":以上人物及出目,皆出自《刘知远白兔记》。 火工:旧时称干杂活的人。

⑤科诨曲白:戏曲术语。科,即科泛、科范,指元杂剧剧本中关于人物动作表情方面的舞台提示。诨,诙谐逗趣的话语,也指打诨逗趣的人。曲,戏剧的唱曲。白,道白,是戏剧人物的语言。

⑥解维：解开缆绳，开船。

纯生氏曰：记事古奥，如读《汲冢周书》。

【简评】

在该文中，作者给我们展开了一幅民俗生活画卷，可见当时人们宗教信仰之一斑。如此祭祀，实在过于铺张奢华，不知严助的神灵给地方带来的好处，能对得起如此丰盛的祭品否？

乳 酪①

乳酪自驵侩为之，气味已失，再无佳理②。余自豢一牛，夜取乳置盆盎，比晓，乳花簇起尺许，用铜铛煮之，瀹兰雪汁，乳斤和汁四瓯，百沸之③。玉液珠胶，雪腴霜腻，吹气胜兰，沁入肺腑，自是天供。

或用鹤觞、花露入甑蒸之，以热妙④；或用豆粉搀和，漉之成腐，以冷妙。或煎酥，或作皮，或缚饼，或酒凝，或盐腌，或醋捉，无不佳妙⑤。而苏州过小拙和以蔗浆霜，熬之、滤之、钻之、掇之、印之，为带骨鲍螺，天下称至味。其制法秘甚，锁密房，以纸封固，虽父子不轻传之。

【注释】

①乳酪：一种乳制品，用牛、羊等动物的乳汁提炼而成。
②驵侩（zǎng kuài）：牲畜交易的中间人，这里泛指商贩。

③比晓：等到天亮。　瀹（yuè）：浸渍。　瓯（ōu）：杯。
④鹤觞（shāng）：此处泛指美酒。　甑（zèng）：一种做饭用的瓦器。
⑤馔（zhuàn）饼：即卷饼。

纯生氏曰：使人咽喉间作甘露快。

【简评】
　　作者在打理生活方面绝对是一位行家里手，无论是饮水还是品茶，都能别出心裁，玩出花样来，且能谈出其中的精妙之处。这次说的是乳制品，同样匠心独具，令人叹为观止。

二十四桥风月①

　　广陵二十四桥风月，邗沟尚存其意②。渡钞关，横亘半里许，为巷者九条③。巷故九，凡周旋折旋于巷之左右前后者，什百之。巷口狭而肠曲，寸寸节节，有精房密户，名妓、歪妓杂处之。名妓匿不见人，非向道莫得入。歪妓多可五六百人，每日傍晚，膏沐薰烧，出巷口，倚徙盘礴于茶馆、酒肆之前，谓之"站关④"。茶馆、酒肆、岸上纱灯百盏，诸妓掩映闪灭于其间，疤蟊者帘，雄趾者阈⑤。灯前月下，人无正色，所谓"一白能遮百丑"者，粉之力也。游子过客，往来如梭，摩睛相觑，有当意者，逼前牵之去，而是妓忽出身分，肃客先行，自缓步尾之。至巷口，有侦伺者，向巷门呼曰："某姐有客了！"内应声如雷。火燎即出，一一俱去，剩者不过二三十人⑥。

【注释】

①二十四桥：在今江苏扬州市内。关于二十四桥有两种说法：一种说法是二十四座桥的总称，一种说法是一座桥的名称。

②广陵：今江苏扬州。 邗（hán）沟：又称邗水、邗江、邗溟沟。春秋时吴王夫差为通粮道而开凿的古运河。

③钞关：明清两代收取关税的地方。因以钞纳税，故名。扬州钞关设于宣德四年（1429），地址在新城的挹江门，街上有九条巷子，每条巷里通若干小巷，为妓院集中之地。

④倚徙盘礴：留连徘徊，逗留。

⑤疤鏀（lì）：皮肤粗糙，相貌不好。 雄趾：大脚。 阈（yù）：门槛。

⑥火燎：火把，灯烛。

沉沉二漏，灯烛将烬，茶馆黑魆无人声①。茶博士不好请出，惟作呵欠，而诸妓醵钱向茶博士买烛寸许，以待迟客②。或发娇声，唱《劈破玉》等小词③；或自相谑浪嘻笑，故作热闹，以乱时候。然笑言哑哑，声中渐带凄楚。夜分不得不去，悄然暗摸如鬼，见老鸨，受饿受笞，俱不可知矣。

【注释】

①黑魆：黑暗。

②茶博士：旧时茶店伙计的雅称。 醵（jù）钱：凑钱。

③《劈破玉》：当时一种流行的民间曲调。

余族弟卓如，美须髯，有情痴，善笑，到钞关必狎妓，向余噱曰："弟今日之乐，不减王公。"余曰："何谓也？"曰："王公大人侍妾数百，到晚耽耽望幸，当御者亦不过一人①。弟过钞关，美人数百人，目挑心招，视我如潘安②。弟颐指气使，任意拣择，亦必得一当意者呼而侍我。王公大人，岂遂过我哉③！"复大噱，余亦大噱。

【注释】

①耽耽：同"眈眈"，眼睛注视的样子。

②目挑心招：指女子摆出诱人的神态。 潘安：潘岳，字安仁，戏曲中省称"潘安"，西晋人，貌美，后用作美貌男子的代称。

③遂：如意，顺心。

纯生氏曰：二十四桥明月，褰裳而就者如云，髯客得毋以蒯缑往耶？

【简评】

风花雪月往往被视作一个时代繁华的标志，如果换个角度也许就有不同的解读，这要看是站在买笑者还是卖笑者的立场上。欢笑与凄楚、喧闹与冷落，这正是二十四桥风月的真实写照，也是作者想展示的，他力图写出醉生梦死背后的隐忧。

世美堂灯

儿时跨苍头颈，犹及见王新建灯①。灯皆贵重华美，珠灯料丝无论，即羊角灯亦描金细画，缨络罩之②。悬灯百盏，尚须秉烛而行，大是闷人。余见《水浒传》"灯景诗"有云："楼台上下火照火，车马往来人看人③。"已尽灯理。余谓灯不在多，总求一亮。余每放灯，必用如椽大烛，专令数人剪卸烬煤，故光迸重垣，无微不见。

十年前，里人有李某者，为闽中二尹，抚台委其造灯，选雕佛匠，穷工极巧，造灯十架。凡两年，灯成，而抚台已物故，携归藏椟中④。又十年许，知余好灯，举以相赠，余酬之五十金，十不当一，是为主灯，遂以烧珠、料丝、羊角、剔纱诸灯辅之。

而友人有夏耳金者，剪彩为花，巧夺天工，罩以冰纱，有烟笼芍药之致。更用粗铁线界划规矩，匠意出样，剔纱为蜀锦，皴其界地，鲜艳出人⑤。耳金岁供镇神，必造灯一盏，灯后，余每以善价购之。余一小傒善收藏，虽纸灯亦十年不得坏，故灯日富⑥。又从南京得赵士元夹纱屏及灯带数副，皆属鬼工，决非人力⑦。灯宵，出其所有，便称胜事。

鼓吹弦索，厮养臧获皆能为之。有苍头善制盆花，夏间以羊毛炼泥墩，高二尺许，筑"地涌金莲"，声同雷炮，花盖亩余。不用煞拍鼓铙，清吹唢呐应之，望花缓急为唢呐缓急，望花高下为唢呐高下⑧。灯不演剧，则灯意不酣；然无队舞鼓吹，则灯焰不发。余敕小傒串元剧四五十本。演元剧四出，则队舞一回，鼓吹一回，弦索一回。其间浓淡、繁简、松实之妙，全在主人位置。使易人易地为之，自不能尔尔。故越中夸灯事之盛，必曰"世美堂灯"。

【注释】

①王新建：明末著名收藏家，在当时与张联芳、朱敬循、项元汴、周铭仲并称江南五大收藏家。

②珠灯：当为"珠子灯"，一种用五色珠装饰的灯。明田汝成《西湖游览志余》："珠子灯，则五色珠为网，下垂流苏，或为龙船、凤辇、楼台故事。"　料丝：制作灯具的一种丝状原料。郎瑛《七修类稿》："用玛瑙、紫石英诸药，捣为屑，煮腐如粉，然必市北方天花菜点之方凝，而后缫之为丝，织如绢状。上绘人物山水，极晶莹可爱，价亦珍贵。盖以煮料成丝，故

谓之料丝。"

③"楼台上下火照火，车马往来人看人"：见《水浒传》第七十二回《柴进簪花入禁院　李逵元夜闹东京》。作者《快园道古》一书亦云："《水浒传》形容汴京灯景云：'楼台上下火照火，车马往来人看人。'只此十四字，古今灯诗灯赋，千言万语，刻画不到。"　二尹：明清时对县丞或府同知的别称。

④抚台：明代对巡抚的尊称。　物故：去世。

⑤靽（wǎn）：本义为皮脱离，这里有铺饰之意。　界地：衬里，衬底。

⑥小傒：小童、小厮。

⑦赵士元：作者《夜航船》一书有介绍："夹纱物件：赵士元制夹纱及夹纱帏屏，其所厕翎毛花卉，颜色鲜明，毛羽生动，妙不可言，扇扇是黄荃、吕纪得意名画。"

⑧煞拍：打击乐器中的拍板。

纯生氏曰：庚戌秋中，吾乡放灯极盛，此不及万分之一矣。余撰《武林灯事》四十八条，存《谁堂笔记》。

【简评】

"灯不在多，总求一亮"，此语说出了"灯理"之所在，值得回味。

宁　了

大父母喜豢珍禽：舞鹤三对，白鹇一对，孔雀二对，吐绶鸡一只，白鹦鹉、鹩哥、绿鹦鹉十数架①。

一异鸟名"宁了"，身小如鸽，黑翎如八哥，能作人语，绝不囫唒②。大母呼媵婢,辄应声曰:"某丫头,太太叫③!"有客至,叫曰:"太太,客来了,看茶。"有一新娘子善睡,黎明辄呼曰:"新娘子,天明了,起来罢。太太叫,快起来。"不起,辄骂曰:"新娘子,臭淫妇,浪蹄子。"新娘子恨甚,置毒药杀之。

"宁了"疑即"秦吉了",蜀叙州出,能人言④。一日夷人买去,惊死。其灵异酷似之。

【注释】

①吐绶鸡:作者在《夜航船》一书中有介绍:"吐绶鸡:形状、毛色俱如大鸡。天晴淑景,颔下吐绶,方一尺,金碧晃曜,花纹如蜀锦,中有一字,乃篆文'寿'字,阴晦则不吐。一名'寿字鸡',一名'锦带功曹'。"鹩(liáo)哥:又称秦吉了。全身羽毛黑色,有光泽,前额和头顶紫色。常成群聚集在树上,叫声婉转,善于模仿其他鸟叫,经训练,能模仿人语及动物叫声。吃昆虫和植物种子等。作者《夜航船》一书有介绍:"秦吉了:岭南灵鸟。一名'了哥'。形似鸲,黑色,两肩独黄,顶毛有缝,如人分发,耳聪心慧,舌巧能言。有夷人以数万钱买去,吉了曰:'我汉禽,不入胡地!'遂惊死。"

②囫唒:同"含糊"。

③媵(yìng)婢:原指随嫁的婢女,这里泛指婢妾。

④叙州:明代设叙州府,治所在今四川宜宾。

纯生氏曰:是非燕雀之网所能罗者。

【简评】

这只"宁了"鸟确实够灵异的,这恰恰也是其取死之道,正所谓聪明反被聪明误。文章说的是鸟,人何尝不是这样?

值得注意的是,文章结尾"惊死",有版本作"秦吉了曰:'我汉禽,不入夷地。'遂惊死"。结合作者在《夜航船》中对秦吉了的介绍来看,此当为原文,因在当时犯禁,被王文诰评点本删去。

张氏声伎

谢太傅不畜声伎,曰:"畏解,故不畜①。"王右军曰:"老年赖丝竹陶写,恒恐儿辈觉②。"曰"解",曰"觉",古人用字深确。盖声音之道,入人最微,一解则自不能已,一觉则自不能禁也。

我家声伎,前世无之,自大父于万历年间与范长白、邹愚公、黄贞父、包涵所诸先生讲究此道,遂破天荒为之③。有"可餐班",以张彩、王可餐、何闰、张福寿名;次则"武陵班",以何韵士、傅吉甫、夏清之名;再次则"梯仙班",以高眉生、李岕生、马蓝生名;再次则"吴郡班",以王畹生、夏汝开、杨啸生名④;再次则"苏小小班",以马小卿、潘小妃名;再次则平子"茂苑班",以李含香、顾岕竹、应楚烟、杨骎骎名⑤。

主人解事日精一日,而僎童技艺亦愈出愈奇。余历年半百,小僎自小而老、老而复小、小而复老者,凡五易之。无论"可餐""武陵"诸人,如三代法物,不可复见⑥;"梯仙""吴郡"间有存者,皆为佝偻老人⑦;而"苏小小班"亦强半化为异物矣;"茂苑班"则吾弟先去,而诸人再易其主。余则婆娑一老,以碧眼波斯,尚能别其妍丑⑧。山中人至海上归,种种海错,皆在其眼,请共舐之⑨。

【注释】

①谢太傅:谢安(320—385),字安石,祖籍陈郡阳夏(今河南太康),西晋末家族南迁至会稽东山(今浙江绍兴市上虞区东山)。历任司马、吴兴

太守、吏部尚书、中护军等职。曾指挥著名的淝水之战。死后赠太傅。　畏解，故不畜：此应为宋武帝刘裕事，无关谢安。语出《南齐书·崔祖思传》："宋武节俭过人，……殷仲文劝令畜伎，答云'我不解声'。仲文曰'但畜自解'，又答'畏解，故不畜'。"

②老年赖丝竹陶写，恒恐儿辈觉：语出《世说新语》："谢太傅语王右军曰：'中年伤于哀乐，与亲友别，辄作数日恶。'王曰：'年在桑榆，自然至此，正赖丝竹陶写，恒恐儿辈觉，损欣乐之趣。'"陶写，陶冶性情，消愁解闷。

③范长白：范允临（1558—1641），字长倩，号长白，吴县（今江苏苏州）人，范仲淹第十七代孙。万历二十三年（1595）进士，曾任福建参议。擅丹青，著有《输廖馆集》。详见本书卷五《范长白》。　邹愚公：邹迪光（1550—1626），字彦吉，号愚谷、愚公，无锡（今属江苏）人。万历二年（1574）进士，官至湖广提学副使。擅丹青，著有《郁仪楼集》《调象庵集》《石语斋集》等。　黄贞父：即黄汝亨，详见卷一《奔云石》及相关注释。

④夏汝开：作者所养家班艺人，作者写有《祭义伶文》。

⑤骤骃（lù ěr）：原指周穆王八骏之一，这里用作人名。

⑥三代法物：夏商周时期的器物。

⑦佝偻：脊背向前弯曲。

⑧碧眼波斯：此处指波斯商人，精于鉴别珠宝。　妍丑：美丑。

⑨海错：各种海味。　舐：用舌舔物，这里指用鉴赏的眼光品味。

纯生氏曰：烟霞风景，补缀藻绣，如山深月清中有猿啸，听者凄其欲绝。

【简评】

声色繁华，过眼烟云，戏班换过一个又一个，主人也在一天天老去。不知不觉间，年华飞逝，稍一回顾，便觉物是人非，作者难免生出沧桑之叹。

方 物①

越中清馋，无过余者，喜啖方物②。北京则苹婆果、黄鼦、马牙松③；山东则羊肚菜、秋白梨、文官果、甜子④；福建则福橘、福橘饼、牛皮糖、红腐乳；江西则青根、丰城脯；山西则天花菜⑤；苏州则带骨鲍螺、山查丁、山查糕、松子糖、白圆、橄榄脯；嘉兴则马交鱼脯、陶庄黄雀；南京则套樱桃、桃门枣、地栗团、窝笋团、山查糖；杭州则西瓜、鸡豆子、花下藕、韭芽、玄笋、塘栖蜜橘⑥；萧山则杨梅、莼菜、鸠鸟、青鲫、方柿；诸暨则香狸、樱桃、虎栗；嵊则蕨粉、细榧、龙游糖；临海则枕头瓜⑦；台州则瓦楞蚶、江瑶柱⑧；浦江则火肉⑨；东阳则南枣；山阴则破塘笋、谢橘、独山菱、河蟹、三江屯蛏、白蛤、江鱼、鲫鱼、里河鲻⑩。远则岁致之，近则月致之、日致之。耽耽逐逐，日为口腹谋，罪孽固重⑪。

但由今思之，四方兵燹，寸寸割裂，钱塘衣带水，犹不敢轻渡，则向之传食四方，不可不谓之福德也⑫。

【注释】

①方物：土产。

②清馋：清雅而嘴馋，这里指喜爱美食。

③苹婆果：明代对苹果的称呼。　黄鼦(liè)、马牙松：黄鼦，黄芽菜。马牙松，白菜。一说"黄鼦、马牙松"当为"黄芽马粪菘"，即北京冬季之窖白菜。

④羊肚菜：又名羊肚菌、羊肚蘑，一种食用菌类，因表面凹凸不平，酷

135

似羊肚而得名。　文官果：一种果名，产于我国北方，花美丽，可供观赏，果形如螺，味甜，也可榨油。

⑤天花菜：又称花椰菜、花菜或菜花，一种蔬菜。原产于地中海沿岸，后引入中国。

⑥鸡豆子：俗称鸡头米，芡的果实。

⑦嵊（shèng）：嵊州的简称，今为浙江的一个县级市。　蕨粉：用蕨根加工而成的淀粉类食物。　细榧（fěi）：又名香榧、真榧、榧子。榧树的种子，可食用，亦可榨油或入药。

⑧瓦楞蚶（hān）：当为"瓦楞蚶"。作者在《夜航船》一书中有介绍："瓦楞蚶：宁海沿海有蚶田，用大蚶捣汁，竹筅帚洒之，一点水即成一蚶，其状如荸荠，用缸砂壅之，即肥大。"　江瑶柱：即江珧柱，又名牛耳螺、干贝，一种蚌类。作者《咏方物二十首·定海江瑶》诗序云："宁波江瑶柱，亦名西施舌，东坡为之作传。"

⑨火肉：火腿肉。

⑩独山：在绍兴城西。　蛏（chēng）：一种软体动物，主要生活在沿海，肉鲜美。　鲻（zī）：白鲦鱼。

⑪耽耽逐逐：瞪目逼视而急欲攫取。

⑫兵燹（xiǎn）：战火，战乱。

纯生氏曰：幻笔，空肠老饕，那得不垂涎耶？

【简评】

一个人能享用众多如此精美的食物，这已经无法用口福来形容了，即便是贵为一国之主的帝王也不过如此，难怪作者说自己"罪孽固重"。此外，作者还写有《咏方物二十首》，诗序云："自是老饕，遂为诸物董狐。"

祁止祥癖①

人无癖不可与交，以其无深情也；人无疵不可与交，以其无真气也②。余友祁止祥有书画癖，有蹴鞠癖，有鼓钹癖，有鬼戏癖，有梨园癖。

壬午至南都，止祥出阿宝示余，余谓："此西方迦陵鸟，何处得来③？"阿宝妖冶如蕊女，而娇痴无赖，故作涩勒，不肯着人④。如食橄榄，咽涩无味，而韵在回甘；如吃烟酒，鲠餶无奈，而软同沾醉⑤。初如可厌，而过即思之。止祥精音律，咬钉嚼铁，一字百磨，口口亲授，阿宝辈皆能曲通主意⑥。

【注释】

①祁止祥：祁豸佳（1594—1670），字止祥，号雪瓢，山阴（今浙江绍兴）人。明天启七年（1627）举人，曾任吏部司务。擅长书法、绘画、度曲。他是祁彪佳之堂兄。作者称其为"曲学知己"，并写有《寿祁止祥八十》诗。

②疵（cī）：毛病，缺点。

③壬午：崇祯十五年（1642）。　南都：南京。　迦陵鸟：即迦陵频伽鸟，意译则为好声鸟、美音鸟或妙声鸟。产于印度，色黑似雀，羽毛美丽，音声清婉动听。佛教典籍常以其叫声比喻佛、菩萨之妙音。作者《夜航船》亦有介绍："迦陵鸟：鸣清越，如笙箫，妙合宫商，能为百虫之音。《楞严经》云：'迦陵仙音，遍十方界。'"

④蕊女：仙女。　无赖：顽皮，调皮。　涩勒：羞涩。　着人：讨人喜欢。

⑤鲠饐（gěng yē）：即哽噎，食物堵塞喉咙，难以下咽。　沾醉：大醉。

⑥咬钉嚼铁：比喻主意坚定或意志坚强。

乙酉，南都失守，止祥奔归，遇土贼，刀剑加颈，性命可倾，至宝是宝①。丙戌，以监军驻台州，乱民卤掠，止祥囊箧都尽，阿宝沿途唱曲，以膳主人②。及归，刚半月，又挟之远去。止祥去妻子如脱躧耳，独以娈童崽子为性命，其癖如此③。

【注释】

①乙酉：顺治二年（1645）。　土贼：当地的盗贼，土匪。

②丙戌：顺治三年（1646）。　卤掠：掳掠，抢掠。　囊箧：袋子和箱子，这里指行李。

③躧（xǐ）：鞋子。　娈（luán）童崽子：旧时供人狎玩的美少年。

纯生氏曰：王武子马癖，和长舆钱癖，杜预《左传》癖，皆足千古，况止祥哉。止祥客广陵时，为周元亮画南北宗派四十帧，今藏余家。

【简评】

文章开篇就说"人无癖不可与交，以其无深情也；人无疵不可与交，以其无真气也"，可见作者的交友观。俗话说，人无完人，以完美姿态呈现的人要么是伪装的，要么是无趣的，都不是真实的人，这种人不交往也罢。

不过话说回来，祁止祥的这种癖好也着实很让人苟同，好在人生是多元的，只要清楚自己在干什么，自己为自己的行为负责，也就够了。

泰安州客店①

客店至泰安州,不复敢以客店目之。余进香泰山,未至店里许,见驴马槽房二三十间②;再近,有戏子寓二十余处;再近,则密户曲房③,皆妓女妖冶其中。余谓是一州之事,不知其为一店之事也。

【注释】

①泰安州:今山东泰安。 客店:旅店,客舍。
②槽房:供牲口吃东西、休息的棚子或房间。
③密户曲房:密室。

投店者,先至一厅事,上簿挂号,人纳店例银三钱八分,又人纳税山银一钱八分①。店房三等:下客夜素,早亦素,午在山上,用素酒、果核劳之,谓之"接顶"②。夜至店,设席贺,谓烧香后求官得官,求子得子,求利得利,故曰贺也。贺亦三等:上者专席,糖饼、五果、十肴、果核、演戏③;次者二人一席,亦糖饼,亦肴核,亦演戏④;下者三四人一席,亦糖饼、肴核,不演戏,用弹唱。计其店中,演戏者二十余处,弹唱者不胜计。庖厨炊爨亦二十余所,奔走服役者一二百人⑤。

【注释】

①厅事:厅堂。 税山银:唐代一种赋税的名称,这里指登山的门票。

②素酒：未蒸馏过的低度酒。 果核：干果。
③糖饼：一种用糖和面粉做的面食。 五果：指桃、李、杏、栗、枣五种果实。 十肴：明清时期流行的一套由十道菜肴组成的宴席菜式。
④肴核：肉类和果类食品。
⑤爨（cuàn）：烧火做饭。

下山后，荤酒狎妓惟所欲①。此皆一日事也。若上山落山，客日日至，而新旧客房不相袭，荤素庖厨不相混，迎送厮役不相兼，是则不可测识之矣②。

泰安一州与此店比者五六所，又更奇。

【注释】
①荤酒：经蒸馏过的度数较高的酒。
②袭：重复。 测识：推测知悉。

纯生氏曰：曼卿过钱痴，桃虫处桃，壤虫处壤，岂不当自反耶。

【简评】
　　文章所写的地方，并非经济发达的江南，而是山东泰安。这里的客店竟然达到这样的规模和档次，生意兴隆，而且管理得井井有条，明代商业之繁荣，并非虚言，由此可见一斑。本文所述内容，作者《岱志》一文亦有记载，可参看。

卷 五

范长白

范长白园在天平山下，万石都焉①。龙性难驯，石皆笏起，旁为范文正公墓②。园外有长堤，桃柳曲桥，蟠屈湖面，桥尽抵园，园门故作低小，进门则长廊复壁，直达山麓③。其缯楼幔阁，秘室曲房，故故匿之，不使人见也。山之左为桃源，峭壁回湍，桃花片片流出。右孤山，种梅千树。渡涧为小兰亭，茂林修竹，曲水流觞，件件有之④。竹大如椽，明静娟洁，打磨滑泽如扇骨，是则兰亭所无也。地必古迹，名必古人，此是主人学问。但桃则溪之，梅则屿之，竹则林之，尽可自名其家，不必寄人篱下也。

【注释】

①天平山：在今江苏苏州西，因其山顶正平，故名。以怪石、清泉、红枫而闻名，并称三绝。　都：聚拢，聚集。

②笏（hù）起：像笏那样立起。笏，大臣朝见时手拿的狭长板子，用玉、象牙、竹木制成，也叫手板。　范文正公：范仲淹（989—1052），字希文，谥文正，吴县（今江苏苏州）人。宋真宗朝进士。曾任参知政事。著有《范文正公集》。

③蟠屈：盘旋屈曲，回环曲折。

④兰亭：在今浙江绍兴西南，相传越王勾践在此种兰花，汉代在此设驿亭，故名。　曲水流觞（shāng）：中国旧时传统习俗，每年农历三月上巳日，举行祓禊仪式后，大家坐在河渠两旁，在上流放置酒杯，酒杯顺流而下，停在谁的面前，谁就取杯饮酒，意为除去灾祸不吉。作者在《夜航船》中亦有介绍："流觞：兰亭流觞曲水，不始于兰亭。周公卜洛邑，因流水以

泛酒，故诗曰：'羽觞随波'。"

余至，主人出见。主人与大父同籍，以奇丑著①。是日释褐，大父嬲之曰："丑不冠带，范年兄亦冠带了也②。"人传以笑。余亟欲一见。及出，状貌果奇，似羊肚石雕一小猱，其鼻垩颧颐犹残缺失次也③。冠履精洁，若谐谑谈笑，面目中不应有此。开山堂小饮，绮疏藻幕，备极华缛④。秘阁清讴，丝竹摇飏⑤，忽出层垣，知为女乐。饮罢，又移席小兰亭。

【注释】

①同籍：同年考中进士。范允临与作者的祖父张汝霖都是万历二十三年（1595）考中进士的。

②释褐：脱去平民服装。指刚做官。 嬲（niǎo）：戏弄。

③羊肚石：一种玛瑙，表面有白色皱纹，犹如羊肚，故名。 猱（náo）：动物名，猿属，善于攀援。 鼻垩（è）：典出《庄子·杂篇·徐无鬼》："郢人垩漫其鼻端若蝇翼，使匠石斫之。匠石运斤成风，听而斫之，尽垩而鼻不伤，郢人立不失容。"这里指鼻子，鼻梁。

④华缛：华彩繁富，华美盛大。

⑤清讴：清美的歌唱。 摇飏（yáng）：摇曳，飞扬。

比晚辞去，主人曰："宽坐，请看'少焉'。"余不解，主人曰："吾乡有缙绅先生，喜调文袋，以《赤壁赋》有'少焉月出于东山之上'句，遂字月为'少焉'①。顷言'少焉'者，月也②。"固留看月，晚景果妙。主人曰："四方客来，都不及见小园雪，山石嶆谽，银涛蹴起，掀翻五泄，捣碎龙湫，世上伟观，惜不令宗子见也③。"步月而出，至元墓，宿葆生叔书画舫中④。

【注释】

①《赤壁赋》：指苏轼的《前赤壁赋》。

②顷言：刚才所说。

③谽谺（hān xiā）：幽深空旷。　五泄：在今浙江诸暨西北，当地人称瀑布为泄，一水折为五级，故称"五泄"。　龙湫（qiū）：龙湫瀑，在今浙江雁荡山，包括大龙湫瀑布、小龙湫瀑布。

④元墓：玄墓山，在今苏州吴中区。东晋时郁泰玄葬于此，故名。　葆生叔：即作者的叔父张联芳，作者在本书中又称其为"仲叔"。

纯生氏曰：道安谓安道行像神明太俗，世情未尽。长白奇丑骇人而冠履精洁，有此行像，何待务光免俗。

【简评】

按照作者的描写，这位范长白的长相确实很特别，"似羊肚石雕一小猱，其鼻垩颧颐犹残缺失次也"，称得上奇丑无比了。不过丑归丑，人却有内涵，且不乏幽默感，并不让人反感，正所谓外丑内秀。

于　园

于园在瓜州步五里铺，富人于五所园也①。非显者刺，则门钥不得出②。葆生叔同知瓜州，携余往，主人处处款之③。园中无他奇，奇在磊石④。前堂石坡高二丈，上植果子松数棵，缘坡植牡丹、芍药，人不得上，以实奇。后厅临大池，池中奇峰绝壑，陡上陡下，人走池底，仰视莲花，反在天上，以空奇。卧房槛外，一壑旋下，如螺蛳缠，以幽阴深邃奇。再后一水阁，长如艇子，跨小河，四围灌木鬖丛,禽鸟啾唧,如深山茂林,坐其中,颓然碧窈⑤。瓜州诸园亭,俱以假山显,胎于石,娠于磥石之手,男女于琢磨搜剔之主人,至于园可无憾矣。

仪真汪园,辇石费至四五万,其所最加意者,为"飞来"一峰,阴翳泥泞,供人唾骂⑥。余见其弃地下一白石,高一丈、阔二丈而痴,痴妙;一黑石,阔八尺、高丈五而瘦,瘦妙。得此二石足矣,省下二三万,收其子母,以世守此二石何如⑦?

【注释】

①步:同"埠",水边停船之处。

②显者:有名声、有地位的人。 刺:名帖。

③同知:副职,佐官。

④磥(lěi)石:"磥"同"磊",层叠的石头。

⑤鬖(méng)丛:茂盛、丛生的样子。 啾唧:象声词,形容虫、鸟等细碎的叫声。 颓然:寂然,寂静。 碧窈:碧绿幽远。

⑥仪真:今江苏扬州仪征。 辇(jú):马拉的大车,这里用作动词,为运送、运输的意思。

⑦子母:利息和本金。

纯生氏曰:富人之园,宗老亦复驱使木石。

【简评】

园子里的石头以奇取胜,或以实奇,或以空奇,或以幽阴深邃奇。如此小的一处宅园,仅仅是石头,建造者就能变出这些花样来,真是巧手,连见多识广的作者都赞不绝口,可以想见造园的水平有多高。

诸 工

竹与漆与铜与窑，贱工也。嘉兴之腊竹，王二之漆竹，苏州姜华雨之䒭箓竹，嘉兴洪漆之漆、张铜之铜，徽州吴明官之窑，皆以竹与漆与铜与窑名家起家，而其人且与缙绅先生列坐抗礼焉①。则天下何物不足以贵人，特人自贱之耳②。

【注释】

①䒭箓（měi lù）竹：指菉竹，荩草的别名。一年生草本植物。叶片呈卵状披针形，秋季开紫褐色或灰绿色的花，茎和叶可作染料。 列坐抗礼：坐在一起，以平等的礼节相待。

②贵人：使人高贵。 特：不过，只是。

纯生氏曰：此不特为诸工言之，正要人人良贵。

【简评】

"天下何物不足以贵人，特人自贱之耳"，此语颇有见地，也很有针对性。那些民间的能工巧匠，尽管他们的作品被摆在达官贵人乃至帝王诸侯的家里，但他们身份卑微，经常被人看不起，作者为他们发声，这是难能可贵的。

姚简叔画①

　　姚简叔画千古，人亦千古。戊寅，简叔客魏国，为上宾②。余寓桃叶渡，往来者闵汶水、曾波臣一二人而已。简叔无半面交，访余，一见如平生欢，遂榻余寓③。与余料理米盐之事，不使余知。有空，则拉余饮淮上馆，潦倒而归④。京中诸勋戚、大老、朋侪、缁衲、高人、名妓与简叔交者，必使交余，无或遗者⑤。与余同起居者十日，有苍头至，方知其有妾在寓也。简叔塞渊，不露聪明，为人落落难合，孤意一往，使人不可亲疏⑥。与余交，不知何缘，反而求之不得也。

　　访友报恩寺，出册叶百方，宋元名笔。简叔眼光透入重纸，据梧精思，面无人色⑦。及归，为余仿苏汉臣：一图，小儿方据澡盆浴，一脚入水，一脚退缩欲出⑧；宫人蹲盆侧，一手掖儿，一手为儿擤鼻涕；旁坐宫娥，一儿浴起，伏其膝，为结绣褓⑨。一图，宫娥盛妆端立有所俟，双鬟尾之；一侍儿捧盘，盘列二瓯，意色向客；一宫娥持其盘，为整茶锹，详视端谨⑩。覆视原本，一笔不失。

【注释】

　①姚简叔：即姚允在，字简叔，会稽（今浙江绍兴）人。工诗善画，以山水、人物见长。

　②戊寅：崇祯十一年（1638）。

　③榻：下榻，住宿。

　④潦倒：这里指喝醉酒的状态。

⑤勋戚：功臣权贵。　朋侪（chái）：同辈的朋友。　缁衲：僧衣。这里代指僧侣。

⑥塞渊：心地诚实，见识深远。

⑦据梧：靠着几案。　精思：认真思考。

⑧苏汉臣（1094—1172）：宋汴梁（今河南开封）人，曾任画院待诏。传世之作有《货郎图》《秋庭婴戏图》《杂技戏孩图》等。

⑨裋（jué）：短衣。

⑩茶锹（qiāo）：茶匙。　端谨：小心谨慎。

纯生氏曰：聪明不露，孤意一往，是人千古。纸透眼光，面无人色，是画千古。宗老传简叔不传之妙，乃令人得见苏汉臣画图奇绝。

【简评】

作者在《石匮书后集·妙艺列传》中这样介绍姚简叔："姚允在，字简叔，会稽人。姚氏世工图绘，而简叔笔下澹远，一洗画工习气。其模仿古人，见其临本，直可乱真。久住白下，四方赏鉴家得其片纸，如获拱璧。而雪景奇妙，可匹关思。"可与本文参看。这样一位与人寡合的奇人，竟然和作者特别合得来，也算是一桩奇缘吧。

炉峰月①

炉峰绝顶，复岫回峦，斗耸相乱，千丈岩陬牙横梧，两石不相接者丈许，俯身下视，足震慑不得前②。王文成少年曾趵而过，人服其胆。余叔尔蕴以毡裹体，缒而下③。余挟二樵子，从壑底摭而上，可谓痴绝④。

149

丁卯四月，余读书天瓦庵⑤。午后同二三友人登绝顶，看落照。一友曰："少需之，俟月出去。胜期难再得，纵遇虎，亦命也。且虎亦有道，夜则下山觅豚犬食耳，渠上山亦看月耶？"语亦有理。四人踞坐金简石上⑥。

是日，月政望，日没月出，山中草木都发光怪，悄然生恐⑦。月白路明，相与策杖而下。行未数武，半山噭呼，乃余苍头同山僧七八人，持火燎、翁刀、木棍，疑余辈遇虎失路，缘山叫喊耳⑧。余接声应，奔而上，扶掖下之。

次日，山背有人言："昨晚更定，有火燎数十把，大盗百余人，过张公岭，不知出何地？"吾辈匿笑不之语。谢灵运开山临澥，从者数百人，太守王琇惊骇，谓是山贼，及知为灵运，乃安⑨。吾辈是夜不以山贼缚献太守，亦幸矣。

【注释】

①炉峰：又名香炉峰，在浙江会稽山诸峰中最高，海拔354米，山势较为险峻。

②复岫（xiù）回峦：山峦起伏、曲折。　斗耸：陡立，耸立。　掫（zōu）牙横梧：犬牙交错的样子。

③王文成：即王守仁（1472—1529），字伯安，号阳明，谥文成，浙江余姚人。　趵（bào）：跳跃。　尔蕴：张烨芳，字尔蕴，号七磐，是作者的七叔。　缒（zhuì）：用绳索拴住人或物从上往下放。

④挖（wā）：用手抓住物体爬。

⑤丁卯：天启七年（1627）。　天瓦庵：天瓦山房。祁彪佳《越中园亭记》有介绍："在表胜庵下，背负绝壁，楼台在丹崖青嶂间。"

⑥渠：它，这里指老虎。

⑦政望：正好农历十五。

⑧噭（jiào）呼：大声喊叫。噭，同"叫"。　翁（wēng）刀：一种可装在靴筒里的短刀。翁：靴筒。

⑨澥(xiè):靠近陆地的海湾。 骇(hài):同"骇",吃惊,可怕。

纯生氏曰:胆量不减文成,缒而下,掖而上,策杖而下,奔而上,俱从"趵而过"一气出。

【简评】

虽然没有登华山那样艰难,但作者也够拼命的,自然他看到的也是别人不容易看到的风景。王安石在《游褒禅山记》一文中曾说过:"夫夷以近,则游者众;险以远,则至者少。而世之奇伟瑰怪,非常之观,常在于险远,而人之所罕至焉。"

无人的地方有风景,作者深得其中三昧。

湘 湖①

西湖,田也而湖之,成湖焉;湘湖,亦田也而湖之,不成湖焉。湖西湖者,坡公也,有意于湖而湖之者也;湖湘湖者,任长者也,不愿湖而湖之者也。任长者有湘湖田数百顷,称巨富。有术者相其一夜而贫,不信②。县官请湖湘湖,灌萧山田,诏湖之,而长者之田一夜失,遂赤贫如术者言。

今虽湖,尚田也,不下插板,不筑堰,则水立涸。是以湖中水道,非熟于湖者不能行咫尺。游湖者坚欲去,必寻湖中小船与湖中识水道之人,溯十阏三,鲠咽不之畅焉③。湖里外锁以桥,里湖愈佳。盖西湖止一湖心亭为眼中黑子,湘湖皆小阜、小墩、小山乱插水面,四围山趾,棱棱砺砺,濡足入水,尤为奇峭④。

余谓西湖如名妓，人人得而媟亵之⑤；鉴湖如闺秀，可钦而不可狎；湘湖如处子，眠娗羞涩，犹及见其未嫁时也⑥。此是定评，确不可易。

【注释】

①湘湖：在今浙江杭州，位于钱塘江南岸、萧山城区西南。景色优美，与西湖一起被称为"姐妹湖"。
②相：看面，相面。
③阏（è）：阻塞。
④濡：沾湿，润泽。
⑤媟（xiè）亵：举止轻薄、不庄重。
⑥眠娗（shì tiǎn）：眠，当作"眠"。《西湖梦寻》卷一《明圣二湖》即作"眠娗"。眠娗，《列子·力命》中的人名，意为柔媚。

纯生氏曰：写湘湖以西湖起，以鉴湖结，自是独创之才。昔有比西湖美人、湘湖处士、鉴湖神仙者，语同一致，此特以韵语出之耳。

【简评】

作者拿人做比喻，将西湖、鉴湖、湘湖进行比较，新鲜别致，很生动，也很风趣。在《西湖梦寻》一书中，他说得更为具体、透彻："至于湘湖，则僻处萧然，舟车罕至，故韵士高人无有齿及之者。余弟毅儒常比西湖为美人，湘湖为隐士，鉴湖为神仙。余不谓然。余以湘湖为处子，眠娗羞涩，犹及见其未嫁之时；而鉴湖为名门闺淑，可饮而不可狎；若西湖则为曲中名妓，声色俱丽，然倚门献笑，人人得而媟亵之矣。人人得而媟亵，故人人得而艳羡；人人得而艳羡，故人人得而轻慢。在春夏则热闹之，至秋冬则冷落矣；在花朝则喧哄之，至月夕则星散矣；在清明则萍聚之，至雨雪则寂寥矣。"

柳敬亭说书①

南京柳麻子，黧黑，满面疤癗，悠悠忽忽，土木形骸②。善说书，一日说书一回，定价一两。十日前先送书帕下定，常不得空③。南京一时有两行情人：王月生、柳麻子是也④。

余听其说《景阳冈武松打虎》白文，与本传大异⑤。其描写刻画，微入毫发，然又找截干净，并不唠叨⑥。哱夬声如巨钟，说至筋节处，叱咤叫喊，汹汹崩屋⑦。武松到店沽酒，店内无人，謩地一吼，店中空缸空甓皆瓮瓮有声⑧。闲中着色，细微至此。主人必屏息静坐，倾耳听之，彼方掉舌⑨。稍见下人咕哔耳语，听者欠伸有倦色，辄不言，故不得强⑩。每至丙夜，拭桌剪灯，素瓷静递，款款言之，其疾徐轻重，吞吐抑扬，入情入理，入筋入骨，摘世上说书之耳而使之谛听，不怕其不齰舌死也⑪。

柳麻子貌奇丑，然其口角波俏，眼目流利，衣服恬静，直与王月生同其婉娈，故其行情正等⑫。

【注释】

①柳敬亭（1587—约1670）：原姓曹，名永昌，字葵宇。后犯法逃命，改姓柳，名逢春，号敬亭。因脸麻而被人称为柳麻子。泰州（今属江苏）人，一说通州（今江苏南通）人，以善说评书名于世。

②疤癗（léi）：疤痕。 悠悠忽忽，土木形骸：语出《世说新语》："刘伶身长六尺，貌甚丑悴，而悠悠忽忽，土木形骸。"悠悠忽忽，悠闲恬淡的样子。土木形骸，形体像土木一样自然，这里指不加修饰，以本来面目

示人。

③书帕：明代官场送礼，习惯用书籍、手帕作为礼物，后来改用金银财宝。这里指定金。　下定：付出定金。

④行情人：走红、受欢迎的人。

⑤白文：只有说白，没有弹唱的表演。　本传：指小说《水浒传》。

⑥找截干净：直截了当，干净利落。找截，干脆，利索。

⑦呦夬（guài）：声音洪亮。　筋节：关键的地方。

⑧謈（bó）：大喊。

⑨掉舌：即鼓舌。作者《夜航船》亦有介绍："掉舌：汉郦生说齐王与汉平。蒯彻言于韩信曰：'郦生一士，伏轼掉三寸舌，下齐七十余城。'"

⑩咕哔（chè bì）耳语：小声说话，窃窃私语。

⑪丙夜：三更半夜，从晚上十一点至第二天凌晨一点。　素瓷：白色、没有图案花纹的瓷器。　齰（zé）：咬。

⑫口角波俏：口齿伶俐。　行情正等：声名、身价正相当。

纯生氏曰：说书记口角眼目，常耳。衣服恬静，独传波俏流利之神，土木形骸，情乎此矣。王月生口角眼目，宗老言之，此以麻子分其婉娈，更是入神之言。

【简评】

柳敬亭的经历很传奇，早年曾是个亡命之徒，后来改行说书，竟成一代名家。他与明末清初很多文人有交往，曾参与并见证了南明王朝那段历史，也因此被孔尚任写进了《桃花扇》。

作者另写有《柳麻子说书》一诗，除了柳敬亭外，亦谈及本书所记的多个人物，兹引如下：

　　向年潦倒在秦淮，亲见名公集白下。
　　仲谦竹器叔远犀，波臣写照叔简画。

昆白弦子士元灯，张卯串戏杂彭大。
及见泰州柳先生，诸公诸技皆可罢。
先生古貌伟衣冠，舌底喑鸣兼叱咤。
辟开混沌取须眉，嚼碎虚空寻笑骂。
张华应对建章宫，万户千门无一差。
详人所略略人详，笑有真笑怕真怕。
勾勒水浒更神奇，耐庵咋指贯中吓。
夏起层冰冬起雷，天雨血兮鬼哭夜。
先生满腹是文情，刻画雕镂夺造化。
眼前活立太史公，口内龙门如水泻。

樊江陈氏橘①

樊江陈氏辟地为果园，枸菊围之。自麦为蒟酱，自秫酿酒，酒香洌，色如淡金蜜珀，酒人称之②。自果自蔬，以蟹乳醢之为冥果③。

树谢橘百株，青不撷，酸不撷，不树上红不撷，不霜不撷，不连蒂剪不撷。故其所撷，橘皮宽而绽，色黄而深，瓣坚而脆，筋解而脱，味甜而鲜。第四门、陶堰、道墟以至塘栖，皆无其比。

余岁必亲至其园买橘，宁迟、宁贵、宁少。购得之，用黄砂缸借以金城稻草或燥松毛收之④。阅十日，草有润气，又更换之，可藏至三月尽，甘脆如新撷者。

枸菊城主人橘百树，岁获绢百匹，不愧木奴⑤。

【注释】

①樊江：在今浙江绍兴皋埠镇，相传为西汉名将樊哙故地。

②蒟（jǔ）酱：用胡椒科植物做成的酱，亦称枸酱。 秫（shú）：即黏高粱，多用以酿酒。

③蓏（luǒ）：木本植物所结果实为"果"，草本或蔓生植物所结的果实为"蓏"。 螫（shì）乳：蜂蜜。 冥果：一种青果蜜饯。

④金城稻：一说金城稻即占城稻。松毛：即松针，松叶的别称。松叶如针，繁盛如毛，故称。

⑤木奴：《水经注·沅水》："龙阳县之泛洲，洲长二十里，吴丹阳太守李衡植柑于其上，临死，敕其子曰：'吾州里有木奴千头，不责衣食，岁绢千匹。'"作者《夜航船》一书亦有解释："木奴：李衡为丹阳太守，于龙阳洲上种橘千树。临终，敕其子曰：'吾州里有千头木奴，不责汝衣食。岁上一匹绢，亦足用矣。'"后因称柑橘树为木奴，也泛指其果实。

纯生氏曰：樊江百树橘，其人与百户等。

【简评】

这位陈氏很会把握采摘的时机，不早不晚，等橘子达到最佳状态时，才十分小心地采下。说起来这也是个技术活，不能不讲究，否则大家的橘子都一样，作者也就不会宁迟、宁贵、宁少，也一定要买陈氏的橘子了。用现在的话说，陈氏很懂得特色经营这个道理，有智慧。

治沅堂

古有拆字法。宣和间，成都谢石拆字，言祸福如响①。钦宗闻之，书一"朝"字，令中贵人持试之②。石见字，端视中贵人曰："此非观察书也③。"中贵人愕然。石曰："'朝'字离之为'十月十日'，乃此月此日所生之天人，得非上位耶？"一国骇异。

吾越谢文正厅事名"保锡堂"，后易之他姓④。主人至，亟去其匾，人问之，曰："分明写'呆人易金堂'。"朱石门为文选署中额"典劇"二字，继之者顾诸吏曰："尔知朱公意乎⑤？此二字离合言之，曰：'曲處曲處，八刀八刀'耳。"歙许相国孙志吉为大理评事，受魏珰指，案卖黄山，势张甚，当道媚之，送一匾曰"大卜于門⑥"。里人夜至，增减其笔划凡三：一曰"天下未聞"；一倒读之曰"閽手下犬"；一曰"太平拿問"。后直指提问，械至太平，果如其言⑦。

凡此数者皆有义味。而吾乡缙绅有名"治沅堂"者，人不解其义，问之，笑不答，力究之，缙绅曰："无他意，亦止取'三台、三元'之义云耳⑧。"闻者喷饭。

【注释】

①宣和：北宋徽宗年号，从公元1119年至1125年。　谢石：字润夫，四川成都人，北宋人，以测字闻名，民间有许多关于其测字灵验的传说。

②钦宗：即宋钦宗赵桓（1100—1156），原名亶，又名桓。宋徽宗长子，仅在位两年。

157

③中贵人：帝王所宠幸的近臣。　观察：唐代于不设节度使的区域设观察使，省称"观察"。宋代观察使实为虚衔。

④谢文正：谢迁（1449—1531），字于乔，号木斋，谥文正，浙江余姚人。明成化十一年（1475）状元，历任翰林院修撰、兵部尚书、东阁大学士等职。著有《谢文正公集》《归田稿》等。

⑤朱石门：朱敬循，字石门，浙江绍兴人，万历二十年（1592）进士，历任礼部郎中、太常寺少卿、右通政使等职。著有《刻精注大明律例致君奇术》。系朱赓之子，是作者的舅祖。　曲處曲處，八刀八刀：此将"典"字拆成上下两半，即"曲"和"八"；将"劇（剧）"拆成形近的左右两半，即"處（处）"和"刀（刂）"。

⑥许相国：许国（1527—1596），字维桢，号颍阳，歙县（今属安徽黄山）人。嘉靖四十四年（1565）进士。官至礼部尚书兼东阁大学士。　许志吉：历任太仆寺丞、大理寺正，因依附魏忠贤，为非作歹，后被处决。　大理评事：官名，负责刑狱之事。明代大理寺下设左右二寺，按地区分理天下刑狱，寺设寺正、寺副及评事。　魏珰（dāng）：珰，原为汉代武职宦官帽子上的装饰品，后借指宦官。魏珰指宦官魏忠贤。　案卖黄山：指孙志吉在黄山一案中徇私枉法事。据《明史》记载："编修吴孔嘉与宗人吴养春有仇，诱养春仆告其主隐占黄山，养春父子瘐死。忠贤遣主事吕下问、评事许志吉先后往徽州籍其家，株蔓残酷。"

⑦直指：朝廷特派官员。　太平：太平府，辖区相当于今安徽马鞍山、芜湖。

⑧三台、三元：三台，即三公，古代三种最高官衔的合称。明清时期以太师、太傅、太保为三公。三元，乡试、会试、殿试的第一名分别为解元、会元、状元，合称三元。

纯生氏曰：得且住为佳耳。

【简评】

作者在其《夜航船》一书中记载了如下一个拆字故事:"朝字:开元时,有术士以拆字驰名。唐玄宗书一'朝'字,令中贵持往试之。术士见字,即端视中贵人曰:'此非观察所书也。'中贵人愕然曰:'但据字言之。'术士以手加额曰:'朝字,离之为十月十日,非此月此日所生之人——天人,当谁书也?!'一座尽惊,中贵驰奏。翌日召见,补承信郎,锡赍甚厚。"与谢石为宋钦宗拆字事如出一辙,可见此类传说的版本很多,作为笑谈即可,不能当真。

虎丘中秋夜

虎丘八月半,土著流寓、士夫眷属、女乐声伎、曲中名妓戏婆、民间少妇好女、崽子娈童,及游冶恶少、清客帮闲、傒僮走空之辈,无不鳞集[1]。自生公台、千人石、鹤涧、剑池、申文定祠,下至试剑石、一二山门,皆铺毡,席地坐,登高望之,如雁落平沙,霞铺江上[2]。

天暝月上,鼓吹百十处,大吹大擂,十番铙钹,《渔阳掺挝》,动地翻天,雷轰鼎沸,呼叫不闻[3]。更定,鼓铙渐歇,丝管繁兴,杂以歌唱,皆"锦帆开""澄湖万顷"同场大曲,蹲踏和锣,丝竹肉声,不辨拍煞[4]。更深,人渐散去,士夫眷属皆下船水嬉,席席征歌,人人献技,南北杂之,管弦迭奏,听者方辨句字,藻鉴随之[5]。

二鼓人静,悉屏管弦,洞箫一缕,哀涩清绵,与肉相引,尚存三四,迭更为之。三鼓,月孤气肃,人皆寂阒,不杂蚊虻[6]。一夫登场，高坐石上，不箫不拍，声出如丝，裂石穿云，串度抑扬，一字一刻。听者寻入针芥，心血为枯，不敢击节，惟有点头⑦。然此时雁比而坐者，犹存百十人焉。使非苏州，焉讨识者⑧。

【注释】

①崽子：男孩。　娈童：此指以色相获宠的美貌男子。　傒（xī）僮：未成年的奴仆。　走空：骗子。　鳞集：聚集。

②生公台：即生公讲台，相传东晋高僧竺道生曾在此讲经说法，故名。　千人石：又名千人坐，虎丘景区的一块巨石，可容纳千人，故名。　鹤涧：在虎丘后山，唐代有位清远道士在此养鹤，故名。　剑池：在千人石北崖壁下，窄如剑形。据说吴王阖闾死后葬于此，并以鱼肠剑等宝剑殉葬，故名。　申文定：申时行（1535—1614），字汝默，谥文定，长洲（今江苏苏州）人。嘉靖四十一年（1562）状元，官至太子太师、中极殿大学士。著有《赐闲堂集》等。　试剑石：位于虎丘上山路上的一块巨石，中间有道裂缝，据说吴王曾在此试剑。

③十番铙钹（náo bó）：亦称十番锣鼓，民间器乐，以吹打乐器为主。　《渔阳掺挝（càn zhuā）》：鼓曲名。

④"锦帆开""澄湖万顷"：传奇《浣纱记》第十四出《打围》中《普天乐》曲首句为"锦帆开，牙樯动"，第三十出《采莲》中《念奴娇序》曲首句为"澄湖万顷、见花攒锦绣，平铺十里红妆"。　同场大曲：多人一起合唱的曲子。　蹲踏：即蹲沓、噂沓，众声纷纭，人声嘈杂。　丝竹肉声：弦乐、管乐和歌唱之声。　拍煞：套曲的中段、结尾。这里泛指节拍、节奏。

⑤藻鉴：品评，鉴别。

⑥寂阒（qù）：寂静。

⑦针芥：细微之处。

⑧识者：知音。

纯生氏曰：曲高和寡，千古不易，较之客歌郢中，光彩焕发十倍。

【简评】

虎丘的中秋之夜是一场苏州地区的全民狂欢，这座城市的富足和繁华于此可见，各类人都可以在这里找到适合自己的娱乐方式。就笔者个人而言，三鼓之后的唱曲，更令人神往。

麋　公①

万历甲辰，有老医驯一大角鹿，以铁钳其趾，设鲛鞡其上，用笼头衔勒，骑而走，角上挂葫芦药瓮，随所病出药，服之辄愈②。家大人见之喜，欲售其鹿，老人欣然肯，解以赠，大人以三十金售之③。五月朔日，为大父寿，大父伟硕，跨之走数百步，辄立而喘④。常命小傒笼之，从游山泽⑤。

次年，至云间，解赠陈眉公⑥。眉公羸瘦，行可连二三里，大喜⑦。后携至西湖六桥、三竺间，竹冠羽衣，往来于长堤深柳之下，见者啧啧，称为"谪仙"⑧。后眉公复号"麋公"者，以此。

【注释】

①麋公：即陈继儒（1558—1639），字仲醇，号空青、眉公、麋公、白石山樵，华亭（今上海市松江区）人。多才多艺，以文学、书画闻名，著有《书画金汤》《眉公秘籍》《陈眉公全集》等。他是作者祖父张汝霖的好友，作者的思想及创作曾受其较大影响。

②万历甲辰：即万历三十二年（1604）。　鲛鞡（jiāo xiǎn）：用鲛鱼皮做成的马肚带。鲛，或作"鲛"。

③家大人：对他人称自己的父亲。

④朔日：农历每月初一。

⑤小僮：年纪小的奴仆。

⑥云间：古代松江的别称。

⑦羸（léi）瘦：瘦弱。

⑧六桥：苏堤上的六座拱桥，即映波桥、锁澜桥、望山桥、压堤桥、东浦桥和跨虹桥。　三竺：杭州灵隐山东南天竺山，有上天竺、中天竺、下天竺三座寺院，合称"三竺"或"三天竺"。　羽衣：道士所穿的服装。　啧啧：形容咂嘴声。表示赞叹、惊奇。　谪仙：被谪降人世的神仙。李白曾被贺知章称为"谪仙"，后人多以"谪仙"专指李白。

纯生氏曰：麋公不及雪精多矣。

【简评】

陈眉公堪称行为艺术的鼻祖，自己也由此成为西湖一景。作者在《快园道古》一书中亦记载了一则与陈眉公及角鹿有关的趣事："陶庵年八岁，大父携之至西湖。眉公客于钱塘，出入跨一角鹿。一日，向大父曰：'文孙善属对，吾面考之。'指纸屏上《李白骑鲸图》曰：'太白骑鲸，采石江边捞夜月。'陶庵曰：'眉公跨鹿，钱塘县里打秋风。'眉公赞叹，摩予顶曰：'那得灵敏至此，吾小友也。'"可作为此文的参照。

扬州清明

扬州清明，城中男女毕出，家家展墓①。虽家有数墓，日必展之。故轻车骏马，箫鼓画船，转折再三，不辞往复。监门小户亦携肴核纸钱，走至墓所，祭毕，席地饮胙②。自钞关、南门、古渡桥、天宁寺、平山堂一带，靓妆藻野，袨服缛川③。随有货郎，路旁摆设骨董古玩并小儿器具。博徒持小杌坐空地，左右铺衵衫半臂、纱裙汗帨、铜炉锡注、瓷瓯漆盒，及肩彘鲜鱼、秋梨福橘之属，呼朋引类，以钱掷地，谓之"跌成"，或六或八或十，谓之"六成""八成""十成"焉④。百十其处，人环观之。

【注释】

①展墓：省视坟墓，即扫墓。

②监门：守门小吏。这里泛指社会地位不高的人家。　小户：贫寒或社会地位卑微的人家。　饮胙（zuò）：吃祭祀过后的食物。胙，祭祀用的肉食。

③天宁寺：在今江苏扬州城北。始建于东晋，相传原为谢安别墅，后由其子司空谢琰建立寺庙，取名谢司空寺。北宋政和年间易名为天宁寺。　平山堂：在今江苏扬州大明寺，包括平山堂、谷林堂、欧阳祠三部分。初建于宋庆历八年（1048），时欧阳修任扬州知州。由此远望，南面诸山历历在目，与此堂平，故名。　藻：藻饰，修饰。　袨（xuàn）服缛川：盛服遍及河川、桥头。袨服，盛服，艳服。缛，同"褥"，坐卧时铺在身体下面的垫子，这里用作动词，铺垫。

④杌（wù）：一种没靠背的小方凳。　衵（rì）衫：内衣，贴身衣服。　汗帨（shuì）：古代妇女拭汗的佩巾。　肩彘（zhì）：即彘肩，俗称肘子，即猪腿上面的部分。　福橘：福建产的橘子。　跌成：一种赌博游戏。据清李斗《扬州画舫录·蜀冈录》记载："跌成，古博戏也，时人谓之拾博。用三钱者为三星，六钱者为六成，八钱者为八义，均字均幕为成，四字四幕为天分。天分必幕与幕偶，字与字偶，长一尺，不杂不斜，以此为难。"

是日，四方流离及徽商西贾、曲中名妓，一切好事之徒，无不咸集①。长塘丰草，走马放鹰；高阜平冈，斗鸡蹴踘；茂林清樾，劈阮弹筝②。浪子相扑，童稚纸鸢，老僧因果，瞽者说书，立者林林，蹲者蛰蛰③。日暮霞生，车马纷沓。宦门淑秀，车幕尽开，婢媵倦归，山花斜插，臻臻簇簇，夺门而入④。

【注释】
①西贾：晋商，山西商人。
②清樾：清凉的树荫。　阮：一种弦乐器，柄长而直，形似月琴。
③纸鸢：风筝。　瞽（gǔ）者：眼睛失明的人。　蛰蛰：人数很多的样子。
④婢媵：婢妾。　臻臻簇簇：簇拥的样子。

余所见者，惟西湖春、秦淮夏、虎丘秋，差足比拟。然彼皆团簇一块，如画家横披①；此独鱼贯雁比，舒长且三十里焉，则画家之手卷矣。南宋张择端作《清明上河图》，追摹汴京景物，有西方美人之思，而余目盱盱，能无梦想②？

【注释】
①横披：长条形的横幅字画。
②张择端：字正道，东武（今山东诸城）人。北宋画家，曾任职翰林图画院。代表作有《清明上河图》等。　西方美人：典出《诗经·简兮》："云谁之思，西方美人。彼美人兮，西方之人兮。"诗中以"西方美人"寄托对西周君王的怀念。作者用此典以表达故国之思。　盱盱（xū xū）：张目直视的样子。

纯生氏曰：锦铺绣列，雕缋满眼。

【简评】
作者在其《史阙》的南宋卷这样评价张择端的《清明上河图》："张择端《清明上河图》，因南渡后想见汴京旧事，故摹写不遗余力。若在汴京,未必作此。乃知繁华富贵,过去便堪入画,当年正不足观。嗟乎,南渡后人但知临安富丽,又谁念故都风物,择端此图,即谓忠简《请回銮表》可也。"这篇文章也当作如是观,由此不难推想作者撰写此文乃至此书的内在动机。

金山竞渡①

看西湖竞渡十二三次,己巳竞渡于秦淮,辛未竞渡于无锡,壬午竞渡于瓜州,于金山寺②。西湖竞渡,以看竞渡之人胜,无锡亦如之。秦淮有灯船无龙船,龙船无瓜州比,而看龙船亦无金山寺比。瓜州龙船一二十只,刻画龙头尾,取其怒;旁坐二十人,持大楫,取其悍③;中用彩篷,前后旌幢绣伞,取其绚④;撞钲挝鼓,取其节⑤;艄后列军器一架,取其锷⑥;龙头上一人足倒竖,敁敠其上,取其危⑦;龙尾挂一小儿,取其险。

【注释】

①竞渡:流行于我国南方的一项重要的民俗活动,多以龙舟竞赛的方式进行。起源于楚地,为纪念屈原而设,时间在每年的端午节。作者在其《夜航船》中亦有介绍:"竞渡:屈原以五日死,楚人以舟楫拯之,谓之竞渡。又曰:五日投角黍以祭屈原,恐为蛟龙所夺,故为龙舟以逐之。"

②己巳:崇祯二年(1629)。 辛未:崇祯四年(1631)。 壬午:崇祯十五年(1642)。

③楫:划船用的船桨。

④旌幢(chuáng):旗帜。旌,古代用羽毛装饰的旗子,又指普通的旗子。幢,原指支撑帐幕、伞盖、旌旗的木竿,后借指帐幕、伞盖、旌旗。

⑤钲（zhēng）：古代的一种打击乐器，行军或歌舞时用。 挝（zhuā）：击，打。

⑥锷（è）：原指刀剑的刃，这里指兵器锋利。

⑦敁敠（diān duó）：亦作掂掇，原指用手估量物体的轻重，这里形容人倒挂的样子。

自五月初一至十五，日日画地而出。五日出金山，镇江亦出。惊湍跳沫，群龙格斗，偶堕洄涡，则百蚑捷捽，蟠委出之①。金山上人团簇，隔江望之，蚁附蜂屯，蠢蠢欲动②。晚则万艓齐开，两岸沓沓然而沸③。

【注释】

①惊湍：急流。 百蚑（qū）捷捽（zuó）：形容竞渡者身手敏捷。蚑，蟾蜍，或指人匍匐貌。捽，揪，抓。 蟠委：环绕。

②蚁附蜂屯：像蚂蚁、蜜蜂一般集聚，比喻集结者众多。

③艓（dié）：小船。

纯生氏曰：写得生生活活，吾恐天龙闻而下之。

【简评】

这分明是一场盛大的狂欢节，重要的不仅仅是精彩的竞渡表演，更在全民性的积极参与。在这种参与和互动中，民俗仪式所蕴涵的文化精神才真正得以体现，得到传承。

刘晖吉女戏①

　　女戏以妖冶恕，以啴缓恕，以态度恕，故女戏者全乎其为恕也②。若刘晖吉则异是。刘晖吉奇情幻想，欲补从来梨园之缺陷。如唐明皇游月宫，叶法善作场上，一时黑魆地暗，手起剑落，霹雳一声，黑幔忽收，露出一月，其圆如规，四下以羊角染五色云气，中坐常仪，桂树吴刚，白兔捣药③。轻纱幔之，内燃赛月明数株，光焰青黎，色如初曙④。撒布成梁，遂蹑月窟，境界神奇，忘其为戏也⑤。其他如舞灯，十数人手携一灯，忽隐忽现，怪幻百出，匪夷所思，令唐明皇见之，亦必目睁口开，谓氍毹场中那得如许光怪耶⑥。

　　彭天锡向余道："女戏至刘晖吉，何必男子，何必彭大。"天锡，曲中南董，绝少许可，而独心折晖吉家姬，其所鉴赏，定不草草⑦。

【注释】

　　①刘晖吉：刘光斗，字晖吉，武进（今江苏常州）人。天启五年（1625）进士，曾任广西道监察御史、大理寺丞等职。

　　②恕：宽容，体谅。　啴（chǎn）缓：柔和，舒缓。

　　③唐明皇游月宫：唐明皇即唐玄宗李隆基（685—762），公元712年至756年在位。传说唐玄宗曾游月宫，作者《夜航船》一书亦有介绍："游月宫：开元二年八月十五夜，明皇与天师申元之游月宫。及至，见大府，榜曰'广寒清虚之府'，翠色冷光相射，极寒，不可少留。前见素娥十余人，皆皓

衣，乘白鸾，笑舞于广寒大桂树之下，音乐清丽。明皇制《霓裳羽衣曲》以记之。一说叶静能，一说罗公远，事凡三见。" 叶法善：字道元，唐代道士，民间多有其成仙灵异故事。作者《夜航船》一书即记载有一则："照病镜：叶法善有铁镜，鉴物如水。人有疾以镜照之，尽见脏腑中所滞之物，然后以药治之，疾即愈。" 黑魆（xū）：黑暗。 常仪：即嫦娥。神话传说中的奔月者。 桂树吴刚：传说月中有桂树，高五百丈，下有一人常砍之，树创随砍随合。砍树者为吴刚，因学仙有过，谪令伐树。 白兔捣药：传说月中有白兔。晋傅玄《拟〈天问〉》："月中何有，玉兔捣药。"

④青黎：青黑色。

⑤月窟：月宫，月亮。

⑥氍毹（qú shū）：毛织的地毯，常泛指戏曲舞台。

⑦南董：春秋时期齐国史官南史、晋国史官董狐的合称，两人皆以直笔不讳而著称。曲中南董，这里指彭天锡能对戏曲表演作出客观、公允的评价。

纯生氏曰：诸书记李三郎入月，本无此光怪。

【简评】

这位刘光斗在舞台的道具制作和声光效果方面下足了功夫，明代戏曲的繁华不仅体现在剧本和演员上，而且体现在各个方面和细节上。

作者在《快园道古》一书中记载了他与刘光斗观剧的一件趣事："毗陵刘光斗为绍兴司李，陶庵小仆演魏珰剧，魏珰骂左光斗则直呼其名。陶庵嘱之曰：'司李名光斗，汝但呼左沧屿，勿呼光斗。'小仆惊持过甚，遇骂时，直呼：'刘光斗，你这小畜生！'旁人错愕。司李笑曰："我得与忠臣同名，尔只管骂，不妨。"由此可见这位刘光斗之为人。

朱楚生

朱楚生，女戏耳，调腔戏耳。其科白之妙，有本腔不能得十分之一者。盖四明姚益城先生精音律，尝与楚生辈讲究关节，妙入情理，如《江天暮雪》《霄光剑》《画中人》等戏，虽昆山老教师细细摹拟，断不能加其毫末也①。班中脚色，足以鼓吹楚生者方留之，故班次愈妙。

楚生色不甚美，虽绝世佳人，无其风韵。楚楚谡谡，其孤意在眉，其深情在睫，其解意在烟视媚行②。性命于戏，下全力为之。曲白有误，稍为订正之，虽后数月，其误处必改削如所语。

楚生多坐驰，一往深情，摇飏无主③。一日，同余在定香桥，日晡烟生，林木窅冥，楚生低头不语，泣如雨下。余问之，作饰语以对④。劳心忡忡，终以情死。

【注释】

①四明：今浙江宁波市。　姚益城：姚宗文，字裘之，号益城，慈溪人。万历三十五年（1607）进士，历任户科给事中、都御史等职。著有《益城集》。　关节：指关键要害之处或情节衔接转捩处。　昆山：今江苏昆山市。

②楚楚谡（sù）谡：风度清雅高迈。

③坐驰：虽无举动而杂念不息。　摇飏（yáng）无主：心神不定。

④日晡（bū）：天将暮时。　窅（yǎo）冥：深邃幽暗。　饰语：矫饰不实之语。

纯生氏曰：费长房缩不尽相思地，女娲氏补不完离恨天，别泪铜壶共滴，愁肠兰焰同煎，可为楚生一唱三叹。

【简评】

朱楚生的先天条件并不是很好，比如"色不甚美"，这可能会影响到其扮相效果，但她从别的方面弥补，其演唱能达到让昆山老教师"不能加其毫末"的程度，原因无他，"性命于戏，下全力为之"。其实，不光是演戏，其他各个行当也是如此，不全身心投入，就想脱颖，天底下哪有这样便宜的事情？

朱楚生最后的哭泣也很耐人寻味，作者尽管对她多有同情，但显然并非她的真正知音，不能提供实质性的帮助。

扬州瘦马①

扬州人日饮食于瘦马之身者数十百人。娶妾者切勿露意，稍透消息，牙婆驵侩咸集其门，如蝇附膻，撩扑不去②。

【注释】

①瘦马：指买来养育以待再贩卖的童女或雏妓。据明谢肇淛《五杂俎》记载："维扬居天地之中，川泽秀媚，故女子多美丽，而性情温柔，举止婉慧。所谓泽气多，女亦其灵淑之气所钟，诸方不得敌也。然扬人习以此为奇货，市贩各处童女，加意装束，教以书、算、琴、棋之属，以徼厚重，谓之'瘦马'。然习与性成，与亲生者亦无别矣。"

②牙婆：旧称媒婆、人贩子一类女性为牙婆，或称牙嫂。　驵（zǎng）侩：原指牲畜交易的中间人，这里指媒婆。　撩扑：驱逐，轰赶。

黎明，即促之出门，媒人先到者先挟之去，其余尾其后，接踵伺之。至瘦马家，坐定，进茶，牙婆扶瘦马出，曰："姑娘拜客。"下拜。曰："姑娘往上走。"走。曰："姑娘转身。"转身向明立，面出。曰："姑娘借手睄睄①。"尽褫其袂，手出，臂出，肤亦出②。曰："姑娘睄相公③。"转眼偷觑，眼出。曰："姑娘几岁？"曰几岁，声出。曰："姑娘再走走。"以手拉其裙，趾出。然看趾有法，凡出门裙幅先响者，必大；高系其裙，人未出而趾先出者，必小。曰："姑娘请回。"一人进，一人又出。看一家必五六人，咸如之。看中者，用金簪或钗一股插其鬓，曰"插带"。看不中，出钱数百文，赏牙婆，或赏其家侍婢，又去看。牙婆倦，又有数牙婆踵伺之。一日、二日至四五日，不倦亦不尽，然看至五六十人，白面红衫，千篇一律，如学字者，一字写至百至千，连此字亦不认得矣。心与目谋，毫无把柄，不得不聊且迁就，定其一人④。

【注释】

①睄（shào）睄：扫一眼，略看一看。
②褫（chì）：夺下，解下。
③相公：旧时对成年男子的敬称。
④把柄：主意，方法。

插带后，本家出一红单，上写彩缎若干，金花若干，财礼若干，布匹若干，用笔蘸墨，送客点阅①。客批财礼及缎匹如其意，则肃客归②。归未抵寓，而鼓乐、盘担、红绿、羊酒在其门久矣③。不一刻而礼币、糕果俱齐，鼓乐导之去④。去未半里，而花轿、花灯、擎燎、火把、山人、傧相、纸烛、供果、牲醴之属，门前环侍⑤。厨子挑一担至，则蔬果、肴馔、汤点、花棚、糖饼、桌围、坐褥、酒壶、杯箸、龙虎寿星、撒帐牵红、小唱弦索之类，又毕备

171

矣⑥。不待复命，亦不待主人命，而花轿及亲送小轿一齐往迎，鼓乐灯燎，新人轿与亲送轿一时俱到矣。新人拜堂，亲送上席，小唱鼓吹，喧填热闹⑦。日未午而讨赏遽去，急往他家，又复如是。

【注释】

①金花：用金翠珠宝等制成的花朵形首饰，这里泛指女性的首饰。宋张邦基《墨庄漫录》："钿，金花也，是以金银制成花形以作鬓饰。"

②肃客：迎送客人。

③盘担：内装盘馔的礼盒担子。　红绿：即红绿帖，旧时婚姻所用的订婚凭证。用红、绿二色纸书写，故名。红帖是男家向女家求婚的求帖，绿帖是女家同意允婚的允帖。　羊酒：羊与酒。旧时定亲的礼物。

④礼币：礼物。

⑤山人：从事卜卦、算命等职业的人。　牲醴：祭祀时所用的牲畜和甜酒。

⑥撒帐：旧时婚俗，新婚夫妇交拜后，并坐床沿，由妇女撒掷金钱彩果。　牵红：即牵丝，一种婚庆仪式。

⑦喧填：即喧阗，喧哗。

纯生氏曰：粲然陈前，亦好事者之一适也。

【简评】

所谓"瘦马"就是那些经过训练、卖给达官富商做妾的年轻女子。之所以叫瘦马，是因为当时以瘦为美，这些女子大多身材苗条瘦削，故名。至今扬州人娶媳妇，俗语仍称作娶马或娶马马。这些瘦马大多是贫苦人家的女儿，她们从小被人贩子买去，然后进行各种训练，等长大后再卖给达官富商。

在作者笔下，扬州瘦马的生意相当红火，每天像流水线一样运转，成批的年轻女子像牲畜一样被销售出去。看过此文，很容易联想到上一卷的《二十四桥风月》。

卷 六

彭天锡串戏①

  彭天锡串戏妙天下，然出出皆有传头，未尝一字杜撰。曾以一出戏，延其人至家，费数十金者，家业十万，缘手而尽②。三春多在西湖，曾五至绍兴，到余家串戏五六十场，而穷其技不尽③。

【注释】

①串戏：演戏。

②传头：来历，根据。 缘手：随手，顺手。

③三春：农历正月称孟春，二月称仲春，三月称季春。这里泛指春季。

  天锡多扮丑、净，千古之奸雄佞幸，经天锡之心肝而愈狠，借天锡之面目而愈刁，出天锡之口角而愈险①。设身处地，恐纣之恶不如是之甚也②。皱眉视眼，实实腹中有剑，笑里有刀，鬼气杀机，阴森可畏。盖天锡一肚皮书史，一肚皮山川，一肚皮机械，一肚皮磊砢不平之气，无地发泄，特于是发泄之耳③。

【注释】

①丑、净：戏曲的两种角色行当。丑角一般扮演滑稽人物，净角一般扮演性格刚烈粗鲁或奸险的人物。 佞（nìng）幸：靠阿谀奉承得到君主宠幸的奸臣。

②纣：纣王。名辛，商朝的最后一个国君，因残暴昏庸而亡国。

③机械：机巧。 磊砢（lěi luǒ）：郁结在心中的不平之气。

余尝见一出好戏，恨不得法锦包裹，传之不朽[1]；尝比之天上一夜好月，与得火候一杯好茶，只可供一刻受用，其实珍惜之不尽也。桓子野见山水佳处，辄呼："奈何！奈何[2]！"真有无可奈何者，口说不出。

【注释】

①法锦：西南少数民族地区所产的一种丝织品。

②桓子野：即桓伊（？—约383），字叔夏，小字子野，谯国铚县（今安徽亳州一带）人。历任淮南太守、豫州刺史、江州刺史等职。擅长音乐。

"奈何！奈何！"：语出《世说新语》："桓子野每闻清歌，辄唤：'奈何！'谢公闻之曰：'子野可谓一往有深情。'"

纯生氏曰：书史、山川、机械、礧砢，本是戏场，天锡一肚皮书史、山川、机械、礧砢，发于戏而天锡不自知；宗老一肚皮书史、山川、机械、礧砢，发于天锡之戏而亦不自知。总之，串戏者与看戏者俱是戏中之戏，惟自认为真面目耳。

【简评】

人家演戏是为了挣钱谋生，这位彭天锡则因此而败家。他本来可以富足一些的，何以如此？无他，太喜爱、太敬业了。为了学一出戏，不惜花费重金，十万家业竟因此而尽。下这样的大功夫，其演出水平之高也就可以想见，连作者这样精于演剧的人都找不出合适的赞美之词。

一个人的力量也许微不足道，但涓涓细流可以汇成江河，明代戏曲的繁盛就是这样累积的结果，从彭天锡身上可见明代戏曲之一斑。

目莲戏①

　　尔蕴叔演武场搭一大台,选徽州旌阳戏子,剽轻精悍、能相扑跌打者三四十人,搬演目莲,凡三日三夜②。四围女台百什座,戏子献技台上,如度索舞絚、翻桌翻梯、斤斗蜻蜓、蹬坛蹬臼、跳索跳圈、窜火窜剑之类,大非情理③。凡天神地祇、牛头马面、鬼母丧门、夜叉罗刹、锯磨鼎镬、刀山寒冰、剑树森罗、铁城血澥,一似吴道子《地狱变相》,为之费纸札者万钱,人心惴惴,灯下面皆鬼色④。

【注释】

①目莲:又称目连,即摩诃目犍连的省称。出身于婆罗门,皈依佛教,是释迦牟尼十大弟子之一。传说其母死后堕入饿鬼道,目莲以神力得脱母亲苦难。目莲戏以此为题材,在民间有着广泛的流传和影响。

②尔蕴叔:即张烨芳,字尔蕴,作者的七叔。　旌阳戏子:对旌阳艺人的俗称。旌阳即今安徽旌德,明代属宁国府,与徽州毗邻。旌阳艺人或参加徽州戏班,或与徽州艺人联合演出,故当时有"徽州旌阳戏子"之称。　剽轻精悍:身体强壮、灵活。

③女台:戏台周围所搭高脚看棚,供财主、官吏家眷看戏。一说指妇女观众席。　絚(gēng):粗绳。　斤斗:跟头。

④地祇(qí):地神。　鼎镬(huò):旧时以鼎镬烹煮罪犯的酷刑。铁城血澥:地狱血海。铁城,指地狱,佛教传说中认为阿鼻地狱之城由铁铸成。血澥,即血海。　变相:根据佛经的内容所绘的图像,多绘在石窟、寺院墙壁上或纸帛上。　纸札:纸做的冥器。　惴惴:恐惧害怕的样子。

戏中套数，如《招五方恶鬼》《刘氏逃棚》等剧，万余人齐声呐喊①。熊太守谓是海寇卒至，惊起，差衙官侦问，余叔自往复之，乃安②。

台成，叔走笔书二对。一曰："果证幽明，看善善恶恶随形答响，到底来那个能逃③？道通昼夜，任生生死死换姓移名，下场去此人还在。"一曰："装神扮鬼，愚蠢的心下惊慌，怕当真也是如此；成佛作祖，聪明人眼底忽略，临了时还待怎生？"真是以戏说法。

【注释】

①套数：程式，套路。

②熊太守：熊鸣岐，江西丰城人，万历三十五年（1607）进士。当时任绍兴知府，辑有《昭代王章》。

③幽明：指生与死，阴间与阳间。

纯生氏曰：腕下有鬼，可抵一篇《鬼方记》。

【简评】

这一篇谈的也是演剧，但目连戏的演出与一般戏曲不同，带有鲜明的宗教及民俗色彩，民众参与度很高。观众齐声呐喊，声势竟然达到惊动官府的程度，仅此一端，不难想象当时目连戏演出的盛况。本书多有晚明戏曲演出的记述，放在一起，可以看到这一时期江南地区戏曲繁盛的情况，加上作者又是行家里手，很有史料价值。

甘文台炉

香炉贵适用，尤贵耐火。三代青绿，见火即败坏，哥、汝窑亦如之①。便用便火，莫如宣炉②。然近日宣铜一炉价百四五十金，焉能办之③？北铸如施银匠亦佳，但粗夯可厌④。

【注释】

①三代青绿：夏商周时期的青铜器。 哥窑：宋代五大名窑之一，以胎细质白而闻名，仿古铜器形制，多为陈设瓷器。作者《夜航船》一书亦有解释："哥窑：宋时处州章生一与弟章生二皆作窑器。哥窑比弟窑色稍白而断纹多，号白级碎，曰哥窑，为世所珍。" 汝窑：宋代五大名窑之首，以玛瑙入釉，色泽温润柔和，如羊脂玉，极为精美。作者《夜航船》一书亦有解释："汝窑：宋以定州白瓷有芒不堪用，遂命于汝州造青色诸器，冠绝邓、耀二州。"

②宣炉：宣德炉。明宣德年间铸造的一种铜质香炉。

③宣铜：作者《夜航船》一书有解释："宣铜：宣德年间三殿火灾，金银铜熔作一块，堆垛如山。宣宗发内库所藏古窑器，对临其款，铸为香炉、花瓶之类，妙绝古今，传为世宝。"

④粗夯（hāng）：粗糙。

苏州甘回子文台，其拨蜡范沙，深心有法，而烧铜色等、分两，与宣铜款致分毫无二，俱可乱真①。然其与人不同者，尤在铜料。甘文台以回回教门不崇佛法，乌斯藏渗金佛，见即锤碎之，不介意，故其铜质不特与宣铜等，而有时实胜之②。甘文台自言佛像遭劫已七百尊有奇矣。余曰："使回回国别有地狱，则可。"

【注释】

①回子：回族人。　拨蜡范沙：铸造香炉、金属印章或人像的一种方法。先雕刻蜡模，外面用泥作范，然后熔金属注入泥范。　深心：内心深处。　乱真：仿造得很像，让人难辨真伪。

②回回教门：即回教，系伊斯兰教在中国的旧称。　乌斯藏：明时对西藏的称呼。　渗金：以金粉或金箔装饰物体表面。

纯生氏曰：物情不齐，贵于适用，礼以多少、大小、高下、文素为贵，不过"适用"二字。若不适用而以为贵，是悬衡、陈绳墨、设规矩而见欺于轻重、曲直、方圆矣。一炉即可充类至意之尽。

【简评】

甘文台是个回民，他不信佛，大肆毁掉佛像是为了铸造更好的香炉；而人们买他的香炉则是为了烧香拜佛，大家并行不悖，都在认真做自己的事情，如此循环往复，这真是奇妙而有趣的人生逻辑。

当然，甘文台有他自己信奉的神，正如作者所言，他是"别有地狱"。

绍兴灯景

绍兴灯景为海内所夸者无他，竹贱、灯贱、烛贱。贱，故家家可为之；贱，故家家以不能灯为耻。故自庄逵以至穷檐曲巷，无不灯、无不棚者①。棚以二竿竹搭过桥，中横一竹，挂雪灯一，灯球六②。大街以百计，小巷以十计。从巷口回视巷内，复迭堆垛，鲜妍飘洒，亦足动人。

【注释】

①庄逵：四通八达的道路。　穷檐：茅舍，破屋。
②雪灯：用雪制作的灯。　灯球：一种圆形的灯。

十字街搭木棚，挂大灯一，俗曰"呆灯"，画《四书》《千家诗》故事，或写灯谜，环立猜射之。庵堂寺观以木架作柱灯及门额，写"庆赏元宵""与民同乐"等字。佛前红纸荷花琉璃百盏，以佛图灯带间之，熊熊煜煜①。庙门前高台，鼓吹五夜。市廛如横街轩亭、会稽县西桥，闾里相约，故盛其灯，更于其地斗狮子灯，鼓吹弹唱，施放烟火，挤挤杂杂②。小街曲巷有空地，则跳大头和尚，锣鼓声错，处处有人团簇看之③。城中妇女多相率步行，往闹处看灯；否则，大家小户杂坐门前，吃瓜子、糖豆，看往来士女，午夜方散。乡村夫妇多在白日进城，乔乔画画，东穿西走，曰"钻灯棚"，曰"走灯桥"④。天晴，无日无之。

【注释】

①熊熊煜煜（yù yù）：灯火辉煌的样子。
②市廛（chán）：店铺集中的地方。　闾（lú）里：乡里，泛指民间。　挤挤杂杂：拥挤混杂的样子。
③大头和尚：又称大头舞、跳罗汉、罗汉舞，表演者头戴大光头面具，扮成出家人模样演出，多在节庆活动时表演。
④乔乔画画：打扮得花枝招展、漂漂亮亮的样子。

万历间，父叔辈于龙山放灯，称盛事，而年来有效之者。次年，朱相国家放灯塔山①。再次年，放灯蕺山②。蕺山以小户效颦，用竹棚，多挂纸魁星灯③。有轻薄子作口号嘲之曰："蕺山灯景实堪夸，觳筱竿头挂夜叉④。若问搭彩是何物，手巾脚布神袍纱。"繇今思之，亦是不恶。

【注释】

①朱相国：朱赓，详见本书卷三《朱文懿家桂》。 塔山：又名怪山、龟山，在今浙江绍兴，与府山、蕺山鼎足而立。因山上有应天塔，故名。

②蕺（jí）山：又名王家山，在浙江绍兴。蕺，即蕺草，也称岑草、鱼腥草，因山中多产此草，故名。

③效颦：即东施效颦故事，典出《庄子·天运》："西施病心而矉（同颦）其里，其里之丑人见而美之，归亦捧心而矉其里。"后人称故事中的丑人为东施，将机械模仿者称作"东施效颦"或"效颦"。

④轻薄子：言行轻浮不庄重的人。 觳筱（hú xiǎo）：细竹。

纯生氏曰：记绍兴灯事精详，亦复生动。

【简评】

作者在本书中多次写到绍兴的放灯，将其作为越中繁华的体现。民俗节庆的吸引力正在于此，节庆属于全民狂欢，每个人都不是旁观者，富人有富人的玩法，穷人有穷人的乐趣，连僧人都可以参加，如此热闹、祥和的景象让人感到温暖。经历过国破家亡的不幸，也许只有这些回忆才能让作者继续活下去，完成自己的撰史事业。

韵 山

　　大父至老手不释卷，斋头亦喜书画、瓶几布设。不数日，翻阅搜讨，尘堆砚表，卷帙正倒参差。常从尘砚中磨墨一方，头眼入于纸笔，潦草作书生家蝇头细字。日晡向晦，则携卷出帘外，就天光①。爇烛檠高，光不到纸，辄倚几携书就灯，与光俱俯，每至夜分，不以为疲②。

　　常恨《韵府群玉》《五车韵瑞》寒俭可笑，意欲广之③。乃博采群书，用淮南大、小山义，摘其事曰《大山》，摘其语曰《小山》，事语已详本韵而偶寄他韵下曰《他山》，脍炙人口者曰《残山》，总名之曰《韵山》④。小字襞积，烟煤残楮，厚如砖块者三百余本⑤。一韵积至十余本，《韵府》《五车》不啻千倍之矣⑥。正欲成帙，胡仪部青莲携其尊人所出中秘书名《永乐大典》者，与《韵山》正相类，大帙三十余本，一韵中之一字犹不尽焉⑦。大父见而太息曰："书囊无尽，精卫衔石填海，所得几何⑧！"遂辍笔而止。

【注释】

①晡：傍晚。　晦：夜晚。

②爇（ruò）：点燃。　檠（qíng）：灯架。

③《韵府群玉》：古代韵书，元人阴时夫著。全书共二十卷，分韵一百零六部，摘录典故、词汇，隶于各韵之下。　《五车韵瑞》：古代韵书，明人凌稚隆著。该书仿阴时夫《韵府群玉》而成，共一百六十卷，分经、史、子、集、杂五部。

④大、小山：大山、小山，典出汉王逸《楚辞章句·招隐士序》："昔淮南王安博雅好古，招怀天下俊伟之士。自八公之徒，咸慕其德而归其仁，各竭才智，著作篇章，分造辞赋，以类相从，故或称小山，或称大山，其义犹《诗》有《小雅》《大雅》也。"

⑤襞（bì）积：重叠，堆积，这里是说书上的字密密麻麻。 烟煤：此处指纸上的墨迹。 楮（chǔ）：纸的代称。

⑥不啻（chì）：不止。

⑦胡仪部青莲：仪部，礼部主事及郎中的别称。胡青莲，胡敬辰，字直卿，号青莲，余姚人。天启二年（1622）进士，历任江西驿传道、光禄寺录事等职。著有《檀雪斋集》。 尊人：父亲，即胡敬辰的父亲胡维新（1534—1606），字云屏。嘉靖三十八年（1559）进士，历任江西巡按御史、扬州推官、陕西布政使司右参政等职。 中秘书：掌管宫廷藏书的机构。

⑧精卫衔石填海：古代神话故事，语出《山海经》卷三《北山经》："北二百里，曰发鸠之山，其上多柘木，有鸟焉，其状如乌，文首、白喙、赤足，名曰精卫，其鸣自詨。是炎帝之少女，名曰女娃。女娃游于东海，溺而不返，故为精卫，常衔西山之木石，以堙于东海。"

　　以三十年之精神，使为别书，其博洽应不在王弇州、杨升庵下①。今此书再加三十年，亦不能成，纵成亦力不能刻。笔冢如山，只堪覆瓿，余深惜之②。丙戌兵乱，余载往九里山，藏之藏经阁，以待后人③。

【注释】

①王弇州：王世贞（1526—1590），号弇州山人。 杨升庵：杨慎（1488—1559），字用修，号升庵。新都（今属四川成都）人。正德六年（1511）状元，历任翰林院修撰、经筵讲官等职。以诗文名于世，著有《升庵集》等。

②笔冢：典出唐李肇《唐国史补》："长沙僧怀素好草书，自言得草圣三

昧，弃笔堆积，埋于山下，号曰笔冢。" 覆瓿（bù）：盖坛子。这里指书没有发挥其价值。

③丙戌：顺治三年（1646）。

纯生氏曰：山，产也，产万物者也。又宣也，宣气散生万物，有石而高也。以韵而推，极于万事万物，收百世之阙文，采千载之遗韵，谓之《韵山》，不亦宜乎？

【简评】

著书撞车，古已有之，这是一个典型的例子。按说即便撞车，也可以各做各的，偏偏都是做资料汇编，更要命的是人家是皇家所编的《永乐大典》，都完成上百年了，想要超越，谈何容易！于是只好放弃，三十年的心血，令人惋惜。

假如这套大书留存下来，未必没有价值，特别是《永乐大典》散佚那么严重，但谁能预知未来呢？

作者在《诗韵确序》一文中也曾说到祖父的这部《韵山》，并谈及自己对诗韵的看法："一韵之中，只有数字可用，余皆奇险幽僻、诗中屏弃不用者，多可删去。总之，用险韵决无好诗，查《韵府》必多累句。"

天童寺僧①

戊寅，同秦一生诣天童访金粟和尚②。至山门，见万工池绿净，可鉴须眉，旁有大锅覆地，问僧，僧曰："天童山有龙藏，龙常下饮池水，故此水刍秽不入③。正德间，二龙斗，寺僧五六百人撞钟鼓撼之，龙怒，扫寺成白地，锅其遗也④。"

入大殿，宏丽庄严。折入方丈，通名刺。老和尚见人便打，曰"棒喝"。余坐方丈，老和尚迟迟出，二侍者执杖、执如意先导之，南向立，曰："老和尚出⑤。"又曰："怎么行礼？"盖官长见者皆下拜，无抗礼。余屹立不动，老和尚下行宾主礼。侍者又曰："老和尚怎么坐？"余又屹立不动，老和尚肃余坐。

坐定，余曰："二生门外汉，不知佛理，亦不知佛法，望老和尚慈悲，明白开示。勿劳棒喝，勿落机锋，只求如家常白话，老实商量，求个下落⑥。"老和尚首肯余言，导余随喜⑦。早晚斋方丈，敬礼特甚。

余遍观寺中僧匠千五百人，俱舂者、碓者、磨者、甑者、汲者、爨者、锯者、劈者、菜者、饭者，狰狞急遽，大似吴道子一幅《地狱变相》⑧。老和尚规矩严肃，常自起撞人，不止"棒喝"。

【注释】

①天童寺：在今浙江宁波，始建于西晋永康元年（300），有"东南佛国"之称，为我国五大丛林之一。

②戊寅：崇祯十一年（1638）。 天童：天童山，在浙江宁波。作者在《夜航船》一书中有介绍："天童山：在鄞县。晋僧义兴卓锡于此，有童子给役薪水，久之辞去，曰：'吾太白神也，上帝命侍左右。'言讫不见。遂名太白山，又名天童山。" 金粟和尚：圆悟，字觉初，号密云，明代高僧。俗姓蒋，宜兴人。历主金粟、天童诸寺。其在金粟寺时影响较大，信徒尊称其为"金粟和尚"。

③乌秽：柴草等污秽物。

④正德：明武宗朱厚照年号，公元1506年至1521年。

⑤方丈：佛寺或道观中住持住的房间，因住持的居室四边各为一丈，故名。

⑥白话：闲聊时所用的通俗明白的语言。

⑦随喜：游览寺院。

⑧碓（duì）：一种舂米的设备。 甑（zèng）：旧时蒸饭的一种瓦器，底部有许多透蒸气的孔格，置于鬲上蒸煮，如同现代的蒸锅。

纯生氏曰：老和尚岩岩如孤松之独立，宗老谡谡如劲松下风。

【简评】

这位老和尚很有意思，将当头棒喝作为不二法门，天天打人，方式也太简单粗暴了。这样说法，很多僧人不仅不能开悟，反而会被他打傻了。与其说是说法，不如说是惩戒。只是天天这样惩戒，也早就不灵了。

作者在《快园道古》一书中也记载了他去天童寺的情景："天童老和尚开堂说法，多以棒喝加人，手执拄杖，逢人便打。四方进香者以银钱供养，谓见活佛，痛哭悲号，求其超度。陶庵至其寺，调笑老和尚曰：'曾见戏场上狱卒两句上场白，好赠和尚。'老和尚曰：'怎么说？'陶庵曰：'手执无情棍，怀揣滴泪钱。'老和尚大笑。"可为本文之补充。

水浒牌①

古貌、古服、古兜鍪、古铠胄、古器械，章侯自写其所学所问已耳，而辄呼之曰宋江，曰吴用，而宋江、吴用亦无不应者，以英雄忠义之气，郁郁芊芊，积于笔墨间也②。

周孔嘉丐余促章侯，孔嘉丐之，余促之，凡四阅月而成③。余为作缘起曰："余友章侯，才足扛天，笔能泣鬼④。昌谷道上，婢囊呕血之诗⑤；兰渚寺中，僧秘开花之字⑥。兼之力开画苑，遂能目无古人。有索必酬，无求不与。既蠲郭恕先之癖，喜周贾耘老之贫⑦。

187

画《水浒》四十人，为孔嘉八口计，遂使宋江兄弟，复睹汉官威仪。伯益考著《山海》遗经，兽毦鸟氋，皆拾为千古奇文⑧；吴道子画《地狱变相》，青面獠牙，尽化作一团清气。收掌付双荷叶，能月继三石米，致二斗酒，不妨特赠⑨；珍重如柳河东，必日灌蔷薇露，薰玉蕤香，方许解观。非敢阿私，愿公同好⑩。"

【注释】

①水浒牌：水浒叶子，即一种陈洪绶所绘水浒人物的酒牌，作酒筹、酒令之用。作者写有《水浒牌四十八人赞》，可参看。

②兜鍪（móu）：古代士兵作战时所戴的头盔。　郁郁芊芊：气盛的样子。

③周孔嘉：作者好友，作者曾在《越山五佚记》一文中提及："天启五年，姑苏周孔嘉僦居于轩亭之北，余每至其家，剧谈竟日。"　丐：请求。

④掞（yàn）：通"焰"，照耀。

⑤昌谷道上，婢囊呕血文诗：典出唐李商隐《李长吉小传》："（李贺）恒从小奚奴，骑距驴，背一古破锦囊，遇有所得，即书投囊中。及暮归，太夫人使婢受囊出之，见所书多，辄曰：'是儿要当呕出心乃已尔。'"

⑥兰渚寺中，僧秘开花之字：据何延之《兰亭记》记载，王羲之《兰亭序》传至后人智永，智永再付弟子辨才。辨才珍藏，秘不示人。唐太宗求之不得，派萧翼设计骗走。作者《夜航船》一书亦有介绍："兰亭真本：王右军写《兰亭记》，韵媚遒劲，谓有神助。后再书数十余帧，俱不及初本。右军传于徽之，徽之传七世孙智永，智永传弟子辨才，辨才被御史萧翼赚入库内，殉葬昭陵。"　开花之字：典出唐张怀瓘《书议》："（王献之）若风行雨散，润色开花，笔法体势之中最为风流者也。"另据作者《古兰亭辨》一文云："兰亭真本，辨才死守，什袭藏之，不许人见。后被萧翼赚出，走至半途，袖中偷看，遍地花开。"

⑦蠲（juān）：彰显。　郭恕先：郭忠恕（？—977），字恕先，又字国宝，洛阳（今属河南）人。曾任宗正丞兼国子书学博士、国子监主簿等职。

擅长丹青,传世之作有《雪霁江行图》等。　贾耘:贾收,号耘老,乌程(今浙江湖州)人,与苏轼交游。苏轼念其家贫,曾作图以赠。故云"周贾耘老之贫"。

⑧伯益考著《山海》遗经:作者《夜航船》一书有介绍:"金简玉字:大禹登宛委山,发石匮,得金简玉字之书,言治水之要,周行天下。伯益记之为《山海经》。"　毨(xiǎn):(鸟兽新换的)毛整齐的样子。　氄(rǒng):鸟兽细软而茂密的绒毛。

⑨"收掌付双荷叶"句:语出苏轼《答贾耘老四首》之四:"念贾处士贫甚,无以慰其意,乃为作怪石古木一纸,每遇饥时,辄一开看,还能饱人否?若吴兴有好事者,能为君月致米三石,酒三斗,终君之世者,便以赠之。不尔者,可令双荷叶收掌,须添丁长,以付之也。"

⑩柳河东:柳宗元(773—819),字子厚,河东(今山西永济)人。历任县尉、监察御史里行、永州司马、柳州刺史等职。唐代古文运动的发起者,也是唐宋八大家之一。著有《柳河东集》。　必日灌蔷薇露,薰玉蕤(ruí)香:典出后唐冯贽《云仙杂记·大雅之文》:"《好事集》曰:'柳宗元得韩愈所寄诗,先以蔷薇露灌手,薰玉蕤香后发读,曰:大雅之文,正当如是。'"蔷薇露,蔷薇水,俗称花露水,一种香水名。

纯生氏曰:鬼斧神工,独出意匠,宛然老迟画稿。

【简评】

陈章侯的水浒叶子如今已成为中国绘画史上的经典之作。作者慧心妙笔,为好友的画作生色不少,画与文相映成趣,彼此增色。陈洪绶曾称赞作者"才大气刚,志远学博"。

烟雨楼①

　　嘉兴人开口烟雨楼，天下笑之，然烟雨楼故自佳。楼襟对莺泽湖，浛浛蒙蒙，时带雨意，长芦高柳，能与湖为浅深②。

　　湖多精舫，美人舣之，载书画茶酒，与客期于烟雨楼。客至，则载之去，舣舟于烟波缥缈③。态度幽闲，茗炉相对，意之所安，经旬不返。舟中有所需，则逸出宣公桥、甪里街，果蔬蔬鲜，法膳琼苏，咄嗟立办，旋即归舫④。柳湾桃坞，痴迷伫想，若遇仙缘，洒然言别，不落姓氏。间有倩女离魂，文君新寡，亦效颦为之⑤。淫靡之事，出以风韵，习俗之恶，愈出愈奇⑥。

【注释】

①烟雨楼：在今浙江嘉兴南湖湖心岛上。始建于五代，位置在湖滨，楼名由诗人杜牧诗句"南朝四百八十寺，多少楼台烟雨中"而来。明嘉靖二十七年，嘉兴知府赵瀛填南湖成湖心岛，在岛上依原貌重建烟雨楼。登楼远望，南湖一带秀美风光，尽收眼底。

②襟（jīn）：襟在衣服之前。这里代指前面。　莺泽湖：即南湖，原名滮湖、马场湖，又叫东湖，在今浙江嘉兴。　浛（kōng）浛蒙蒙：烟雨迷茫、景色朦胧的样子。

③舣（yǐ）舟：停船。

④宣公桥：在嘉兴城东，相传为唐宰相陆贽所建。该桥于1969年被拆除，今已不存。　宣公：陆贽（754—805），字敬舆，谥宣，嘉兴（今属浙江）人。唐代宗大历年间进士，历任翰林学士、中书舍人、中书侍郎、同平章事等职。著有《翰苑集》等。　甪（lù）里街：原名甪里坊，在嘉兴城

东。　法膳：帝王所用膳食，这里泛指美味佳肴。　琼苏：古美酒名，这里泛指美酒。　呐嗟（duō jiē）：犹呼吸之间。

⑤倩女离魂：典出唐陈玄祐小说《离魂记》，写张倩娘与表兄王宙相爱，但父亲将其另许他人。倩娘魂魄离开躯体，与王宙结为夫妻。后世许多戏曲以此为题材。　文君新寡：卓文君丧夫后，与司马相如相恋，两人私奔到成都。典出《西京杂记》卷二："司马相如初与卓文君还成都，居贫愁懑，以所着鹔鹴裘就市人阳昌贳酒，与文君为欢。既而文君抱颈而泣曰：'我平生富足，今乃以衣裘贳酒。'遂相与谋，于成都卖酒。相如亲着犊鼻裈涤器，以耻王孙。王孙果以为病，乃厚给文君。文君遂为富人。文君姣好，眉色如望远山，脸际常若芙蓉，肌肤柔滑如脂。十七而寡，为人放诞风流，故悦长卿之才而越礼焉。长卿素有消渴疾，及还成都，悦文君之色，遂以发痼疾。乃作《美人赋》，欲以自刺，而终不能改，卒以此疾至死。文君为诔，传于世。"

⑥淫靡：淫荡颓靡。

纯生氏曰：大为烟雨楼生色，一片热心，多被布帆卷去，能不作有情痴？鱼乐国中，果有此无边风月否耶？

【简评】

好一处清幽休闲之地，结果被弄成风月之所，难怪作者不满意。

祁豸佳曾称赞作者"笔具化工"，说其记游之文有"一种空灵晶映之气，寻其笔墨，又一无所有"，本文正体现了这一特点。无论是写景还是记事，作者并没有着意描摹，寥寥几笔，跃然纸上，字里行间，又带有空灵之气，回味无穷。晚明小品文名家众多，但成就最高者，还数张岱。

朱氏收藏

朱氏家藏，如龙尾觥、合卺杯，雕镂锲刻，真属鬼工，世不再见。余如秦铜汉玉、周鼎商彝、哥窑倭漆、厂盒宣炉、法书名画、晋帖唐琴，所畜之多，与分宜埒富，时人讥之①。

【注释】

①倭（wō）漆：日本漆。作者《夜航船》一书有介绍："倭漆：漆器之妙，无过日本。宣德皇帝差杨瑄往日本教习数年，精其技艺。故宣德漆器比日本等精。" 厂盒：一种漆盒。作者在其《夜航船》一书中有介绍："厂盒：古延厂永乐年间所造，重枝叠叶，坚若珊瑚，稍带沉色。新厂宣德年间所造，雕镂极细，色若朱砂，鲜艳无比。有蒸饼式、甘蔗节两种，愈小愈妙，享价极重。" 法书：古代名家书法范本。 晋帖：指晋人的书迹或其摹本、刻帖。 分宜：严嵩，因其为江西分宜人，故称。 埒（liè）：相等，相当。

余谓博洽好古，犹是文人韵事①，风雅之列，不黜曹瞒②；赏鉴之家，尚存秋壑③。诗文书画未尝不抬举古人，恒恐子孙效尤，以袖攫石、攫金银以赚田宅，豪夺巧取，未免有累盛德④。闻昔年朱氏子孙，有欲卖尽"坐、朝、问、道"四号田者，余外祖兰风先生谑之曰："你只管坐朝问道，怎不管垂拱平章⑤？"一时传为佳话。

【注释】

①博洽：学识广博。

②黜（chù）：摈除，排斥。曹瞒：曹操（155—220），字孟德，小名阿瞒，沛国谯县（今安徽亳州）人。三国时期政治家、军事家，著有《魏武帝集》。作者在《西湖梦寻》一书中亦谈及曹操、贾似道风雅鉴赏事："余尝谓曹操、贾似道千古奸雄，乃诗文中之有曹孟德，书画中之有贾秋壑，觉其罪业滔天，减却一半。方晓诗文书画，乃能忏悔恶人如此。凡人一窍尚通，可不加意诗文、留心书画哉？"

③秋壑：贾似道（1213—1275），字师宪，号秋壑，天台（今属浙江）人。嘉熙二年（1238）进士，历任江州知州、同知枢密院事、右丞相等职，著有《悦生堂随钞》《促织经》等。作者在《西湖梦寻》一书中亦有介绍："贾秋壑为误国奸人，其于山水书画古董，凡经其鉴赏，无不精妙。"

④效尤：故意仿效错误的行为。　盛德：崇高的品德。

⑤坐朝问道、垂拱平章：贤君端坐朝堂，探讨治国之道；群臣垂衣拱手，一起共商国是。语出《千字文》："坐朝问道，垂拱平章。爱育黎首，臣伏戎羌。"由于《千字文》十分普及，影响深远，后世常用《千字文》的文字顺序来计数，商贾、店铺的账簿，地主的田地，书卷的编号，甚至连科举考试的试卷页码，都采用《千字文》的字序来编排。

纯生氏曰：龙尾觥真赝不一，购辩若狂，宁止费辞说耶？所不同于择端《金明池》者，幸矣。

【简评】

民间向来有"富不过三代"之说，这并非虚言。不管是财富还是收藏，都难以走出这个怪圈。作者看到了这一点，但也照样痴迷收藏，直到国破家亡，才算是真正明白过来。对收藏之事，本书记载颇多，藏主或欺骗，或抢夺，千方百计想将珍品据为己有，结果往往是藏在家里不几天，就被儿孙们散个精光。

该文最后所谈田产之事，作者在《快园道古》一书中亦有记载："朱文懿当国，其子纳言石门广置田宅。居近南门，凡南门外'坐、朝、问、道'四号田欲买尽无遗，巧取豪夺，略无虚日。外祖陶兰风先生谑之曰：'石门你只管坐朝问道，却忘了垂拱平章。'" 但一为"卖尽"，一为"买尽"，一字之差，文义迥别。

仲叔古董

葆生叔少从渭阳游，遂精赏鉴①。得白定炉、哥窑瓶、官窑酒匜，项墨林以五百金售之，辞曰："留以殉葬②。"

【注释】

①渭阳：朱敬循，字石门，号渭阳。 从游：求学，请教。

②白定炉：定窑所烧的一种瓷器。作者《夜航船》一书有介绍："定窑：有白定、花定，制极质朴，其色呆白，毫无火气。" 官窑：宋代宫廷自建瓷窑，烧造瓷器，故称。作者《夜航船》一书有介绍："官窑：宋政和间，汴京置窑，章生二造青色，纯粹如玉，虽亚于汝，亦为世所珍。" 酒匜（yí）：酒器。 项墨林：项元汴（1525—1590），字子京，号墨林山人，又号香岩居士、退密斋主人，嘉兴（今属浙江）人。收藏书画颇富，精于鉴赏。 售：购买，求购。

癸卯，道淮上①。有铁梨木天然几，长丈六，阔三尺，滑泽坚润，非常理②。淮抚李三才百五十金不能得，仲叔以二百金得之，解维遽去③。淮抚大恚怒，差兵蹑之，不及而返④。

【注释】

①癸卯：万历三十一年（1603）。

②铁梨木：又名愈疮木，一种常绿乔木，质地坚韧，多用于制作家具、船只。

③李三才（？—1623）：字道甫，号修吾，临潼（今属陕西）人。万历二年（1574）进士，曾任淮扬巡抚，官至户部尚书。 解维：解开缆索，指开船。

④恚（huì）怒：恨怒。 蹑：跟踪。

庚戌，得石璞三十斤，取日下水涤之，石罅中光射如鹦哥祖母，知是水碧①。仲叔大喜，募玉工仿朱氏龙尾觥一，合卺杯一，享价三千，其余片屑寸皮，皆成异宝。仲叔赢资巨万，收藏日富。

【注释】

①庚戌：万历三十八年（1610）。 石璞：含玉的石块。 罅（xià）：缝隙。 鹦哥祖母：即鹦哥绿、祖母绿，一种十分名贵的绿色翡翠。作者在《夜航船》一书中亦有解释："祖母绿：亦宝石。绿如鹦哥毛，其光四射，远近看之，则闪烁变幻。武将上阵，取以饰盔，使射者目眩，箭不能中。" 水碧：又名紫晶，一种稀见的水晶。

戊辰后，倅姑熟，倅姑苏，寻令盟津①。河南为铜薮，所得铜器盈数车，美人觚一种，大小十五六枚，青绿彻骨，如翡翠，如鬼眼青，有不可正视之者②。归之燕客，一日失之，或是龙藏收去③。

【注释】

①戊辰：崇祯元年（1628）。 倅（cuì）：州县官之副职，这里用为动词。 姑熟：在今安徽当涂。 姑苏：苏州的别称，因城西南有姑苏山而得名。 盟津：即孟津县，今属河南洛阳市。

②薮（sǒu）：人或物聚集的地方。 美人觚（gū）：一种商周时期的细腰酒器。作者在其《夜航船》一书中有介绍："三代铜：花觚入土千年，青

绿彻骨，以细腰美人觚为第一，有全花、半花，花纹全者身段瘦小，价至数百。"此外作者还写有《小美人觚铭》，其序云："二酉叔收藏。汉铜小美人觚，长尺有三寸，半截花纹，浑身翡翠。"鬼眼青：一种名贵的玉石。

③龙藏：亦作龙臧，龙宫的经藏。这里或指龙宫宝库。

纯生氏曰：葆生非特赏鉴，画山水秀润有致，余从赵篆森见之，采入《韵山堂亥既珠音》一书。陈章侯，其婿也。

【简评】

这一篇也是谈收藏，那位淮抚李三才为了争夺一块石头，竟然调动军队，真是太夸张了。估计带兵打仗他都不会这么拼命，有这样的父母官，大明王朝不灭亡，真是没有天理了。幸亏当时他的官还不太大，只能在自己的辖区撒撒野，否则，作者的叔父可就吃不了兜着走了。人家都说玩物丧志，这两位都已经玩到玩物丧命的境界了。

噱　社

仲叔善诙谐，在京师与漏仲容、沈虎臣、韩求仲辈结"噱社"，唼喋数言，必绝缨喷饭①。

漏仲容为帖括名士，常曰："吾辈老年读书做文字，与少年不同②。少年读书，如快刀切物，眼光逼注，皆在行墨空处，一过辄了③。老年如以指头掐字，掐得一个，只是一个，掐得不着时，只是白地。少年做文字，白眼看天，一篇现成文字挂在天上，顷刻下来，刷入纸上，一刷便完。老年如恶心呕吐，以手扼入齿，哕出之，出亦无多，总是渣秽④。"此是格言，非止谐语。

一日，韩求仲与仲叔同宴一客，欲连名速之，仲叔曰："我长求仲，则我名应在求仲前，但缀蝇头于如拳之上，则是细注在前，白文在后，那有此理⑤！"人皆失笑。沈虎臣出语尤尖巧。仲叔候座师收一帽套，此日严寒，沈虎臣嘲之曰："座主已收帽套去，此地空余帽套头。帽套一去不复返，此头千载冷悠悠。"其滑稽多类此。

【注释】

①漏仲容：漏坦之，字仲容，山阴（今浙江绍兴）人。 沈虎臣：沈德符（1578—1642），字景倩，又字虎臣、景伯，秀水（今浙江嘉兴）人，万历四十六年（1618）举人。著有《万历野获编》《清权堂集》《敝帚轩剩语》等。 韩求仲：韩敬，字简与、求仲，号止修，归安（今浙江吴兴）人。万历三十八年（1610）状元。 唼喋（shà zhá）：形容成群的鱼、水鸟等吃东西的声音，这里指众人聚集在一起小声说话。 绝缨：这里指大家在一起不拘形迹，十分随便。

②帖括：此处指八股文。

③逼注：关注，注视。 行墨：文字，诗文。

④哕（yuě）：呕吐。

⑤速：邀请。

纯生氏曰：蔡中郎得《论衡》，每秘之，而谭更远。有从帐中捉得者，邕丁宁云："唯我与子共之，勿广也。"结噱社者，未知所本何书。

【简评】

所谓的噱社，相当于现在的段子俱乐部。漏仲容对少年、老人读书、做文章特点的概括，用语俚俗却不失精当，可谓话糙理不糙，颇有启发意义，正如作者所言，"此是格言，非止谐语"。

鲁府松棚

报国寺松，蔓引鼍委，已入藤理①。入其下者，踌蹰局蹐，气不得舒②。鲁府旧邸二松，高丈五，上及檐甃，劲竿如蛇脊，屈曲撑距，意色酣怒，鳞爪拏攫，义不受制，鬣起针针，怒张如戟③。旧府呼"松棚"，故松之意态情理无不棚之。便殿三楹盘郁殆遍，暗不通天，密不通雨。

鲁宪王晚年好道，尝取松肘一节，抱与同卧，久则滑泽酡酡，似有血气④。

【注释】

①报国寺：在今北京市西城区，始建于辽代，后多次重修。 鼍（duǒ）委：盘曲下垂的样子。

②局蹐（jí）：狭窄，局促。

③檐甃（zhòu）：屋檐。 鬣（liè）起：鬣是兽的颈毛，这里指松针像兽颈上的毛一样根根竖起。

④酡酡（tuó）：像醉酒后脸红一样的颜色。

纯生氏曰：千秋万岁知者谁，曰张长公。

【简评】

鲁府松棚奇，这位鲁王更奇，不知道练的是哪门子功法，天天抱着一段松树睡觉，而且还睡得"滑泽酡酡"，莫非要让自己睡成一棵松树？朱元璋明初分封诸子，令其散居各地，看似为子孙找到了好出路，个个安享富贵，其实这是害了后代，让他们变为不折不扣的寄生虫，变成废物，看看明亡后南明小王朝上演的各种闹剧，就知道这些朱氏子孙彻底变成了废物。

作者另写有《兖州鲁府松棚歌》一诗，可参看。

一尺雪

一尺雪为芍药异种，余于兖州见之。花瓣纯白，无须萼，无檀心，无星星红紫，洁如羊脂，细如鹤翮，结楼吐舌，粉艳雪腴①。上下四旁方三尺，干小而弱，力不能支，蕊大如芙蓉，辄缚一小架扶之。大江以南，有其名无其种，有其种无其土，盖非兖勿易见之也。

兖州种芍药者如种麦，以邻以亩②。花时宴客，棚于路、彩于门、衣于壁、障于屏、缀于帘、簪于席、茵于阶者，毕用之，日费数千勿惜。余昔在兖，友人日剪数百朵送寓所，堆垛狼藉，真无法处之。

【注释】

①檀心：淡红色的花蕊。　翮（hé）：鸟羽的茎状部分，中空透明。

②以邻以亩：指种芍药的田地一块连着一块。

纯生氏曰：此似玉盘盂者。

【简评】

"种芍药者如种麦",一语写尽当日兖州芍药的盛况。当地种芍药已经成为一种产业,这也算是特色种植吧。

菊 海

兖州张氏期余看菊,去城五里①。余至其园,尽其所为园者而折旋之,又尽其所不尽为园者而周旋之,绝不见一菊,异之②。移时,主人导至一苍莽空地,有苇厂三间,肃余入,遍观之,不敢以菊言,真菊海也③。厂三面,砌坛三层,以菊之高下高下之。花大如瓷瓯,无不球,无不甲,无不金银荷花瓣,色鲜艳,异凡本,而翠叶层层,无一早脱者。此是天道,是土力,是人工,缺一不可焉。

兖州缙绅家风气袭王府,赏菊之日,其桌、其机、其灯、其炉、其盘、其盒、其盆盎、其肴器、其杯盘大觥、其壶、其帏、其褥、其酒、其面食、其衣服花样,无不菊者。夜烧烛照之,蒸蒸烘染,较日色更浮出数层。席散,撤苇帘以受繁露④。

【注释】

①期:相约,约定。

②折旋:来来回回地走一遍。

③苍莽:无边无际的样子。这里指空地面积很大。 苇厂:用芦苇所搭的棚子。 肃:恭候,迎接。

④繁露:露水。

纯生氏曰：菊海可泛，吾将一系故园心。

【简评】

本文以"菊海"为题，写出其多其盛其艳，极为贴切。与上一篇文章所描绘的"种芍药者如种麦"相映成趣，也许可以改变人们对齐鲁大地粗犷豪迈的印象，多了一些柔美的感觉。

曹　山①

万历甲辰，大父游曹山，大张乐于狮子岩下②。石梁先生戏作《山君檄》讨大父，祖昭明太子语，谓"若以管弦，污我岩壑③"。大父作檄骂之，有曰："谁云鬼刻神镂，竟是残山剩水④！"石簣先生嗤石梁曰："文人也，那得犯其锋，不若自认，以'残山剩水'四字摩崖勒之。"先辈之引重如此⑤。

曹石宕为外祖放生池，积三十余年，放生几百千万，有见池中放光，如万炬烛天，鱼虾荇藻附之而起，直达天河者⑥。余少时从先宜人至曹山庵作佛事，以大竹箅贮西瓜四，浸宕内⑦。须臾，大声起岩下，水喷起十余丈，三小舟缆断，颠翻波中，冲击几碎。舟人急起视，见大鱼如舟，口欱四瓜，掉尾而下。⑧

【注释】

①曹山，在今浙江绍兴，为吼山五大景区之一。作者《越山五佚记》一文有详细介绍，可参看。

②万历甲辰：即万历三十二年（1604）。　张乐：置乐，奏乐。

③石梁先生：陶奭龄（？—1640），字君奭，又字公望，号石梁、小柴桑老，会稽（今浙江绍兴）人。他是王阳明的三传弟子，著有《歇庵集》等。　昭明太子：萧统（501—531），字德施，谥昭明，故世称昭明太子。梁武帝长子，天监元年（502）立为皇太子。曾聚集门下文学之士，编集《文选》。

④残山剩水：这里指人工堆砌的假山及开凿的池塘。

⑤石篑（kuì）先生：陶望龄（1562—？），系陶奭龄之兄，字周望，号石篑，累官至国子监祭酒。

⑥放生：一种佛教仪式，以释放鱼鸟等动物的形式进行，旨在戒杀，劝人多行善事。很多寺庙建有放生池。

⑦箁（bù）：竹篓。

⑧欱（hē）：啜，吸吮。

纯生氏曰：袁宗道云："月照李花，清瘦冷淡，似对石篑面孔。"今读嗤石梁语，兼有陶先生神气。

【简评】

张汝霖与陶氏兄弟之间的玩笑，属文人之间的风雅趣事，作者在谈及自己的父祖辈时，总是带有一种崇敬和自豪。

此事在《快园道古》一书中亦有记载："先大父携声伎往游曹山，陶石梁作《山君檄》讨之，有曰'尔以丝竹，秽我山灵'。大父作《曹山判》曰：'谁云鬼刻神镂，竟是残山剩水！'陶司成见之，谓石梁曰：'文人也，可犯其锋？不若自认，乃摩崖镌此四字。'"另外《越山五佚记》一文亦载其事，可参看。

齐景公墓花樽①

霞头沈金事宦游时,有发掘齐景公墓者,迹之,得铜豆三,大花樽二②。豆朴素无奇。花樽高三尺,束腰拱起,口方而敞,四面戟棱,花纹兽面,粗细得款,自是三代法物。归乾阳刘太公,余见,赏识之,太公取与严,一介不敢请③。及宦粤西,外母归余斋头,余拂拭之,为发异光④。取浸梅花,贮水,汗下如雨,逾刻始收,花谢结子,大如雀卵。

余藏之两年,太公归自粤西,稽覆之⑤。余恐伤外母意,亟归之。后为驵侩所唉,竟以百金售去,可惜⑥。今闻在歙县某氏家庙。

【注释】

①霞头:村名,在绍兴城西郭门外二里处。 沈金事:或指沈炼(1507—1557),字纯甫,号青霞,会稽(今浙江绍兴)人。嘉靖十七年(1538)进士,后任职锦衣卫。金事:官名,负责判断官事。 齐景公:春秋时期齐国国君,名姜杵臼。其墓地在今山东淄博。其周围有殉马坑。 樽(zūn):古代一种盛酒的器皿。

②金事:官名,负责判断官事。 豆:古代用来盛肉或其他食品的器皿,形状像高脚盘。

③乾阳刘太公:即刘毅(1559—1618),字健甫,号乾阳。万历十七年(1589)进士,历任刑部主事、广西布政使等职。他是作者妻子刘氏的祖父。 取与:取予,拿取和给予。 一介:一件,一个。

④外母:岳母,即作者的岳母王氏。

⑤稽覆:查问,核查。

⑥啖：利诱，引诱。

纯生氏曰：胆瓶实猪汁，亦能花实。

【简评】
可惜了这对花樽，不仅珍贵，而且很有文物价值，结果就这样流失了，不知今在何处。不少文物就是这样失传的，还不如一直深埋地下。

卷七

西湖香市①

　　西湖香市，起于花朝，尽于端午②。山东进香普陀者日至，嘉、湖进香天竺者日至，至则与湖之人市焉，故曰香市③。然进香之人市于三天竺，市于岳王坟，市于湖心亭，市于陆宣公祠，无不市，而独凑集于昭庆寺④。昭庆两廊故无日不市者，三代八朝之骨董，蛮夷闽貊之珍异，皆集焉⑤。

　　至香市，则殿中边甬道上下、池左右、山门内外，有屋则摊，无屋则厂，厂外又棚，棚外又摊，节节寸寸。凡胭脂簪珥、牙尺剪刀，以至经典木鱼、孩儿嬉具之类，无不集⑥。

【注释】

①香市：又叫庙市、庙会，一种民间习俗。寺庙在进香季节设立集市买卖香物、杂物等，故名。

②花朝：花朝节，又称花神节。民间传统节日，各地花朝节日期不同，不过一般都在农历二月。

③嘉、湖：嘉兴、湖州。

④陆宣公祠：在西湖孤山山麓。作者《西湖梦寻》一书亦有介绍："孤山何以祠陆宣公也？盖自陆少保炳为世宗乳母之子，揽权怙宠，自谓系出宣公，创祠祀之。规制宏厂，吞吐湖山。台榭之盛，概湖无比。"　陆宣公：即陆贽（754—805），见前文注释。　昭庆寺：曾在西湖宝石山东麓。对其情况，作者在《西湖梦寻》一书中有详细介绍："昭庆寺，自狮子峰、屯霞石发脉，堪舆家谓之火龙。石晋元年始创，毁于钱氏乾德五年。宋太平兴国元年重建，立戒坛。天禧初，改名昭庆。是岁又火。迨明洪武至成化，凡修

而火者再。四年奉敕再建，廉访杨继宗监修，有湖州富民应募，挈万金来。殿宇室庐，颇极壮丽。嘉靖三十四年以倭乱，恐贼据为巢，遽火之。事平再造，遂用堪舆家说，辟除民舍，使寺门见水，以厌火灾。隆庆三年复毁。万历十七年，司礼监太监孙隆以织造助建，悬幢列鼎，绝盛一时。而两庑栉比，皆市廛精肆，奇货可居。春时有香市，与南海、天竺、山东香客及乡村妇女儿童，往来交易，人声嘈杂，舌敝耳聋，抵夏方止。崇祯十三年又火，烟焰障天，湖水为赤。及至清初，踵事增华，戒坛整肃，较之前代，尤更庄严。一说建寺时，为钱武肃王八十大寿，寺僧圆净订缁流古朴、天香、胜莲、胜林、慈受、慈云等，结莲社，诵经放生，为王祝寿。每月朔，登坛设戒，居民行香礼佛，以昭王之功德，因名昭庆。今以古德诸号，即为房名。"

⑤三代八朝：三代为夏、商、周三个朝代的合称，八朝泛指明之前的封建王朝。　蛮夷闽貊（mò）：泛指少数民族。

⑥珥（ěr）：耳饰。　牙尺：用象牙做的尺子。　䯲（yá）儿：同"伢"，吴语中对小孩子的称呼。　嬉具：玩具。

　　此时春暖，桃柳明媚，鼓吹清和，岸无留船，寓无留客，肆无留酿。袁石公所谓"山色如娥，花光如颊，波纹如绫，温风如酒"，已画出西湖三月。而此以香客杂来，光景又别。士女闲都，不胜其村妆野妇之乔画①；芳兰芗泽，不胜其合香荾荶之薰蒸②；丝竹管弦，不胜其摇鼓喝笙之聒帐③；鼎彝光怪，不胜其泥人竹马之行情④；宋元名画，不胜其湖景佛图之纸贵⑤。如逃如逐，如奔如追，撩扑不开，牵挽不住。数百十万男男女女、老老少少，日簇拥于寺之前后左右者，凡四阅月方罢。恐大江以东，断无此二地矣。

【注释】

①乔画：化妆，打扮。

②芗（xiāng）泽：芗，通"香"，香泽，香气。　合香：当即苏合香，一种乔木，原产小亚细亚。其树脂可提制苏合香油，用作香精中的定香

剂。　芫荽：(yán suī)：通称香菜，一种草本植物，茎、叶有特殊香气，其果实圆形，可用作香料，也可入药。

③聒帐：通宵宴饮、管弦齐奏的热闹景象。语出宋代宋敏求《春明退朝录》卷下："终日沉饮，听郑卫之声，与胡乐合奏，自昏彻旦，谓之聒帐。"

④鼎彝（yí）：旧时宗庙中祭祀用的青铜器。

⑤佛图：即浮图、浮屠，佛寺或佛塔。

崇祯庚辰三月，昭庆寺火①。是岁及辛巳、壬午洊饥，民强半饿死②。壬午虏鲠山东，香客断绝，无有至者，市遂废③。

辛巳夏，余在西湖，但见城中饿莩舁出，扛挽相属④。时杭州刘太守梦谦，汴梁人，乡里抽丰者多寓西湖，日以民词馈送⑤。有轻薄子改古诗诮之曰："山不青山楼不楼，西湖歌舞一时休⑥。暖风吹得死人臭，还把杭州送汴州⑦。"可作西湖实录。

【注释】

①崇祯庚辰：即崇祯十三年（1640）。

②辛巳、壬午：即崇祯十四年（1641）、十五年（1642）。　洊（jiàn）饥：连年饥荒。

③虏：指清兵。　鲠：堵塞，隔绝。

④饿莩（piǎo）：饿死的人。　舁（yú）：抬。

⑤刘太守梦谦：刘梦谦，罗山（今河南罗山）人。崇祯七年（1634）进士，崇祯十一年（1638）任杭州知府。　抽丰：又作抽风、秋风，指利用各种关系和借口向别人索取财物。

⑥轻薄子：言行轻浮不庄重的人。

⑦"山不青山楼不楼"句：原诗歌为南宋林升《题临安邸》："山外青山楼外楼，西湖歌舞几时休。暖风熏得游人醉，直把杭州作汴州。"

纯生氏曰：此记见《西湖梦寻》。

【简评】

极写西湖香市的繁华喧闹，反衬出日后衰落萧条的凄凉，鲜明的反差透出一种沧桑之感。一个城市的衰落显然不能归结为一场火灾或饥荒，作者最后有关刘太守的描写颇有深意，天灾固然可怕，人祸则更为致命。

鹿苑寺方柿①

萧山方柿，皮绿者不佳，皮红而肉糜烂者不佳，必树头红而坚脆如藕者，方称绝品②。然间遇之，不多得③。余向言西瓜生于六月，享尽天福；秋白梨生于秋，方柿、绿柿生于冬，未免失候④。

【注释】

①鹿苑寺：故址在今浙江嵊州，有两座，一为上鹿苑寺，一为下鹿苑寺，皆建于南朝宋元嘉年间。本文所写为下鹿苑寺，抗战期间被日军烧毁。　方柿：一种柿子品种，形状呈方形，果形较大。

②糜烂：腐烂，腐朽，这里指果实过分成熟后的松软状态。

③间：偶尔。

④秋白梨：嵊州一带多有种植，品质较佳。　绿柿：又名油柿、椑柿等，是一种果实比较小的柿子。

丙戌，余避兵西白山，鹿苑寺前后有夏方柿十数株①。六月歊暑，柿大如瓜，生脆如咀冰嚼雪，目为之明，但无法制之，则涩勒不可入口②。土人以桑叶煎汤，候冷，加盐少许，入瓮内，浸柿没其颈，隔二宿取食，鲜磊异常③。余食萧山柿多涩，请赠以此法。

【注释】

①丙戌：顺治三年（1646）。　西白山：在今浙江嵊州西，是会稽山脉的第二主峰，海拔1096米，也是剡溪的发源地。

②歊（xiāo）暑：酷暑、炎热。

③鲜磊：鲜美。

纯生氏曰：柿有七绝：一寿，二多阴，三无鸟窠，四无虫蠹，五霜叶可玩，六佳实可啖，七落叶肥大，可以临书。余为添一绝，曰：六月歊暑，可以代瓜。

【简评】

避兵期间，仍未能忘情于口腹之欲，算是向昔日奢靡的生活告别吧。

作者在《和贫士》诗七首小序中曾写到其避兵西白山的情况："丙戌九月九日，避兵西白山中，风雨凄然，午炊不继，乃和靖节《贫士》诗七首，寄剡中诸弟子。"从中可见作者当时生活的另一面。

西湖七月半

西湖七月半，一无可看，止可看看七月半之人。看七月半之人，以五类看之：其一，楼船箫鼓，峨冠盛筵，灯火优傒，声光相乱，名为看月而实不见月者，看之①。其一，亦船亦楼，名娃闺秀，携及童娈，笑啼杂之，环坐露台，左右盼望，身在月下而实不看月者，看之②。其一，亦船亦声歌，名妓闲僧，浅斟低唱，弱管轻丝，竹肉相发，亦在月下，亦看月，而欲人看其看月者，看之③。其一，不舟不车，不衫不帻，酒醉饭饱，呼群三五，跻入人丛，昭庆、断桥，嚣呼嘈杂，装假醉，唱无腔曲，月亦看，看月者亦看，不看月者亦看，而实无一看者，看之④。其一，小船轻幌，净几暖炉，茶铛旋煮，素瓷静递，好友佳人，邀月同坐，或匿影树下，或逃嚣里湖，看月而人不见其看月之态，亦不作意看月者，看之⑤。

【注释】

①优傒：歌妓与奴仆。

②名娃：原指越王勾践献给吴王夫差的美女西施，这里泛指美女。 童娈：容貌姣好的少年。 露台：指楼船上供赏景或休息用的平台。

③竹肉相发：箫笛声伴着歌唱声。

④不衫不帻（zé）：不穿长衫，不戴头巾，指穿戴很随意的样子。 断桥：西湖名胜。也称段家桥，是杭州孤山边的一座桥。本名宝祐桥，因孤山的路至此而断，故名。 嚣（jiào）呼：大呼小叫，乱喊乱叫。

⑤茶铛（chēng）：一种煮茶用的小锅。

杭人游湖，巳出酉归，避月如仇，是夕好名，逐队争出，多犒门军酒钱，轿夫擎燎，列俟岸上①。一入舟，速舟子急放断桥，赶入胜会。以故二鼓以前，人声鼓吹，如沸如撼，如魇如呓，如聋如哑，大船小船，一齐凑岸，一无所见，止见篙击篙，舟触舟，肩摩肩，面看面而已②。少刻兴尽，官府席散，皂隶喝道去，轿夫叫船上人，怖以关门，灯笼火把如列星，一一簇拥而去③。岸上人亦逐队赶门，渐稀渐薄，顷刻散尽矣。

【注释】

①巳：巳时，上午九点到十一点。 酉：酉时，下午五点到七点。 犒（kào）：用酒食或财物犒赏、慰劳。 门军：把守城门的军士。 擎燎：高举火把。

②魇（yǎn）：梦中惊叫。 吃：说梦话。
③怖：恐吓，吓唬。

吾辈始舣舟近岸，断桥石磴始凉，席其上，呼客纵饮①。此时，月如镜新磨，山复整妆，湖复颒面②。向之浅斟低唱者出，匿影树下者亦出，吾辈往通声气，拉与同坐。韵友来，名妓至，杯箸安，竹肉发③。月色苍凉，东方将白，客方散去。吾辈纵舟，酣睡于十里荷花之中，香气拍人，清梦甚惬。

【注释】
①磴（dèng）：石头台阶。
②颒（huì）：洗脸。这里指湖面清澈明净。
③韵友：志趣相投的朋友。

纯生氏曰：如游七十二峰，神奇诡异，一峰一叫绝。

【简评】
《湖心亭看雪》写的是西湖的雪景，彼时渺无人迹，看的是景。本文写的则是西湖的夏景，作者不看西湖风物，而是专门看西湖之人，还分门别类欣赏，可谓眼光独具。是啊，全城出动，尽管喧闹嘈杂，但正是这些熙熙攘攘的人流构成了太平盛世的繁荣景象。西湖四时，皆有可观之景，作者在《西湖梦寻》一书中更是大书特书，可以参看。

及时雨①

壬申七月，村村祷雨，日日扮潮神海鬼，争唾之②。余里中扮《水浒》，且曰：画《水浒》者，龙眠、松雪，近章侯，总不如施耐庵，但如其面勿黛，如其髭勿鬣，如其兜鍪勿纸，如其刀杖勿树，如其传勿杜撰，勿弋阳腔，则十得八九矣③。于是分头四出，寻黑矮汉，寻梢长大汉，寻头陀，寻胖大和尚，寻苗壮妇人，寻姣长妇人，寻青面，寻歪头，寻赤须，寻美髯，寻黑大汉，寻赤脸长须，大索城中④。无则之郭、之村、之山僻、之邻府州县，用重价聘之，得三十六人。梁山泊好汉，个个呵活，臻臻至至，人马称娖而行，观者兜截遮拦，直欲看杀卫玠⑤。

五雪叔归自广陵，多购法锦宫缎，从以台阁者八：雷部六，大士一，龙宫一，华重美都，见者目夺气亦夺⑥。盖自有台阁，有其华无其重，有其美无其都，有其华重美都，无其思致，无其文理。轻薄子有言："不替他谦了也，事事精办。"

季祖南华老人喃喃怪问余曰："《水浒》与祷雨有何义味？近余山盗起，迎盗何为耶？"余俯首思之，果诞而无谓，徐应之曰："有之。天罡尽，以宿太尉殿焉⑦。用大牌六，书'奉旨招安'者二，书'风调雨顺'者一，'盗息民安'者一，更大书'及时雨'者二，前导之。"观者欢喜赞叹，老人亦匿笑而去。

【注释】

①及时雨：小说《水浒传》中梁山泊头领宋江的绰号。

②壬申：崇祯五年（1632）。

③龙眠：李公麟（1049—1106），字伯时，号龙眠居士，庐州舒城（今安徽桐城）人。熙宁三年（1070）进士。历任中书门下后省删定官、御史检法、朝奉郎等职。以绘画名于世。　松雪：赵孟𫖯（1254—1322），字子昂，号松雪道人，吴兴（今浙江湖州）人。官至翰林学士承旨。多才多艺，以书法、绘画名于世。　章侯：即陈洪绶，见卷三《陈章侯》。　施耐庵：小说《水浒传》的作者。　弋阳腔：一种戏曲声腔，与海盐腔、昆山腔、余姚腔并称四大声腔。起源于江西弋阳一带，后在北京、南京、湖南等地流行。

④梢长：身材高大。　头陀：云游化缘的僧人。

⑤呵活：活灵活现。　臻臻至至：人数很多的样子。　称娖（chuò）：队列整齐一致。　卫玠（jiè）（286—312）：字叔宝，西晋时人。相貌出众，据说他外出时，人们纷纷夹道观看。

⑥五雪：张炯芳，系作者季祖张汝懋之子。

⑦宿太尉：宿元景，小说《水浒传》中人物，曾奉旨到梁山招安众好汉。

纯生氏曰：雨虽及时，只是从盗泉乞得，老人曷不为转语耶？

【简评】

梁山众好汉竟然还有求雨的功能，令人眼界大开，莫非与梁山泊首领宋江的绰号"及时雨"有关？施耐庵当初创作这部小说时，恐怕也没想到这一层。读者对小说的开发利用令人惊叹。不过这也并非仅见，据记载，清代的时候山西民众就抬着孙悟空的塑像求雨。何以甩开降雨专业户龙王爷而去求孙悟空？大概是看到《西游记》里龙王怕孙悟空的缘故吧。

山艇子①

龙山自巘花阁而西皆骨立，得其一节，亦尽名家②。山艇子石，意尤孤孑，壁立霞剥，义不受土。大樟徙其上，石不容也，然不恨石，屈而下，与石相亲疏。石方广三丈，右坳而凹，非竹则尽矣，何以浅深乎石？然竹怪甚，能孤行，实不藉石③。竹节促而虬，叶毨毨如猬毛、如松狗尾，离离矗矗，捎挒攒挤，若有所惊者④。竹不可一世，不敢以竹二之。

或曰：古金错刀也⑤。或曰：竹生石上，土肤浅，蚀其根，故轮囷盘郁，如黄山上松⑥。山艇子樟，始之石，中之竹，终之楼，意长楼不得竟其长，故艇之。然伤于贪，特特向石，石意反不之属，使去丈而楼，壁出樟出，竹亦尽出。竹石间意，在以淡远取之。

【注释】

①山艇子：绍兴龙山西南一处地名，作者年轻时曾在此处的书院里读书。艇，小船。道光二年王文诰重刻巾箱本在"山艇子"之后补一"樟"字。

②巘（yǎn）花阁：详见本书卷八《巘花阁》。巘，山峰。　骨立：比喻山石嶙峋。

③藉（jiè）：凭借。

④毨（xiǎn）毨：羽毛丰满鲜明貌，此处形容叶子。　离离矗矗：浓密挺拔的样子。　捎挒（liè）攒挤：指竹叶相互扭结，簇聚拥挤。挒，扭转，转动。

⑤金错刀：古代钱币名。王莽摄政时铸造，以黄金错镂其文。
⑥轮囷（qūn）：弯曲、回旋的样子。

纯生氏曰：孤奇妙远，字字不经人道。

【简评】
一处不大的地方，作者将石、樟、竹之间的关系说得绘声绘色，仿佛都动了起来。美丽的风景需要敏锐的眼睛去寻找，去发现。

奇石怪竹，天然生成，透出一种孤傲的精神和气质。在这样的环境中读书，作者自然会受到启迪和熏陶。

悬杪亭

余六岁随先君子读书于悬杪亭，记在一峭壁之下，木石撑距，不藉尺土，飞阁虚堂，延骈如栉①。缘崖而上，皆灌木高柯，与檐甃相错②。取杜审言"树杪玉堂悬"句，名之"悬杪"，度索寻樟，大有奇致③。

后仲叔庐其崖下，信堪舆家言，谓碍其龙脉，百计购之，一夜徙去，鞠为茂草④。儿时怡寄，常梦寐寻往⑤。

【注释】
①先君子：去世的父亲。　延骈如栉：形容排列得比较密集。延骈，并列延伸。栉，比喻像梳齿那样密集排列着。
②檐甃（zhòu）：屋檐。
③杜审言"树杪玉堂悬"句：杜审言（约645—708），字必简，巩县

(今河南巩义）人。咸亨元年（670）进士及第，历任隰城尉、著作佐郎、膳部员外郎、国子监主簿、修文馆直学士等职。他是杜甫祖父，著有《杜审言集》。"树杪玉堂悬"句，语出《蓬莱三殿侍宴奉敕咏终南山》："北斗挂城边，南山倚殿前。云标金阙迥，树杪玉堂悬。半岭通佳气，中峰绕瑞烟。小臣持献寿，长此戴尧天。"　寻橦：当为"寻橦"，古代百戏之一。橦（chuáng），竿。据现存汉画，系一人手持或头顶长竿，另有数人缘竿而上，进行表演。作者在《夜航船》中亦有解释："度索寻橦：度索，以绳索相引而度也。寻橦者，植两木于两岸，以绳贯其中，上有一木筒，所谓橦也。人缚筒上，以手缘索而进，以达彼岸，有人解之，所谓寻橦也。"

④堪舆家：风水先生，靠相地、看风水为生的人。　龙脉：风水术语，指那些出过帝王、贵人，或能够安葬帝王、贵人，护佑王室、贵人后裔的地方。　鞠（jū）为茂草：谓杂草塞道，形容衰败荒芜的景象。鞠，通"鞫"，穷尽。

⑤怡寄：欢愉之情的寄托。

纯生氏曰：高人妙致，梦寐以之，盖自其幼时而已然矣。

【简评】
虽然亭子不见了，但儿时的美好记忆将长留心底。作者怀念的不仅是一处风景，更是一段美好的记忆，一段儿时和父亲在一起的美好时光。

雷　殿①

雷殿在龙山磨盘冈下，钱武肃王于此建蓬莱阁，有断碣在焉②。殿前石台高爽，乔木潇疏③。

六月，月从南来，树不蔽月。余每浴后拉秦一生、石田上人、平子辈坐台上，乘凉风，携肴核，饮香雪酒，剥鸡豆，啜乌龙井水，水凉冽激齿④。下午着人投西瓜浸之，夜剖食，寒栗逼人，可雠三伏⑤。林中多鹊，闻人声辄惊起，磔磔云霄间⑥，半日不得下。

【注释】

①雷殿：雷公殿，在今浙江绍兴府山西坡磨盘冈。

②钱武肃王：钱镠（852—932），字具美，一作巨美，谥武肃。钱塘临安（今杭州临安）人。唐末节度使，后建立吴越国。 蓬莱阁：祁彪佳《越中园亭记》："钱王镠建。因元稹有'谪居犹得近蓬莱'句。" 碣（jié）：碑石。

③高爽：高大宽敞。

④上人：对僧人的尊称。

⑤雠（chóu）：应对，对付。

⑥磔（zhé）磔：鸟叫的声音。

纯生氏曰：布帆二丈画冷云，瘦鹤顺风而翔于芦花、杨柳之间，襟怀类此。

【简评】

钱武肃王的蓬莱阁竟然成为夏天乘凉的好去处，昔日的恢宏变成今日的清幽，时光使一切不可能成为可能。古今多少事，都可以在笑谈声中化解吗？在乘凉的台子下，可是沉睡着一个朝代。

龙山雪

  天启六年十二月，大雪深三尺许①。晚霁，余登龙山，坐上城隍庙山门，李岕生、高眉生、王畹生、马小卿、潘小妃侍②。万山载雪，明月薄之，月不能光，雪皆呆白。坐久清冽，苍头送酒至，余勉强举大觥敌寒③，酒气冉冉，积雪喝之，竟不得醉。马小卿唱曲，李岕生吹洞箫和之，声为寒威所慑，咽涩不得出。

  三鼓归寝。马小卿、潘小妃相抱从百步街旋滚而下，直至山趾，浴雪而立。余坐一小羊头车，拖冰凌而归④。

【注释】

①天启六年：即公元1626年。

②霁（jì）：雨雪停止，天放晴。　城隍庙：在今浙江绍兴府山山顶，为纪念唐越州总管庞玉而建。

③觥（gōng）：酒杯。

④羊头车：一种独轮小车。

纯生氏曰：越有狂生，当天大雪，赤足上潜岳峰，四顾大呼曰："遍天地皆白玉合成。使人心胆澄澈，便欲仙去。"

【简评】

  作者好雅兴，他对山水风物的观赏不限于某个时节、某个地点，而是随时随地发现身边的景致。这是一种高度艺术化的生活，也可以说是把艺术生活化了。张岱的生活很有代表性，生活与艺术已经融为一体，难以区分了。

庞公池①

庞公池岁不得船，况夜船，况看月而船。自余读书山艇子，辄留小舟于池中。月夜，夜夜出，缘城至北海坂，往返可五里，盘旋其中。山后人家，闭门高卧，不见灯火，悄悄冥冥，意颇凄恻。余设凉簟，卧舟中看月，小傒船头唱曲，醉梦相杂，声声渐远，月亦渐淡，嗒然睡去②。歌终忽寤，含糊赞之，寻复鼾齁③。小傒亦呵欠歪斜，互相枕藉④。舟子回船到岸，篙啄丁丁，促起就寝⑤。

此时胸中浩浩落落，并无芥蒂，一枕黑甜，高舂始起，不晓世间何物谓之忧愁⑥。

【注释】

①庞公池：又名王公池、西园，位于府山西麓，在今浙江绍兴城内。
②凉簟（diàn）：凉席。 嗒（tà）然：形容身心俱遣、物我两忘的神态。
③鼾齁（hān hōu）：熟睡时打呼噜，打鼾。
④枕藉：纵横交错地躺在一起。
⑤啄：鸟用嘴取食或叩击东西，这里是敲击的意思。 丁（zhēng）丁：拟声词，此处形容竹篙敲击之声。
⑥芥蒂：微小的梗塞，比喻郁积在内心不愉快的嫌隙。 黑甜：酣睡。 高舂（chōng）：黄昏，傍晚。

纯生氏曰：妙夺漆园之梦。

【简评】

　　这一篇追忆少年时的往事。"不晓世间何物谓之忧愁",这也算是一种境界,至少没有为赋新词强说愁。人生在世,不如意者十常八九,快乐也许只能留在记忆中,假如时光倒流,让作者回到少年时代,他未必觉得快乐,这就是人生的悖论。

品山堂鱼宕①

　　二十年前强半住众香国,日进城市,夜必出之②。品山堂孤松箕踞,岸帻入水③。池广三亩,莲花起岸,莲房以百以千,鲜磊可喜。新雨过,收叶上荷珠煮酒,香扑烈。

　　门外鱼宕,横亘三百余亩,多种菱芡。小菱如姜芽,辄采食之,嫩如莲实,香似建兰,无味可匹。深秋,橘奴饱霜,非个个红绽,不轻下剪④。季冬观鱼,鱼艒千余艘,鳞次比栉,罨者夹之,罛者扣之,篧者罩之,翼者撒之,罩者抑之,罾者举之,水皆泥泛,浊如土浆⑤。鱼入网者圉圉,漏网者唵唵,寸鲵纤鳞,无不毕出⑥。集舟分鱼,鱼税三百余斤,赤鳃白肚,满载而归⑦。约吾昆弟,烹鲜剧饮,竟日方散。

【注释】

①鱼宕:鱼荡,用以养鱼的池塘或浅水湖。

②众香国:为作者父亲张耀芳所建园林。祁彪佳《越中园亭记》有载:"众香国,张长公大涤君开园中堰,以'品山'名其堂,盖千岩万壑至此俱披襟相对,恣我月旦耳。季真半曲,方干一岛,映带左右,鉴湖最胜处也。"

③岸帻(zé):推起头巾,露出前额,形容洒脱、随意的样子。这里指

松树的形态。

④橘奴：柑橘，橘子。

⑤鱼鲽(dié)：渔舟。 罱(lǎn)：一种用来夹鱼的工具。 罛(gū)：大渔网。 簎(cè)：用叉刺鱼。 罨(yǎn)：撒网捕鱼。 䍡(xuǎn)：渔网。 罣(guà)：同"挂"。

⑥囿(yǔ)囿：不舒展、不自在的样子。 唵(yǎn)唵：鱼在水面张口呼吸的样子。 鲵：小鱼。

⑦䁅(yú)：鱼眼睛。

纯生氏曰：朱公致富，水畜第一。

【简评】

该文依然在怀旧，从二十年前讲起。一方水土养一方人，在作者的笔下，越中的一切都是那样富有诗情画意，都是那样富足繁华，言语之间，可见作者故土情深。

松化石①

松化石，大父舁自潇江署中②。石在江口神祠，土人割牲饷神，以毛血洒石上为恭敬，血渍毛氄，几不见石③。大父舁入署，亲自被濯，呼为"石丈"，有《松化石纪》④。今弃阶下，载花缸，不称使。余嫌其轮囷臃肿，失松理，不若董文简家茁错二松橛，节理槎丫，皮断犹附，视此更胜⑤。

大父石上磨崖，铭之曰："尔昔鬣而鼓兮，松也；尔今脱而骨兮，石也；尔形可使代兮，贞勿易也。尔视余笑兮，莫余逆也。"

其见宝如此。

【注释】

①松化石：作者在《夜航船》一书中有介绍："松化石：松树至五百年，一夜风雷，化为石质，其树皮松节，毫忽不爽。唐道士马自然指延真观松当化为石，一夕果化。"

②潇江署：永州的官署。潇江，潇水，为湘江支流，源自湖南蓝山县，至零陵西北入湘水。零陵曾为永州府治。

③土人：当地人，本地人。 飨（xiǎng）：祭祀。 毵（sān）：毛发散乱的样子。

④祓濯（fú zhuó）：清除污垢。

⑤轮囷（qūn）：硕大。 槎（chá）丫：错杂、参差不齐的样子。

纯生氏曰：米元章云："世人皆以芾为颠，愿质之子瞻。"子瞻云："吾从众。"此老颠颇似之。

【简评】

一件物品的价值主要取决于人的需求和态度。这块松化石在别人看来，不过是一块普通的石头，但在作者祖父的眼中，就是一件稀世珍宝，并且视作知己。可见人与物之间，也是需要缘分的。

闰中秋

崇祯七年闰中秋，仿虎丘故事，会各友于蕺山亭①。每友携斗酒、五簋、十蔬果、红毡一床，席地鳞次坐②。缘山七十余床，衰童塌妓，无席无之③。在席者七百余人，能歌者百余人，同声唱"澄湖万顷"，声如潮涌，山为雷动。诸酒徒轰饮，酒行如泉。夜深客饥，借戒珠寺斋僧大锅煮饭饭客，长年以大桶担饭不继④。

【注释】

①崇祯七年：公元1634年。　虎丘故事：指苏州人中秋夜在虎丘赏月的习俗。　戢(jí)山亭：为旧时绍兴山阴、会稽两县的状元亭，凡考中状元者，将名字刻于亭柱。

②簋(guǐ)：古代盛食物器具，圆口，双耳。

③衰童塌妓：年长色衰的娈童歌伎，这里有调侃的意味。

④戒珠寺：在今浙江绍兴西街。原为王羲之旧宅，原名安昌寺，唐大中年间改称戒珠寺，现存墨池、山门、大殿和东厢房。　长年：长工。

命小傒岕竹、楚烟于山亭演剧十余出，妙入情理，拥观者千人，无蚊虻声，四鼓方散①。月光泼地如水，人在月中，濯濯如新出浴②。夜半，白云冉冉起脚下，前山俱失，香炉、鹅鼻、天柱诸峰，仅露髻尖而已，米家山雪景，仿佛见之③。

【注释】

①蚊虻：这里泛指蚊虫。　四鼓：四更，凌晨一时至三时。

②濯濯：清新，明净。

③香炉：即香炉峰。　鹅鼻：鹅鼻山，又名峨眉山、刻石山，在绍兴南。作者在《夜航船》中有介绍："峨眉山，在轩亭北首民居之内，今指土谷寺神桌下小石为峨眉山者，非是。"　天柱：天柱山，又名宛委山、石匮山、玉笥山，在绍兴东南。作者在《夜航船》中亦有介绍："宛委山：在会稽禹穴之前。上有石匮，大禹发之，得赤如日，碧如月，长一尺二寸。又传禹治水毕，藏金简玉字之书于此。"　髻(jì)尖：山头。髻：梳在头顶的发结。　米家山：宋代米芾、米友仁父子善画山水，自成一格，后人遂称其父

子所作山水画为"米家山"或"米家山水"。

纯生氏曰：奇语一出，夜色难收矣。

【简评】
所谓闰中秋仿虎丘故事，其实不过是找个理由欢聚而已。七百多人一起饮酒、唱曲、赏月，自有特色。作者先写喧闹，后写幽静，先写人，后写景，对比鲜明且又融为一体，当时越中一带民众的生活经作者生花妙笔写出，令人神往。

愚公谷①

无锡去县北五里为铭山②。进桥，店在左岸。店精雅，卖泉酒、水坛、花缸、宜兴罐、风炉、盆盎、泥人等货。愚公谷在惠山右，屋半倾圮，惟存木石。惠水涓涓，繇井之涧，繇涧之溪，繇溪之池、之厨、之湢，以涤、以濯、以灌园、以沐浴、以净溺器，无不惠山泉者，故居园者福德与罪孽正等③。

愚公先生交游遍天下，名公巨卿多就之，歌儿舞女、绮席华筵、诗文字画，无不虚往实归。名士清客至则留，留则款，款则馈，馈则贶④。以故愚公之用钱如水，天下人至今称之不少衰。愚公文人，其园亭实有思致文理者为之，礧石为垣，编柴为户，堂不层不庑，树不配不行⑤。堂之南，高槐古朴，树皆合抱，茂叶繁柯，阴森满院。藕花一塘，隔岸数石，乱而卧。土墙生苔，如山脚到涧边，不记在人间。园东逼墙一台，外瞰寺，老柳卧墙角而不让台，台遂不尽瞰，与他园花树故故为亭台、意特特为园者不同。

【注释】

①愚公谷：在今江苏无锡锡惠公园内，原为惠山寺僧人居所，名听泉山房。至明代邹迪光在此建造园林，并取柳宗元《愚溪诗序》一文中名溪为愚溪、名丘为愚丘之意，称其为愚公谷。详情参见邹迪光《愚公谷乘》一书。

②铭山：又名锡山，在今无锡市西，与惠山相连。

③惠水：惠山泉水。　繇（yóu）：通"由"。　湢（bì）：浴室。

④赆（jìn）：赠给别人的路费或礼物。

⑤行（háng）：行列。

纯生氏曰：流泉满衣，流波满车。主人沐如，从者浴如。

【简评】

这位愚公先生和作者颇为相似，家境富有，懂得艺术，也懂得生活，见多识广，交游广泛。他能成为丹青妙手，并非偶然，观其庭园可知。像这样的江南文人，明代还有不少。

定海水操①

定海演武场在招宝山海岸②。水操用大战船、唬船、蒙冲、斗舰数千余艘，杂以鱼艓轻舻③，来往如织。舳舻相隔，呼吸难通，以表语目，以鼓语耳，截击要遮，尺寸不爽④。健儿瞭望，猿蹲桅斗，哨见敌船，从斗上掷身腾空溺水，破浪冲涛，顷刻到岸，走报中军，又趵跃入水，轻如鱼凫。

水操尤奇在夜战，旌旗干橹皆挂一小镫，青布幕之，画角一声，万蜡齐举，火光映射，影又倍之。

招宝山凭槛俯视，如烹斗煮星，釜汤正沸。火炮轰裂，如风雨晦冥中电光翕焱，使人不敢正视⑤。又如雷斧断崖石，下坠不测之渊，观者褫魄⑥。

【注释】

①定海：即今浙江定海。

②招宝山：又名候涛山、鳌柱山，在今浙江镇海东北，南临港口，形势险要，明代于此筑城戍守。

③唬船：又叫叭喇唬船。明代闽、浙一带水军使用的小型战船。蒙冲：一种古代战船。用生牛皮蒙船覆背，两边开掣棹孔，左右设有弩窗、矛穴。斗舰：一种大型战船。鱼艓轻艧（lí）：指轻便小船。

④舳舻（zhú lú）：船头和船尾。镫（dēng）：同"灯"。

⑤翕焱（yàn）：火光闪烁，光芒四射。

⑥褫（chǐ）魄：失魂落魄、惊慌失措的样子。

纯生氏曰：奇气写照，纸上有声。

【简评】

有关阅兵操练，作者还写有《兖州阅武》一文。如果说兖州阅武已经沦为文艺表演的话，这篇所写水操则很正规，无论是规模还是声势，定海水操都颇为壮观。既然有如此强大的水军，大明王朝何以会灭亡得如此之快？

228

阿育王寺舍利①

阿育王寺，梵宇深静，阶前老松八九棵，森罗有古色②。殿隔山门远，烟光树樾，摄入山门，望空视明，冰凉晶沁。右旋至方丈门外，有娑罗二株，高插霄汉。便殿供旃檀佛，中储一铜塔，铜色甚古，万历间慈圣皇太后所赐，藏舍利子塔也③。舍利子常放光，琉璃五彩，百道迸裂，出塔缝中，岁三四见。凡人瞻礼舍利，随人因缘现诸色相。如墨墨无所见者，是人必死④。昔湛和尚至寺，亦不见舍利，而是年死。屡有验。

次早，日光初曙，僧导余礼佛，开铜塔，一紫檀佛龛供一小塔，如笔筒，六角，非木非楮，非皮非漆，上下皴定，四围镂刻花楞梵字⑤。舍利子悬塔顶，下垂摇摇不定，人透眼光入楞内，复视眼上视舍利，辨其形状。

余初见三珠连络如牟尼串，煜煜有光⑥。余复下顶礼，求见形相，再视之，见一白衣观音小像，眉目分明，髭鬘皆见⑦。

秦一生反复视之，讫无所见，一生遑遽，面发赤，出涕而去⑧。一生果以是年八月死，奇验若此。

【注释】

①阿育王寺：在今浙江宁波鄞州区阿育王山。东晋义熙元年（405），为保护舍利始建。梁武帝普通三年（522），兴建殿堂楼阁，并赐寺名为"阿育王寺"。寺内保存许多碑碣、石刻以及经藏古籍等珍贵文物。阿育王，古印度摩揭陀国孔雀王朝的国王，前268年至前232年在位。后皈依佛教，在印

度广建寺塔,派僧人四处传教。　舍利:舍利子。释迦牟尼遗体火焚时形成的珠状物。后亦指高僧火化后剩下的骨烬。

②梵宇:佛寺,寺院。

③旃(zhān)檀佛:檀香木刻的佛像。　慈圣皇太后:明神宗的生母李氏,原为宫女。　舍利子塔:作者《夜航船》一书有介绍:"舍利塔:《说苑》:阿育王所造释迦真身舍利塔,见于明州鄞县。太宗命取舍利,度开宝寺地,造浮屠十一级以藏之。"

④墨墨:昏暗、看不清的样子。

⑤楮(chǔ):纸的代称。　鬘(mán):裂开,脱离。　梵字:古印度所通行的文字。

⑥牟尼串:即牟尼珠,数珠,佛教徒念佛、持咒、诵经时用来计数的成串珠子。

⑦鬋鬘(jiǎn mán):鬓毛,额发。

⑧遑遽:惶恐不安。

纯生氏曰:舍利非一,有白色骨舍利、黑色发舍利、赤色肉舍利,菩萨、罗汉皆有。佛舍利锤击不碎,此是戒、定、慧所薰修者。

【简评】

文中所写舍利之事,虽然看起来很灵验,但似乎有些残酷,看到的人固然感到庆幸,看不到的人未免受到打击太大,比如那位秦一生,可以想象到他当时绝望沮丧的神情,这未必符合佛教慈悲为怀的救世精神。还不如将舍利密封起来,让大家虔诚礼拜就是,何必弄成简单的算命仪式,给人带来额外的痛苦。

过剑门①

南曲中,妓以串戏为韵事,性命以之②。杨元、杨能、顾眉生、李十、董白以戏名,属姚简叔期余观剧。僆僮下午唱《西楼》,夜则自串③。僆僮为兴化大班,余旧伶马小卿、陆子云在焉,加意唱七出。

戏至更定,曲中大咤异。杨元走鬼房问小卿曰:"今日戏,气色大异,何也④?"小卿曰:"坐上坐者余主人。主人精赏鉴,延师课戏,童手指千,僆僮到其家谓'过剑门',焉敢草草⑤!"杨元始来物色余。《西楼》不及完,串《教子》。顾眉生:周羽;杨元:周娘子;杨能:周瑞隆⑥。杨元胆怯肤栗,不能出声,眼眼相觑。渠欲讨好不能,余欲献媚不得,持久之,伺便喝采一二,杨元始放胆,戏亦遂发。

嗣后曲中戏,必以余为导师,余不至,虽夜分不开台也。以余而长声价,以余长声价之人而后长余声价者,多有之。

【注释】

①剑门:剑门关,在四川剑阁大剑山口。大剑山中断处,两崖相对如门,故名"剑门"。这里以过剑门来形容作者精于赏鉴,演员很难得到其认可。

②南曲中:指南京的青楼、妓院。 串戏:演戏。 性命以之:用自己的性命去演戏,意思是演得十分认真、投入。

③《西楼》:即《西楼记》,作者为张岱好友袁于令,写书生于鹃与妓女穆素徽之间的爱情故事。

④鬼房：演员化妆用的房间。

⑤童手指千：语出《汉书》："童手指千，筋角丹沙千斤。"一百名童子有一千根手指，这里指学戏的僮众多。

⑥"串《教子》，……周瑞隆"句：以上出目及人物皆出自《寻亲记》，作者王铚，写秀才周羽悲欢离合事。《教子》为该剧第二十五出。

纯生氏曰："水晶帘影映横波"，蚕尾为眉生咏矣，惜李十诸人不概见于篇什，时继之年已八旬，或未能尽述，若澹心所记，亦多有不及，何欤？

【简评】

作者喜爱并精通戏曲，能写剧本，更精于品鉴，从本书多有这类记载可以看出。其精深的造诣并非偶然，这一方面来自家庭的熏陶，父祖喜爱，养有戏班；另一方面，他本人对此很是用心。据《绍兴府志·张岱传》记载："岱累世通显，服食豪侈，畜梨园数部，日聚诸名士度曲征歌。"

冰山记

魏珰败，好事作传奇十数本，多失实，余为删改之，仍名《冰山》①。城隍庙扬台，观者数万人，台址鳞比，挤至大门外。一人上，白曰："某杨涟。"口口谇谭曰："杨涟！杨涟②！"声达外，如潮涌，人人皆如之。杖范元白，逼死裕妃，怒气忿涌，噤断嗟唶③。至颜佩韦击杀缇骑，嗥呼跳蹴，汹汹崩屋④。沈青霞缚藁人射相嵩，以为笑乐，不是过也⑤。

是秋，携之至兖，为大人寿。一日，宴守道刘半舫，半舫曰："此剧已十得八九，惜不及内操、菊宴及逼灵犀与囊收数事耳⑥。"余闻之。是夜席散，余填词，督小偊强记之。次日，至道署搬演，已增入七出，如半舫言。半舫大骇异，知余所构，遂诣大人，与余定交。

【注释】

①魏珰：指宦官魏忠贤。　冰山：《冰山记》，陈开泰撰，祁彪佳《远山堂曲品》称其"传时事而不牵蔓，正是炼局之法。但对口白极忌太文，便不脱学究气"，作者据以删改的当为此剧。原剧及作者删改本皆已失传。

②杨涟（lián）（1572—1625）：字文孺，号大洪，湖广应山（今湖北广水）人。万历三十五年（1607）进士，历任常熟知县、给事中、左副都御史等职，因弹劾魏忠贤被诬陷，惨死狱中。著有《杨忠烈公文集》。　诿諜（suì qiè）：小声传话。

③范元白：作者在《古今义烈传自序》中作"杖杀万燝"。万燝，字闇夫，一字元白，南昌人，万历四十四年（1616）进士，历任刑部、工部主事。据《明史》记载，万燝上书弹劾魏忠贤，"忠贤大怒，矫旨廷杖一百，斥为民"，"乃命群奄至燝邸，捽而殴之，比至阙下，气息才属。杖已，绝而复苏。群奄更肆蹴踏，越四日即卒"。　裕妃：天启皇帝的妃子张氏，天启三年（1623）被册封为裕妃，因受宠幸怀孕，遭到客氏、魏忠贤忌恨，被陷害至死。　噤龂（yín）：闭着嘴不说话，形容切齿痛恨的样子。龂，牙龈。龂，或为"齗"的讹字。　嚄唶（huò zè）：叫嚷，呼喊。

④颜佩韦：苏州市民。魏忠贤屡兴大狱，打击东林党人，逮捕周顺昌时，苏州市民进行反抗，打死一名旗尉。后朝廷追究，颜佩韦等五人挺身投案，英勇就义。　缇（tí）骑：锦衣卫校尉。

⑤沈青霞缚藁人射相嵩：据《明史》记载，沈炼因得罪严嵩而被贬，他"缚草为人，象李林甫、秦桧及嵩，醉则聚子弟攒射之"。沈青霞，沈炼，号青霞。藁人，即以干草绑缚为人形。嵩，权臣严嵩。

⑥刘半舫：即刘荣嗣（？—1635），字敬仲，号简斋，别号半舫，曲周（今属河北）人。万历四十四年（1616）进士，历任户部主事、吏部主事、顺天府尹、工部尚书等职。为人正直，不依附阉党，著有《半舫集》《简斋集》等。

纯生氏曰：笔锋所向，画虎画骨，兼画神气。

【简评】

冰冻三尺非一日之寒，大明王朝的灭亡也并非偶然。从《冰山记》深受观众欢迎的程度可以想象当时的民怨有多大，这种内斗耗尽了大明王朝的气数。作者在本书中极写江南的繁荣，也写到日后的萧条，但对其中的转变并没有多讲，这篇文章为我们揭开了冰山一角。

作者在《古今义烈传自序》一文中亦描绘了《冰山记》上演时的情景："夏间，余偶令小傒演魏珰剧，聚观者数万人。酖杀裕妃，杖杀万燝，人人愤悒，弩目相视。至颜佩韦击杀缇骑，人声喧拥，汹汹崩屋，有跳且舞者，大井旅店，勾摄珰魂，抚掌颠狂，楹柱几折。"

卷 八

龙山放灯①

　　万历辛丑年，父叔辈张灯龙山，剡木为架者百，涂以丹雘，帨以文锦，一灯三之②。灯不专在架，亦不专在磴道，沿山袭谷，枝头树杪无不灯者，自城隍庙门至蓬莱冈上下，亦无不灯者。山下望如星河倒注，浴浴熊熊，又如隋炀帝夜游，倾数斛萤火于山谷间，团结方开，倚草附木，迷迷不去者③。好事者卖酒，缘山席地坐。山无不灯，灯无不席，席无不人，人无不歌唱鼓吹。男女看灯者，一入庙门，头不得顾，踵不得旋，只可随势，潮上潮下，不知去落何所，有听之而已。庙门悬禁条：禁车马，禁烟火，禁喧哗，禁豪家奴不得行辟人④。父叔辈台于大松树下，亦席，亦声歌，每夜鼓吹笙簧与宴歌弦管，沉沉昧旦⑤。

【注释】

　　①放灯：民间农历正月十五元宵节燃点花灯的一种风俗。作者在《夜航船》一书中亦有介绍："元夕放灯：以正月十五天官生日放天灯，七月十五水官生日放河灯，十月十五地官生日放街灯。宋太宗淳化元年六月丙午诏，罢中元、下元两夜灯。"

　　②万历辛丑年：即万历二十九年（1601）。　剡（yǎn）：削。　丹雘（huò）：红色涂料。　帨（shuì）：佩巾，这里用作动词，以布缠裹的意思。

　　③浴浴熊熊：形容水势很大的样子。　"隋炀帝夜游"句：典出《隋书》："壬午，上于景华宫征求萤火，得数斛，夜出游山，放之，光遍岩谷。"隋炀帝：杨广（569—618），隋文帝杨坚次子。在位期间大兴土木，修建宫殿，生活荒淫奢侈。　团结：聚拢成团。　迷迷：环绕，依附。

④辟人：驱除行人使其回避。

⑤沉沉昧旦：不知不觉天已将亮。

十六夜，张分守宴织造太监于山巅星宿阁，傍晚至山下，见禁条，太监忙出舆笑曰："遵他，遵他，自咱们遵他起①！"却随役，用二丱角扶掖上山②。夜半，星宿阁火，罢宴，亦遂罢灯。凡四夜，山上下糟丘肉林，日扫果核、蔗滓及鱼肉骨、蠡蛻，堆砌成高阜，拾妇女鞋挂树上，如秋叶③。

【注释】

①织造太监：明时朝廷于南京、杭州、苏州三地设专局，掌管织造各项丝织品，供皇室之用，并各置提督织造太监一人。

②丱（guàn）角：旧时儿童的一种发式，将头发束成两角的样子。这里指年幼的仆从。

③糟丘肉林：形容酒肉非常之多。　蠡（lí）蛻：贝类的壳。

相传十五夜，灯残人静，当垆者正收盘核，有美妇六七人买酒①。酒尽，有未开瓮者，买大罍一，可四斗许，出袖中瓜果，顷刻磬罍而去②。疑是女人星，或曰酒星。又一事，有无赖子于城隍庙左借空楼数楹，以姣童实之，为帘子胡同。是夜，有美少年来狎某童，剪烛㸑酒，嫫亵非理，解襦，乃女子也，未曙即去，不知其地其人，或是妖狐所化③。

【注释】

①当垆：卖酒。

②罍（léi）：旧时一种盛酒的容器，小口，广肩，深腹，圈足，有盖，多用青铜或陶制成。

③㸑（tì）酒：醉。　嫫亵（xiè xiè）：轻薄，猥亵。

238

纯生氏曰：高歌《将进酒》，不问夜如何，苍茫宇宙，如是者得有几番？

【简评】

继《世美堂灯》《绍兴灯景》之后，作者再次写到越中的放灯。其父叔们实际上做了一项颇得人心的公益性事业，从喧闹非凡的景象中他们得到了更多的快乐，正所谓独乐乐，不如众乐乐。

王月生[①]

南京朱市妓，曲中羞与为伍，王月生出朱市，曲中上下三十年决无其比也[②]。面色如建兰初开，楚楚文弱，纤趾一牙，如出水红菱，矜贵寡言笑，女兄弟、闲客，多方狡狯，嘲弄哈侮，不能勾其一粲[③]。善楷书，画兰竹水仙。亦解吴歌，不易出口[④]。南中勋戚大老力致之，亦不能竟一席。富商权胥得其主席半晌，先一日送书帕，非十金则五金，不敢亵订[⑤]。与合卺，非下聘一二月前，则终岁不得也[⑥]。

【注释】

①王月生：关于王月生的生平事迹，余怀在其《板桥杂记》一书中记之甚详，兹引如下："王月，字微波。母胞生三女：长即月，次节，次满，并有殊色，月尤慧妍，善自修饰，颀身玉立，皓齿明眸，异常妖冶，名动公卿。桐城孙武公昵之，拥致栖霞山下雪洞中，经月不出。己卯岁牛女渡河之夕，大集诸姬于方密之侨居水阁。四方贤豪，车骑盈间巷，梨园子弟，三班

骈演，水阁外环列舟航如堵墙。品藻花案，设立层台，以坐状元。二十余人中，考微波第一，登台奏乐，进金屈卮。南曲诸姬皆色沮，渐逸去。天明始罢酒。次日，各赋诗纪其事。余诗所云'月中仙子花中王，第一姮娥第一香'者是也。微波绣之于帨巾不去手。武公益眷念，欲置为侧室。会有贵阳蔡香君，名如蕙，强有力，以三千金啖其父，夺以归。武公悒悒，遂娶葛嫩也。香君后为安庐兵备道，携月赴任，宠专房。崇祯十五年五月，大盗张献忠破庐州府，知府郑履祥死节，香君被擒。搜其家，得月，留营中，宠压一寨。偶以事忤献忠，断其头，蒸置于盘，以享群贼。嗟乎，等死也，月不及嫩矣，悲夫。"

②朱市：即珠市，旧时南京秦淮河一带的低等妓院。余怀《板桥杂记》："南市者，卑屑妓所居；珠市间有殊色；若旧院，则南曲名姬、上厅行首皆在焉。" 曲中：指旧院，旧时南京秦淮河一带较为高级的妓院，余怀《板桥杂记》："旧院，人称曲中，前门对武定桥，后门在钞库街，妓家鳞次，比屋而居。"

③纤趾一牙：指王月生的脚很小。 矜贵：矜持，高贵。 狡狯（kuài）：玩笑，逗笑。 咍（hāi）侮：戏弄，讥笑。 粲：露齿而笑。

④吴歌：江南一带的民歌小调。

⑤书帕：指送礼的财物。

⑥合卺（jǐn）：旧时结婚男女同杯饮酒之礼，这里指同床共枕。

好茶，善闵老子，虽大风雨、大宴会，必至老子家啜茶数壶始去。所交有当意者，亦期与老子家会。一日，老子邻居有大贾，集曲中妓十数人，群谇嘻笑，环坐纵饮①。月生立露台上，倚徙栏楯，眠娗羞涩，群婢见之皆气夺，徙他室避之②。月生寒淡如孤梅冷月，含冰傲霜，不喜与俗子交接，或时对面同坐起，若无睹者。

有公子狎之，同寝食者半月，不得其一言。一日口嚅嚅动，闲客惊喜，走报公子曰："月生开言矣！"哄然以为祥瑞，急走伺之，面赪，寻又止③。公子力请再三，謇涩出二字曰："家去④。"

【注释】

①谇（suì）：本义为责骂，这里指嬉笑打闹。

②楯（shǔn）：栏杆上的横木。　眠娗（tiǎn）：腼腆，羞涩。　口嗫嚅动：吞吞吐吐，欲言又止。

③赪（chēng）：红色，此作动词。

④謇（jiǎn）涩：言辞不顺畅，晦涩难懂。

纯生氏曰：写月生矜贵处，如玉壶之冰、瑶台之月，清风穆若，芳桂宛然。

【简评】

在作者的交游中，有身份较高的文人士大夫，也有身份卑微的能工巧匠，更有卖笑为生的青楼娼女，比如前面写到的朱楚生。对这些人，作者注重写出他们脱俗传奇的一面，实际上也是为他们立传。

作者还写有《曲中妓王月生》一诗，以茶喻人，颇有特色，兹引如下：

金陵佳丽何时起，余见两事非常理。
乃欲取之相比伦，俗人闻之笑见齿。
今来茗战得异人，桃叶渡口闵老子。
钻研水火七十年，嚼碎虚空辨渣滓。
白瓯沸雪发兰香，色似梨花透窗纸。
舌闻幽沁味同谁，甘酸都尽橄榄髓。
及余一晤王月生，恍见此茶能语矣。
蹴三致一步吝移，狷洁幽闲意如冰。
依稀籀粉解新篁，一茎秋兰初放蕊。
縠雾犹嫌弱不胜，尖弓适与湘裙委。
一往深情可奈何，解人不得多流视。

241

余惟对之敬畏生，君谟嗅茶得其旨。

但以佳茗比佳人，自古何人见及此。

犹言书法在江声，闻者喷饭满其几。

表面上看起来王月生高贵脱俗，戏弄了那位公子；但实际上她仍摆脱不了卖笑为生的尴尬处境，不过是有一些挑选顾客的空间而已。等到国破家亡之际，她们的命运往往最为悲惨，只要看看余怀的《板桥杂记》就可知道。对其不幸的结局，余怀也只能说一声"悲夫"。

张东谷好酒

余家自太仆公称豪饮，后竟失传，余父、余叔不能饮一蠡壳，食糟茄，面即发赪，家常宴会，但留心烹饪，庖厨之精，遂甲江左①。一簋进，兄弟争啖之立尽，饱即自去，终席未尝举杯②。有客在，不待客辞，亦即自去。

【注释】

①蠡（lí）壳：贝类的壳，这里指很小的酒杯。　糟茄：一种具有药用价值的食品。做法为将紫茄子洗净切块，与酒糟、精盐放在瓷罐中，搅拌均匀，封口，放置一个月左右即可食用。　庖厨：厨房，这里指厨艺。

②簋（guǐ）：古代盛食物的器具，圆口，双耳。

山人张东谷，酒徒也，每悒悒不自得①。一日起谓家君曰："尔兄弟奇矣！肉只是吃，不管好吃不好吃；酒只是不吃，不知会吃不会吃。"二语颇韵，有晋人风味。而近有伧父载之《舌华录》，曰：

"张氏兄弟,赋性奇哉②!肉不论美恶,只是吃;酒不论美恶,只是不吃。"字字板实,一去千里,世上真不少点金成铁手也③。

东谷善滑稽,贫无立锥,与恶少讼,指东谷为万金豪富,东谷忙忙走诉大父曰:"绍兴人可恶,对半说谎,便说我是万金豪富④。"大父常举以为笑。

【注释】

①山人:隐士。 悒悒:忧郁,愁闷。

②伧(cāng)父:粗鄙之人。 《舌华录》:明代笔记小说,作者曹臣。

③点金成铁:比喻把好事办坏。典出宋道原《景德传灯录·真觉大师灵照》:"问:'还丹一粒,点铁成金;至理一言,点凡成圣。请师一点。'师曰:'还知齐云点金成铁吗?'曰:'点金成铁,未之前闻。至理一言,敢希垂示。'"作者在《夜航船》中亦有介绍:"点金成铁:梁王籍诗云:'蝉噪林逾静,鸟鸣山更幽。'王荆公改用其句曰:'一鸟不鸣山更幽。'山谷笑曰:'此点金成铁手也。'"

④对半:一半。一说当面。

纯生氏曰:或讥刘公荣与人饮,答曰:"胜公荣者,不可不与饮;不如公荣者,亦不可不与饮;是公荣辈者,又不可不与饮。"于是王戎、阮籍共饮,独不与公荣酒,而三人谈戏无异。或以问阮,答曰:"胜公荣者,不得不与饮酒;不如公荣者,不可不与饮酒;惟公荣,可不与饮酒。"东谷好酒,不得真有无可奈何如刘公荣者。酒徒滑稽,故属高致。

【简评】

在作者看来,好端端一个文人佳话被人弄成了恶俗。他批评的对象是曹臣的《舌华录》,这里将该书相关部分的原文摘引如下:"会稽张状元诸孙四五辈,皆不饮酒,善肴物。每至席所,箸下如林,必一尽乃止。

沈曼长曰：'张氏兄弟，赋性奇哉！遇肴不论美恶，只是吃；遇酒不论美恶，只是不吃。'"读者诸君不妨将其与本文参看，体会言语之间的细微差别，看看是不是"点金成铁"。

楼　船

家大人造楼，船之①；造船，楼之。故里中人谓船楼，谓楼船，颠倒之不置②。是日落成，为七月十五，自大父以下，男女老稚靡不集焉。以木排数重搭台演戏，城中村落来观者，大小千余艘。午后飓风起，巨浪磅礴，大雨如注，楼船孤危，风逼之几覆，以木排为戗，索缆数千条，网网如织，风不能撼③。少顷风定，完剧而散。

越中舟如蠹壳局蹐，篷底看山，如矮人观场，仅见鞋靸而已，升高视明，颇为山水吐气④。

【注释】

①家大人：对别人称自己的父亲。　船之：建成船的形状。
②不置：不停，不止。
③戗（dòng）：木船上用来系缆绳的木桩。
④局蹐（jí）：狭窄，局促。　矮人观场：又作"矮子看戏"，语出《朱子语类》："如矮子看戏相似，见人道好，他也道好。"比喻随声附和，毫无己见。这里用的是词语的字面意思。

纯生氏曰：楼居非陆，水居非舟，其楼船之谓耶？惜不令牵小船于岸上住者见之。

【简评】

本书中有不少文章涉及作者父祖兄弟间的逸闻趣事，由此可以勾勒出其家世情况。张氏家族是当地的望族，当年富足奢华的程度从这篇文章中所写的楼船可见一斑，好在张家是开明士绅，并不是闭门娱乐，还可以与乡邻们分享一下。

阮圆海戏①

阮圆海家优讲关目，讲情理，讲筋节，与他班孟浪不同②。然其所打院本，又皆主人自制，笔笔勾勒，苦心尽出，与他班卤莽者又不同③。故所搬演，本本出色，脚脚出色，出出出色，句句出色，字字出色。

【注释】

①阮圆海：阮大铖（约1587—1646），字集之，号圆海，又号石巢、百子山樵，怀宁（今安徽安庆）人。万历四十四年（1616）进士，曾任给事中。因依附阉党魏忠贤，崇祯初年被免职。后在南明王朝任兵部尚书。南京被清兵攻破后，降清。著有《燕子笺》《春灯谜》《牟尼合》《双金榜》等多部传奇。作者与其曾有往来。

②关目：剧情。　筋节：剧情关键之处。　孟浪：轻率，鲁莽。

③院本：这里指剧本。

余在其家看《十错认》《摩尼珠》《燕子笺》三剧，其串架斗笋、插科打诨、意色眼目，主人细细与之讲明①。知其义味，知其指归，故咬嚼吞吐，寻味不尽②。至于《十错认》之龙灯、之紫姑，

《摩尼珠》之走解、之猴戏，《燕子笺》之飞燕、之舞象、之波斯进宝，纸札装束，无不尽情刻画，故其出色也愈甚。

【注释】
①串架斗笋：指戏曲的情节结构。　意色眼目：意色，意态神色；眼目，面目，脸面。这里指戏曲表演中的表情眼神。
②义味：作品的意味和情趣。　指归：主旨，意向。　咬嚼吞吐：反复揣摩体会。　寻味：回味，玩味。

阮圆海大有才华，恨居心勿静，其所编诸剧，骂世十七，解嘲十三，多诋毁东林，辩宥魏党，为士君子所唾弃，故其传奇不之著焉①。如就戏论，则亦镞镞能新，不落窠臼者也②。

【注释】
①恨：遗憾，可惜。　十七：十分之七。　东林：东林党，明代后期，顾宪成与高攀龙、钱一本等人在无锡东林书院讲学，议论朝政，得到一些士大夫的支持，逐渐形成一个政治团体，被称为东林党。　辩宥（yòu）：辩护，帮着说好话。　魏党：以宦官魏忠贤为首的政治集团。
②镞（zú）镞能新：语出刘义庆《世说新语·赏誉》："文学镞镞，无能不新。"　镞镞，挺拔的样子。　不落窠臼：比喻有独创风格，不落俗套。

纯生氏曰：瑶草胸中乃有丘壑，圆海亦尔。

【简评】
无德之人未必无才，有才之人未必有德，有才不是有德的通行证。这正如一句俗语所说的：林子大了，什么鸟儿都有。

阮大铖就是一个典型的例子，说到他在戏曲方面的成就，学界是有定评的，无论是明代戏曲史还是中国戏曲史，都会提到他。但这个人的人品德行确实卑下，这个也是有定评的，时至今日也没有人为他平反。作者就事论事，把两者分得很清楚。

巘花阁

巘花阁在筠芝亭松峡下，层崖古木，高出林皋，秋有红叶①。坡下支壑回涡，石跗棱棱②，与水相距。阁不槛不牖，地不楼不台，意正不尽也③。

【注释】

①筠芝亭：详情参见本书卷一"筠芝亭"。　林皋（gāo）：山林。

②支壑回涡（wō）：山谷中水流回旋。　石跗（mǔ）：指崖壁下突出的石头。跗，脚的大拇指。

③牖（yǒu）：窗户。此处作动词用。

五雪叔归自广陵，一肚皮园亭，于此小试。台之、亭之、廊之、栈道之，照面楼之，侧又堂之、阁之，梅花缠折旋之，未免伤板、伤实、伤排挤，意反局蹐，若石窟书砚①。隔水看山、看阁、看石麓、看松峡上松，庐山面目反于山外得之②。

五雪叔属余作对，余曰："身在襄阳袖石里，家来辋口扇图中③。"言其小处。

【注释】

①照面：正面，对面。

247

②庐山面目：比喻事物的真实面目。语出苏轼《题西林壁》诗："不识庐山真面目，只缘身在此山中。"

③身在襄阳袖石里：米芾袖石典故。作者《夜航船》一书亦有记载："灵璧石：米元章守涟水，地接灵璧，蓄石甚富，一一品目，入玩则终日不出。杨次公为廉访，规之曰：'朝廷以千里郡付公，那得终日弄石。'米径前，于左袖中取一石，嵌空玲珑，峰峦洞穴皆具，色极青润，宛转翻落，以云杨曰：'此石何如？'杨殊不顾。乃纳之袖，又出一石，叠峰层峦，奇巧又胜。又纳之袖，最后出一石，尽天画神镂之巧，顾杨曰：'如此那得不爱？'杨忽曰：'非独公爱，我亦爱也。'即就米手攫得之，径登车去。" 辋（wǎng）口：在今陕西蓝田辋川，唐诗人王维蓝田别业所在地。作者《夜航船》一书有介绍："辋川别业：在蓝田，宋之问所建，后为王维所得。辋川通流竹洲花坞，日与裴秀才迪浮舟赋诗，斋中惟茶铛、酒臼、经案、竹床而已。"

纯生氏曰：五雪宜置丘壑中，一经妙手点染，便如长康画幼舆在岩石里也。

【简评】

作者出身世家，但他的家族成员并不是都像他这样精通艺术，比如他的这位五雪叔，实际上就是瞎折腾，反正家里有钱，也折腾得起。作者对他显然是有微词的。

祁彪佳《越中园亭记》对巘花阁亦有介绍："在张五泄君宅后，即龙山之南麓也。石壁棱峙，下汇为小池，飞栈曲桥，逶迤穿渡，为亭为台，如簇花叠锦。想金谷当年，不过尔尔。"

范与兰

　　范与兰七十有三，好琴，喜种兰及盆池小景。建兰三十余缸，大如簸箕①。早舁而入，夜舁而出者，夏也；早舁而出，夜舁而入者，冬也。长年辛苦，不减农事。花时，香出里外，客至坐一时，香袭衣裾，三五日不散。

　　余至花期至其家，坐卧不去，香气酷烈，逆鼻不敢嗅，第开口吞欲之，如沆瀣焉②。花谢，粪之满箕，余不忍弃，与与兰谋曰："有面可煎，有蜜可浸，有火可焙，奈何不食之也③？"与兰首肯余言。

【注释】

①建兰：一种较出名的兰花品种，具有较高的园艺和药用价值。

②逆鼻：吸气。　欲（hē）：吮吸。　沆瀣（xiè）：夜间的水气，露水。作者在其《夜航船》一书中亦有解释："沆瀣：夜半清气从北方起者，谓之沆瀣。"

③粪之满箕：满簸箕的落花像粪土一样被抛弃。

　　与兰少年学琴于王明泉，能弹《汉宫秋》《山居吟》《水龙吟》三曲。后见王本吾琴，大称善，尽弃所学而学焉，半年学《石上流泉》一曲，生涩犹棘手①。王本吾去，旋亦忘之，旧所学又锐意去之，不复能记忆，究竟终无一字，终日抚琴，但和弦而已②。

　　所畜小景，有豆板黄杨，枝干苍古奇妙，盆石称之③。朱樵峰以二十金售之，不肯易，与兰珍爱，"小妾"呼之。余强借斋头三月，枯其垂一干，余懊惜，急畀归与兰。与兰惊惶无措，煮参汁浇灌，日夜摩之不置，一月后枯干复活。

【注释】

①棘手：荆棘刺手。此处比喻弹琴指法不够娴熟。

②和弦：调音，调弦。

③畜：培植，培养。　小景：盆景。　豆板黄杨：即豆瓣黄杨，一种常绿灌木，生长于山地或多石之处，有观赏价值。

纯生氏曰：与兰当为香祖庵主，彼坐卧不去者，所谓"老鹤多眠兰蕙中"也。

【简评】

这位范与兰学琴很有意思，已经学了多年，按说也有些水平了。但见了另外一个人不错，便决意改弦更张，刻意放弃旧学，结果好的没学会，原来的也忘了，到最后什么也不会了，也就只能用手指拨弄几下琴弦，算是对学艺生涯的纪念吧。这是狗熊掰棒子的现实版。好在他还有精通的东西，比如园艺，这一行倒是别人要向他请教。

蟹　会

食品不加盐醋而五味全者，为蚶、为河蟹①。河蟹至十月与稻粱俱肥，壳如盘大，坟起，而紫螯巨如拳，小脚肉出，油油如虿蚳②。掀其壳，膏腻堆积，如玉脂珀屑，团结不散，甘腴虽八珍不及③。

【注释】

①蚶（hān）：软体动物，介壳厚而坚实，生活在浅海泥沙中。肉可食，味鲜美。

②坟起：突出。 蟫蜒（yǐn yán）：一种形似蜈蚣的昆虫。一说是蚯蚓。

③八珍：八种珍贵的食品，后泛指珍馐美味。

一到十月，余与友人兄弟辈立蟹会，期于午后至，煮蟹食之，人六只，恐冷腥，迭番煮之。从以肥腊鸭、牛乳酪。醉蚶如琥珀，以鸭汁煮白菜如玉版①。果瓜以谢橘、以风栗、以风菱。饮以玉壶冰，蔬以兵坑笋，饭以新余杭白②，漱以兰雪茶。由今思之，真如天厨仙供，酒醉饭饱，惭愧惭愧。

【注释】

①玉版：笋的别名。作者《夜航船》一书中有介绍："玉版：苏东坡邀刘器之参玉版禅师。至寺，烧笋，觉味胜，坡曰：'名玉版也。'作偈云：'不怕石头路，来参玉版师。聊凭锦珠子，与问籍龙儿。'"

②玉壶冰：一种美酒，宋叶梦得《浣溪沙·送卢倅》词有"荷叶荷花水底天，玉壶冰酒酿新泉"之句。这里泛指美酒。 兵坑笋：兵坑所产的笋。 余杭白：余杭所产的精米。

纯生氏曰：昔有嗜蟹者，曰："愿来世蟹亦不生，我亦不食。"一僧精禅理，尤好嗜蟹。蟹投百沸，作郭索状，触釜铮铮有声。僧俯而祝曰："汝莫心焦，待汝一背红，便不痛楚也。"

【简评】

明代人喜欢结社，除了诗社，还有五花八门的社，本书就写了丝社、噱社等，吃个螃蟹，竟然还组织一个蟹社。吃蟹能吃到这种境界，也只能用"天厨仙供"一词来形容了。

露 兄

崇祯癸酉，有好事者开茶馆，泉实玉带，茶实兰雪，汤以旋煮，无老汤，器以时涤，无秽器，其火候、汤候，亦时有天合之者①。余喜之，名其馆曰"露兄"，取米颠"茶甘露有兄"句也②。为之作《斗茶檄》，曰："水淫茶癖，爱有古风③；瑞草雪芽，素称越绝。特以烹煮非法，向来葛灶生尘④；更兼赏鉴无人，致使羽《经》积蠹⑤。迩者择有胜地，复举汤盟⑥。水符递自玉泉，茗战争来兰雪⑦。瓜子炒豆，何须瑞草桥边⑧；橘柚查梨，出自仲山圃内⑨。八功德水，无过甘滑香洁清凉⑩；七家常事，不管柴米油盐酱醋⑪。一日何可少此，子猷竹庶可齐名⑫；七碗吃不得了，卢仝茶不算知味⑬。一壶挥麈，用畅清谈⑭；半榻焚香，共期白醉⑮。"

【注释】

①崇祯癸酉：即崇祯六年（1633）。

②米颠：北宋书画家米芾，因举止颠狂，被人称为米颠。 茶甘露有兄：语出北宋庄绰《鸡肋编》："其（米芾）作文亦狂怪，尝作诗云：'饭白云留子，茶甘露有兄。'人不省露兄故实，扣之，乃曰：'只是甘露哥哥耳。'"

③水淫：据《宣和书谱》："（米芾）性好洁，世号水淫。"

④葛灶：葛洪炼丹的炉灶。

⑤羽《经》：陆羽《茶经》。

⑥汤盟：汤社。作者《夜航船》一书有介绍："汤社：和凝在朝，率同列递日以茶相饮，味劣者有罚，号为汤社。"

⑦茗战：斗茶。作者《夜航船》一书有介绍："茗战：建人以斗茶为茗战。"

⑧瓜子炒豆，何须瑞草桥边：典出苏轼《与王元直》："但有少望，或圣恩许归田里，得款段一仆，与子众丈、杨宗文之流，往还瑞草桥，夜还何村，与君对坐庄门，吃瓜子炒豆，不知当复有此日否？"

⑨橘柚查梨，出自仲山圃内：苏轼《胜相院经藏记》有"自蜜及甘蔗，查梨与橘柚。说甜而得酸，以及咸辛苦"之语，或为此典出处。

⑩八功德水，无过甘滑香洁清凉：佛教认为阿弥陀佛极乐净土池中的水有八种功德。作者《夜航船》一书亦有介绍："八功德水：一清、二冷、三香、四柔、五甘、六净、七不噎、八除病。北京西山、南京灵谷，皆取此义。"

⑪七家常事：日常生活中的七种必需品。宋吴自牧《梦粱录》："盖人家每日不可阙者，柴、米、油、盐、酱、醋、茶。"

⑫一日何可少此，子猷竹庶可齐名：典出《世说新语》："王子猷尝暂寄人空宅住，便令种竹。或问：'暂住，何烦尔？'王啸咏良久，直指竹曰："何可一日无此君？"子猷，王徽之（？—388），字子猷。王羲之的第五个儿子。历任参军、南中郎将、黄门侍郎等。"

⑬七碗吃不得了，卢仝茶不算知味：语出卢仝《走笔谢孟谏议寄新茶》诗。作者《夜航船》一书亦有介绍："卢仝七碗：卢仝歌：一碗喉吻润；二碗破孤闷；三碗搜枯肠，惟有文字五千卷；四碗发轻汗，平生不平事，尽向毛孔散；五碗肌骨清；六碗通仙灵；七碗吃不得也，惟觉两腋习习清风生。"卢仝（约796—835），号玉川子，济源（今属河南）人，爱茶成癖，后人称之为茶仙。

⑭挥麈（zhǔ）：清谈，闲聊。作者《夜航船》一书有介绍："麈：出终南诸山。鹿之大者曰麈，群鹿随之，视麈尾为响道，故古之谈者挥焉。"

⑮白醉：酒醉。

纯生氏曰：文彩葩流，枝叶横生。

【简评】

茶馆的名字起得好，既有典可据，又很新颖别致。文章的重点在这篇《斗茶檄》，可以看作是作者为露兄茶馆撰写的广告词，雅致而无烟火气。作者很善于写这类文字，本书中就收录不少。

闰元宵

崇祯庚辰闰正月，与越中父老约重张五夜灯，余作张灯致语，曰："两逢元正，岁成闰于摄提之辰[1]；再值孟陬，天假人以闲暇之月[2]。《春秋传》详记二百四十二年事，春王正月，孔子未得重书[3]；开封府更放十七、十八两夜灯，乾德五年，宋祖犹烦钦赐[4]。兹闰正月者，三生奇遇，何幸今日而当场；百岁难逢，须效古人而秉烛[5]。况吾大越，蓬莱福地，宛委洞天。大江以东，民皆安堵；遵海而北，水不扬波[6]。含哺嬉兮，共乐太平之世界[7]；重译至者，皆言中国有圣人。千百国来朝，白雉之陈无算[8]；十三年于兹，黄耇之说有征[9]。乐圣衔杯，宜纵饮屠苏之酒[10]；较书分火，应暂辍太乙之藜[11]。前此元宵，竟因雪妒，天亦知点缀丰年；后来灯夕，欲与月期，人不可蹉跎胜事。六鳌山立，只说飞来东武，使鸡犬不惊[12]；百兽室悬，毋曰下守海澨，唯鱼鳖是见[13]。笙箫聒地，竹椽出自柯亭[14]；花草盈街，禊帖携来兰渚[15]。士女潮涌，撼动蠡城；车马雷殷，唤醒龙屿[16]。况时逢丰穰，呼庚呼癸，一岁自兆重登[17]；且科际辰年，为龙为光，两榜必征双首[18]。莫轻此五夜之乐，眼望何时？

254

试问那百年之人，躬逢几次？敢祈同志，勿负良宵。敬藉赫蹄⑲，喧传口号。"

【注释】

①崇祯庚辰：崇祯十三年（1640）。　元正：元旦。　摄提：摄提格，古代曾用太岁在天宫的位置来纪年，太岁指向寅宫之年被称为摄提格。

②孟陬（zōu）：农历正月。

③《春秋传》：先秦时期的一部编年体史书，相传为孔子所作，主要记载鲁隐公元年到鲁哀公十四年之间的历史。

④"开封府更放十七、十八两夜灯"句：典出宋王栐《燕翼诒谋录》："国朝故事，三元张灯。太祖乾德五年正月甲辰诏曰：'上元张灯，旧止三夜，今朝廷无事，区宇乂安，方当年谷之丰登，宜纵士民之行乐，其令开封府更放十七、十八两夜灯'。后遂为例。"　乾德五年：乾德是宋太祖赵匡胤年号，乾德五年即967年。

⑤秉烛：秉烛夜游，及时行乐的意思。

⑥遵海：沿着海岸。

⑦含哺嬉兮：语出《庄子》："含哺而熙，鼓腹而游，民能以此矣。"含哺，口中含着食物，指人民生活安乐。熙，同"嬉"，嬉戏。

⑧白雉：白色的野鸡，较为少见，象征吉祥。

⑨十三年于兹，黄耇（gǒu）之说有征：典出《史记·留侯世家》："良尝间从容步游下邳圯上，有一老父，衣褐，至良所，直堕其履圯下，顾谓良曰：'孺子，下取履！'良愕然，欲殴之，为其老，强忍，下取履。父曰：'履我！'良业为取履，因长跪履之。父以足受，笑而去。良殊大惊，随目之。父去里所，复还，曰：'孺子可教矣。后五日平明，与我会此。'良因怪之，跪曰：'诺。'五日平明，良往。父已先在，怒曰：'与老人期，后，何也？'去，曰：'后五日早会。'五日鸡鸣，良往。父又先在，复怒曰：'后，何也？'去，曰：'后五日复早来。'五日，良夜未半往。有顷，父亦来，喜曰：'当如是。'出一编书，曰：'读此则为王者师矣。后十年，兴。十三年，

255

孺子见我济北，谷城山下黄石即我矣。'遂去，无他言，不复见。旦日，视其书，乃《太公兵法》也。良因异之，常习诵读之。"耇：高寿，长寿。

⑩乐圣：典出《三国志·魏书·徐邈传》，因当时禁酒，时人讳说"酒"字，故将清酒称为"圣人"，后人因戏称嗜酒为"乐圣"。衔杯：饮酒。屠苏：屠苏酒，酒名。古代习俗，每年的农历正月初一，全家人在一起饮屠苏酒。

⑪较书分火，应暂辍太乙之藜：典出晋王嘉《拾遗记》："刘向于成帝之末，校书天禄阁，专精覃思。夜有老人着黄衣，植青藜杖，登阁而进，见向暗中独坐诵书，老人乃吹杖端，烟然。因以见向，说开辟已前。向因受五行洪范之文，恐辞说繁广忘之，乃裂裳及绅，以记其言，至曙而去。向请问姓名，云：'我是太乙之精。天帝闻卯金之子有博学者，下而观焉。'乃出怀中竹牒，有天文地图之书，曰：'余略授子焉。'至向子歆，从向受其术，向亦不悟此人焉。"作者《夜航船》一书亦有介绍："青藜照读：元夕人皆游赏，独刘向在天禄阁校书。太乙真人以青藜杖燃火照之。"较，同"校"。

⑫六鳌：传说中负载五座仙山的六只大龟。东武：东武山，又称龟山、怪山、塔山。据汉赵晔《吴越春秋》记载："城既成而怪山自生者，琅琊东武海中山也，一夕自来，故名怪山。"作者《越山五佚记》一文有详细介绍，可参看。

⑬百兽：指各种彩灯。海澨（shì）：海边。

⑭聒（guō）：声音吵闹，使人厌烦。这里形容管弦齐奏的热闹场景。竹橡出自柯亭：此典作者《夜航船》一书有介绍："柯亭竹橡：蔡中郎避难江南，宿柯亭，听庭中第十六条竹橡迎风有好音。中郎曰：'此良竹也。'取以为笛，声音独绝。历代相传，后折于孙绰妓之手。"

⑮禊（xì）帖：《兰亭序》帖。因文中记载有兰亭修禊之事，故名。兰渚：作者《夜航船》一书有介绍："兰渚：在绍兴府城南二十五里。晋永和九年上巳日，王右军与谢安、孙绰、许询辈四十一人会此修禊事。今传有流觞曲水、兰亭故址。"

⑯龙屿：卧龙山，即今绍兴府山。

⑰穰（ráng）：庄稼丰熟。　呼庚呼癸：呼庚癸。典出《左传》，作者《夜航船》一书亦有介绍："呼庚癸：吴申叔仪乞粮于晋，公孙有山氏对曰：'梁则无矣，粗则有之。若登首山，以呼曰庚癸乎，则诺。'庚，西方，主谷。癸，北方，主水。教以隐语也。"作者借用此典以表粮食充足之意。

⑱科际辰年：辰年为科考之年。　为龙为光：语出《诗经》："既见君子，为龙为光。"指皇帝给予的恩宠、荣光。

⑲赫蹏：古代用以写字的小幅绢帛，后亦以代指纸。

纯生氏曰：天孙无缝衣，光芒四射，花样则古楼阁樗蒲诸锦，极尽文章巨丽。

【简评】

平日没有节庆都要找理由欢聚，遇到闰正月，一年两度元宵，确实是百年难得的奇遇，那更是要庆祝一下，于是有了重张五夜灯的雅事。作者不仅为放灯忙乎，还写致语。事奇，文更奇。

合采牌

余作文武牌，以纸易骨，便于角斗，而燕客复刻一牌，集天下之斗虎、斗鹰、斗豹者，而多其色目，多其采，曰"合采牌①"。余为之作叙曰："太史公曰：'凡编户之民，富相什则卑下之，伯则畏惮之，千则役，万则仆，物之理也②。'古人以钱之名不雅驯，缙绅先生难道之，故易其名曰赋、曰禄、曰饷，天子千里外曰采。采者，采其美物以为贡，犹赋也。诸侯在天子之县内曰采，有地以处其子孙亦曰采，名不一，其实皆谷也，饭食之谓也。周封建多则采胜，秦无采则亡③。采在下无以合之，则齐桓、晋文起矣④。列国有采而分析之，则主父偃之谋也⑤。繇是而亮采、服采，好官不过多得采耳⑥。充类至义之尽，窃亦采也，盗亦采也，鹰虎豹繇此其选也⑦。然则奚为而不禁？曰：小役大，弱役强，斯二者，天也⑧。《皋陶谟》曰：'载采采。'⑨微哉！之哉！庶哉！"

【注释】

①文武牌：一种绘有文臣武将的纸牌，供娱乐、赌博之用。　色目：种类名目。　采：同"彩"，即彩头，赌注。

②"太史公曰"句：语出《史记·货殖列传》。太史公，即司马迁，字子长，夏阳（今陕西韩城）人。历任郎中、太史令。因替李陵辩护，触怒汉武帝，受腐刑。后获赦出狱，为中书令，发愤著书，撰成《史记》。什，同"十"，十倍。什则卑下，经济条件相差十倍，就低人一等。伯：同"佰"，百倍。

③周封建：西周实行分封制度，将爵位、土地赐给诸侯，让他们在所封的地区里建立邦国。

④齐桓、晋文：指春秋时期的齐桓公、晋文公两位霸主。

⑤主父偃（？—前126）：临淄（今属山东）人。历任郎中、谒者、中郎、中大夫等。他曾向汉武帝提出旨在削弱诸侯王势力的推恩令。作者《夜航船》一书亦有介绍："分封大国：汉患诸侯强，主父偃谋令诸侯以私恩，自裂地封其子弟，而汉为定其封号。汉有厚恩，而诸侯自分析弱小云。"

⑤亮采：辅佐政事。　服采：朝祭的近臣。一说为作事之臣。

⑥充类至义之尽：语出《孟子》："夫谓非其有而取之者，盗也，充类至义之尽也。"意为以此类推。　繇此其选也：语出《礼记》："禹、汤、文、武、成王、周公，繇此其选也。"意思是夏禹、商汤、周文王、周武王、周成王、周公，他们就是通过这种礼义标准选拔出来的。繇，通"由"。

⑦"小役大，弱役强"句：语出《孟子》："天下有道，小德役大德，小贤役大贤；天下无道，小役大，弱役强。斯二者，天也。"

⑧《皋陶谟》曰:"载采采。":语出《皋陶谟》:"都,亦行有九德,亦言其人有德,乃言曰载采采。"《皋陶谟》出自《尚书·虞书》,内容为舜、禹、皋陶等人在一起商议事情,系后人据传闻整理而成。皋陶,也作咎繇,舜的谋臣,掌管刑法狱讼。谟,商议。

纯生氏曰:骨牌设宣和二年,高宗时诏颁行天下,后世易之以纸,层出不穷。必奉水上军为鼻祖者,岂不忘宣和所自欤?夫阴私自利,皆谓之盗,人或溺之而不鉴之,亦有盗心而不能自革者矣。

【简评】

作者这篇合采牌的叙写得很好玩,算是借题发挥,从斗牌说到历史,将复杂的历史现象归纳为一个简单的道理,那就是上至天子,下到百姓,大家忙来忙去,争来斗去,都是为了一个"钱"字,都是为了有口饭吃,只不过处在不同的阶层,取得的方式不同而已。正所谓人为财死,鸟为食亡。

瑞草溪亭

瑞草溪亭为龙山支麓,高与屋等。燕客相其下有奇石,身执虆臿,为匠石先,发掘之①。见土蕈土,见石髡石,去三丈许,始与基平,乃就其上建屋②。

屋今日成,明日拆,后日又成,再后日又拆,凡十七变而溪亭始出。盖此地无溪也而溪之,溪之不足,又潴之、壑之,一日鸠工数千指,索性池之,索性阔一亩,索性深八尺③。无水,挑水贮之,中留一石如案,回潴浮峦,颇亦有致④。燕客以山石新开,意不苍古，乃用马粪涂之，使长苔藓，苔藓不得即出，又呼画工以石青、石绿皴之⑤。一日左右视，谓此石案，焉可无天目松数棵盘郁其上⑥，遂以重价购天目松五六棵，凿石种之。石不受锸，石崩裂，不石不树，亦不复案。

【注释】

①藟臿（léi chā）：藟，土筐。臿，同"锸"，松土、挖土的工具。

②輂（jú）：古代一种运土的器具，这里活用为运土的意思。甃（zhòu）：用石头砌物。

③罄：开凿沟渠。 鸠工：召集工匠。 数千指：很多人。

④回湍浮峦：水在山石间迂回流动。

⑤石青：一种蓝色矿物质颜料。 石绿：一种用孔雀石制成的绿色颜料。 皴（cūn）：中国画的一种技法，涂出物体纹理或阴阳向背。

⑥天目松：一种常绿乔木，在浙皖交界处的天目山分布较广，故名。树形优美，很有观赏价值。

燕客怒，连夜凿成砚山形，缺一角，又輂一崿石补之①。燕客性忄急，种树不得大，移大树种之②；移种而死，又寻大树补之。种不死不已，死亦种不已，以故树不得不死，然亦不得即死。

溪亭比旧址低四丈，运土至东，多成高山，一亩之室，沧桑忽变。见其一室成，必多坐看之，至隔宿或即无有矣。故溪亭虽渺小，所费至巨万焉。

【注释】

①砚山：砚台的一种。利用山形之石，中凿为砚，砚附于山，故名。崿（què）：大石头。

②忄急：即卞急，急躁。

燕客看小说："姚崇梦游地狱，至一大厂，炉鞴千副，恶鬼数千，铸泻甚急，问之，曰：'为燕国公铸横财。①'后至一处，炉灶冷落，疲鬼一二人鼓橐，奄奄无力，崇问之，曰：'此相公财库也。②'崇瘠而叹曰：'燕公豪奢，殆天纵也。'"燕客喜其事，遂号"燕客"。

【注释】

①姚崇（650—721）：初名元崇，又名元之，陕州（今河南三门峡）人。历任濮州司仓参军、夏官郎中、兵部尚书、中书令等职。　炉鞴（bèi）：火炉鼓风的皮囊，亦借指熔炉。　燕国公：张说（667—731），字道济，一字说之，曾被封燕国公。

②奄奄无力：有气无力的样子。

二叔业四五万，燕客缘手立尽①。甲申，二叔客死淮安，燕客奔丧，所积薪俸及玩好、币帛之类又二万许，燕客携归，甫三月又辄尽，时人比之鱼宏四尽焉②。

溪亭住宅，一头造，一头改，一头卖，翻山倒水无虚日。有夏耳金者，制灯剪彩为花，亦无虚日③。人称耳金为"败落隋炀帝"，称燕客为"穷极秦始皇"，可发一粲④。

【注释】

①二叔：即张联芳。

②甲申：顺治元年（1644）。　甫：刚刚。　鱼宏四尽：鱼宏即鱼弘，典出《梁书·鱼弘传》："（鱼弘）常语人曰：'我为郡，所谓四尽：水中鱼鳖尽，山中獐鹿尽，田中米谷尽，村里民庶尽。丈夫生世，如轻尘栖弱草，白驹之过隙。人生欢乐富贵几何时！'"

③夏耳金：本书卷四《世美堂灯》一文对其有介绍，说他"剪采为花，巧夺天工，罩以冰纱，有烟笼芍药之致"，可参看。

④一粲：一笑。

纯生氏曰：此泉石之膏肓、烟霞之锢疾也。

【简评】
　　作者的这位族弟燕客是个典型的败家子，大概像《红楼梦》里的那个薛大傻子薛蟠。他比作者的五雪叔还能折腾，不把家里挥霍干净是不会罢休的。只是不知道国破家亡之际，这些败家子们的下场如何。
　　本文所记燕客修建瑞草溪亭及挥霍事，亦见于作者《五异人传》一文。在该文中，作者曾这样评价这位堂弟："吾弟自读书做官，以至山水园亭，骨董伎艺，无不欲速一念，乃受卤莽灭裂之报。其间趣味削然，实实不堪咀嚼也。譬犹米石宣炉，入手即坏，不期速成，只速朽耳。孰意吾弟之智，乃出秦桧下哉。"
　　此外，作者还写有一首《瑞草溪亭》，用风趣的语言讲述了瑞草溪亭的修建经过，兹引如下：

　　　　记昔岩上土，仿佛与檐齐。
　　　　十年事开凿，约有三丈低。
　　　　刳龙取尺木，敲骨碎玻璃。
　　　　手握巨灵斧，削铁如削泥。
　　　　昨日为高阜，今日成深溪。
　　　　转眼变沧海，举足已荒迷。
　　　　草木无常位，更置敢跛蹊？
　　　　苔藓时拂乱，常使变贞荑。
　　　　近来得休息，奔石如驯蜺。
　　　　亭台静而媚，列嶂为之闺。
　　　　清樾湿千尺，空翠非强题。
　　　　咄嗟破混沌，山灵含笑啼。

既成无斧凿,造化不及稽。

何事秦人拙,驱山如牧羝。

琅嬛福地①

陶庵梦有宿因,常梦至一石庵,坎窅岩窾,前有急湍洄溪,水落如雪,松石奇古,杂以名花②。梦坐其中,童子进茗果,积书满架,开卷视之,多蝌蚪鸟迹、辟历篆文,梦中读之,似能通其棘涩③。

【注释】

①琅嬛(láng huán)福地:传说中神仙所居住的洞府。语出元伊世珍《琅嬛记》卷上:"其人笑曰:'君痴矣。此岂可赁地耶?'即命小童送出。华问地名。曰:'琅嬛福地也。'"作者《琅嬛福地记》一文亦述其事,可参看。

②宿因:宿世因缘。佛教语,指前世的因缘。 坎窅(yǎo)岩窾(fù):山石险峻,洞穴幽深。

③蝌蚪鸟迹、辟历篆文:古文字,这里指古雅的书法。作者《夜航船》一书亦有介绍:"字祖:蝌蚪书乃字之祖。庖牺氏有龙瑞,作龙书。神农有嘉穗,作穗书。黄帝因卿云作云书。尧因灵龟作龟书。夏后氏作钟鼎,有钟鼎书。朱宣氏有凤瑞,作凤书。周文王因赤雁衔书,武王因丹鸟入室作鸟书,因白鱼入身作鱼书。周宣王史籀始为大篆,名籀篆。李斯始为小篆,名玉箸篆。"辟历,霹雳。 棘涩:艰涩。

闲居无事，夜辄梦之，醒后仁思，欲得一胜地仿佛为之。郊外有一小山，石骨棱砺，上多筼筜，偃伏园内①。余欲造厂，堂东西向，前后轩之，后磔一石坪，植黄山松数棵，奇石峡之②。堂前树娑罗二，资其清樾③。左附虚室，坐对山麓，磴磴齿齿，划裂如试剑，匾曰"一丘④"。右踞厂阁三间，前临大沼，秋水明瑟，深柳读书，匾曰"一壑⑤"。

【注释】

①筼筜（yún huáng）：丛生的竹子，竹林。

②厂（ān）：同"庵"。

③娑罗：娑罗树，一种龙脑香科常绿大乔木。佛教传说释迦牟尼在娑罗树下涅槃。

④虚室：空房间，没有装饰的房间。 磴（dèng）磴齿齿：排列整齐的样子。

⑤明瑟：莹净，明净。

缘山以北，精舍小房，绌屈蜿蜒，有古木，有层崖，有小涧，有幽篁，节节有致①。山尽有佳穴，造生圹，俟陶庵蜕焉，碑曰"呜呼陶庵张长公之圹②"。圹左有空地亩许，架一草庵，供佛，供陶庵像，迎僧住之奉香火。大沼阔十亩许，沼外小河三四折，可纳舟入沼。河两崖皆高阜，可植果木，以橘、以梅、以梨、以枣，枸菊围之。山顶可亭。山之西鄙，有腴田二十亩，可秫可粳③。门临大河，小楼翼之，可看炉峰、敬亭诸山。楼下门之，匾曰"琅嬛福地"。缘河北走，有石桥极古朴，上有灌木，可坐、可风、可月④。

【注释】

①绌（chù）屈：屈曲，弯曲。 节节有致：每一处都井然有致。

②佳穴：风水好、适合安葬的地方。　圹（kuàng）：坟墓，墓穴。蜕：死的讳称。

③西鄙：西边。　秫（shù）：高粱。　粳（jīng）：粳稻，水稻的一类。此处这两个字被活用为动词。

④可风、可月：可以纳凉，可以赏月。

纯生氏曰：云山幸不求吾是，林泉又不责吾非，朝粥一碗，夕灯一盏，佛法不怕烂却也。

【简评】

全书以钟山起篇，以梦境结篇，从王朝的宏大叙事一直说到个人的梦幻破灭，作者实有深意在，字里行间，透出一份凄凉与感慨。

人生仿佛一场梦，一个王朝延续了二百七十多年，转眼间灰飞烟灭，这不也是一场梦吗？琅嬛福地到底在哪里？莫非作者还有一份执念在？

文中有一处文字值得注意，"呜呼陶庵张长公之圹"，在有的版本中"呜呼"作"有明"，结合作者《自为墓志铭》中"呜呼有明著述鸿儒陶庵张长公之圹"之语来看，显然是王文诰评点本将"有明"二字删去了，原因无他，"有明"在当时是一个敏感的字眼。

附录一 补遗四篇

鲁王宴

福王南渡,鲁王播迁至越,以先父相鲁先王,幸旧臣第①。岱接驾,无所考仪注,以意为之②。踏脚四扇,氍毹藉之,高厅事尺,设御座,席七重,备山海之供③。

【注释】

①福王:朱由崧(1607—1646),明神宗朱翊钧之孙,福恭王朱常洵庶长子。崇祯皇帝自杀后,朱由崧在南京即位,建立南明王朝,年号弘光。后兵败逃亡芜湖,被押往北京处死。 鲁王:朱以海(1618—1662),字巨川,号恒山,别号常石子。曾任南明王朝监国。 播迁:迁徙,流离。 鲁先王:即鲁宪王朱寿鏳(?—1636),万历二十九年(1601)被封鲁王,谥号宪王。 幸:旧时指帝王到达某地。

②仪注:礼节,制度。

③踏脚:踏板,一种安置于床前、车沿前便于上下的设备。 氍毹(qú shū):毛织的地毯。 厅事:本为衙署大堂,也指私家房屋。 席七重:七层坐席。古人席地而坐,以坐席层叠多少表示身份的高低。 山海:山珍海味。

鲁王至,冠翼善,玄色蟒袍,玉带,朱玉绶。观者杂沓,前后左右用梯,用台,用凳,环立看之,几不能步,剩御前数武而已①。传旨:"勿辟人。"

岱进,行君臣礼,献茶毕,安席,再行礼。不送杯箸,示不敢为主也。趋侍坐,书堂官三人,执银壶二,一斟酒,一折酒,一举杯,跪进②。上膳:一肉簋,一汤盏,盏上用银盖盖之,一面食,用三黄绢笼罩,三臧获捧盘加额,跪献之③。书堂官捧进御前,汤点七进,队舞七回,鼓吹七次,存七奏意④。

【注释】

①翼善:即翼善冠,明代皇帝、藩王、亲王、郡王等所戴的一种冠,有的用纯金细线织成。　玄色:黑里带微赤的颜色。

②书堂官:宦官。　折酒:分酒,一说温酒。

③臧获:奴仆。　加额:这里指将食盘捧于额前,以表示敬意。

④队舞:宋代的宫廷舞,这里泛指舞蹈。　七奏:明代宫廷的一种礼乐仪式。

是日,演《卖油郎》传奇,内有泥马渡康王故事,与时事巧合,睿颜大喜①。二鼓转席,临不二斋、梅花书屋,坐木犹龙,卧岱书榻,剧谈移时②。出登席,设二席于御坐傍,命岱与陈洪绶侍饮,谐谑欢笑如平交③。睿量宏,已进酒半斗矣,大犀觥一气尽④;陈洪绶不胜饮,呕哕御座旁⑤。寻设一小几,命洪绶书篚,醉捉笔不起,止之⑥。

【注释】

①《卖油郎》传奇:作者李玉,根据《醒世恒言》卷三《卖油郎独占花魁》的故事改编而来。　泥马渡康王:据民间传说,康王赵构在金兵押解途中逃脱,一路狂奔,跑到长江边。金兵追来,赵构得神灵呵护,骑着土地神坐骑变化的骏马渡江,得以逃生。　睿:古时臣下对君王、后妃等所用的敬词。

②二鼓:即二更,晚上九点至十一点。　转席:换地方继续开宴,以示隆重。　剧谈:畅谈。　移时:一会儿,一段时间。

③平交:平辈交往,平等之交。

④犀觥（gōng）：用犀牛角做的盛酒器。

⑤呕哕：呕吐。

⑥箑（shà）：扇子。

剧完，饶戏十余出，起驾转席①。后又进酒半斗，睿颜微酡，进辇，两书堂官掖之，不能步②。岱送至闾外，命书堂官再传旨曰："爷今日大喜，爷今日喜极③！"君臣欢洽，脱略至此，真属异数④。

【注释】

①饶戏：戏曲术语。在戏曲演出中，正戏外添演的节目，叫作饶戏，江浙一带俗称饶头戏。

②酡（tuó）：饮酒后脸色变红。

③闾：里巷的大门。

④脱略：放任，不拘束。　异数：特殊，例外。

【简评】

不过是接待一位落难流浪的鲁藩王，却写得如此郑重其事，作者的目的应该是表明忠于大明的政治立场。补遗中的四篇作品都流露出这种意识，这应该是后来诸版本刊落的重要原因，这样的文字确实会招来文字狱。

国破家亡之际，这位鲁王还如此摆谱，纨绔公子本性不改。让这样的人监国，南明小王朝不灭，真是没有天理。

冰 花

崇祯戊寅至苏州，见白兔，异之①。及抵武林，金知县汝砺宦福建，携白兔二十余只归②。己卯、庚辰，杭州遍城市皆白兔，越中生育至百至千，此兽妖也③。

余少时不识烟草为何物，十年之内，老壮童稚、妇人女子无不吃烟，大街小巷尽摆烟桌，此草妖也。

妇人不知何故，一年之内都着对襟衫，戴昭君套，此服妖也④。

庚辰冬底，燕客家琴砖十余块，结冰花如牡丹、芍药，花瓣枝叶，如绣如绘，间有人物鸟兽，奇形怪状，十余砖底面皆满⑤。燕客迎余看，至三日不消，此冰妖也。燕客误认为祥瑞，作《冰花赋》，檄友人作诗咏之⑥。

【注释】

①崇祯戊寅：即崇祯十一年（1638）。

②金汝砺（lì）：字启心，平湖（今属浙江）人。崇祯七年（1634）进士，历任福建福安知县、南京工部主事、直隶真定知府等职。著有《荒政录》等。

③己卯、庚辰：崇祯十二年（1639）、十三年（1640）。

④昭君套：旧时妇人头上饰物。用条状貂皮围于髻下额上，如帽套。相传为昭君出塞时所戴，故称。

⑤琴砖：又名郭公砖，一种空心的砖头。

⑥檄：泛指信函，这里指写信。

【简评】

这篇文章意在说明，明亡之前已经有很多不祥之兆，并举了白兔、烟草、对襟衫、昭君套、琴砖等几个典型的例子。但对几百年之后的读者来说，这些征兆与国运之类实在扯不上边，作者倒是意外地给我们提供了一些重要的社会史料，由此我们知道，原来我们今天司空见惯的白兔，当时竟是稀有之物；烟草也是在那个时候刚传入江南乃至中国；对襟衫、昭君套的流行让我们见识了当时的时尚；至于琴砖上结冰花，不过是一个简单的物理现象。古今对比，这是一个有趣的话题。

草　妖

河北观察使袁茂林楷所记草妖尤异：崇祯七年七月初一，孟县民孙光显祖墓有野葡萄草，蔓延长丈许①。今夏，枝丫间忽抽新条，有似美人者，似达官者，有似龙、似凤、似麟、似龟、似雀、似鱼、似蝉、似蛇、似孔雀，有似鼠伏于枝者，有似鹦鹉栖于架者，架上有盏，盏中有粒。凤则苞羽具五采，美人上下衣裳，裳白衣黄，面上依稀似粉黛。人间物象，种种具备②。七月初八日，地方人始报闻，急使人取之，已为好事者撷尽，止得美人一、鹦鹉一、凤一，故述此三物尤悉。

【注释】

①观察使：唐于诸道置观察使，位仅次于节度使，凡兵甲财赋民俗之事无所不领。明清时期多称布政使或按察使为观察使。　袁茂林楷：即袁楷（1594—1662），字孝则，号茂林。天启五年（1625）进士，官至按察副使。明亡归隐。　崇祯七年：公元1634年。　孟县：今河南孟州市。

②盏：小杯子，小盆子。　苞羽：丰满的羽毛。

余谓此草木之妖，论其休咎，恐衣冠人物不免草芥之虞①。适晤史云岫，言汉灵帝中平元年，东郡有草如鸠、雀、蛇、龙、鸟兽之状②。若然，则余所臆度者更可杞忧③。此异宜上闻，县令以菱草不耐，恐取观不便，遂寝其事④。特为记之如左。

【注释】

①休咎：吉凶，福祸。　衣冠人物：士绅，士大夫。　草芥：草和芥，比喻不足珍惜的无价值的东西。　虞：忧虑，担忧。

②史云岫：生卒年不详，清初曾任潼关道，其兄史念冲为怀州知府。汉灵帝中平元年：公元184年。据《后汉书》记载，这一年"郡国生异草，备龙蛇鸟兽之形"。

③臆度：猜测。　杞忧：即"杞人忧天"的略语，指不必要的忧虑。

④不耐：不能持久。　寝：搁置。

【简评】

这一篇也是谈亡国异兆。野葡萄能长成如此奇特的样子，也算是自然奇怪了，只是不知道这里面添油加醋的成分有多少。古人对自己无法解释的自然现象，往往朝神怪之类的思路上想。

平水梦①

乙酉秋九月，余见时事日非，辞鲁国主，隐居剡中②。方磐石遣礼币，聘余出山，商确军务，檄县官上门敦促③。余不得已，于丙戌正月十一日，道北山，逾唐园岭，宿平水韩店④。

【注释】

①平水：为今浙江绍兴柯桥区下辖镇，在绍兴会稽山北麓。

②乙酉：即清顺治二年（1645）。　剡中：剡县一带。

③方磐石：即方国安。当时鲁王监国绍兴，封其为越国公，命其负责抗清。　礼币：礼物。

④丙戌：即顺治三年（1646）。

余适疽发于背，痛楚呻吟，倚枕假寐①。见青衣持一刺示余，曰："祁彪佳拜②。"余惊起，见世培排闼入，白衣冠，余肃入，坐定③。余梦中知其已死，曰："世培尽忠报国，为吾辈生色。"世培微笑，遽言曰："宗老此时不埋名屏迹，出山何为耶④？"余曰："余欲辅鲁监国耳。"因言其如此如此，已有成算。世培笑曰："尔要做，谁许尔做。且强尔出，无他意，十日内有人勒尔助饷⑤。"余曰："方磐石诚心邀余共事，应不我欺。"世培曰："尔自知之矣，天下事至此，已不可为矣。尔试观天象。"

拉余起，下阶，西南望，见大小星堕落如雨，崩裂有声。世培曰："天数如此，奈何！奈何！宗老，尔速还山。随尔高手，到后来只好下我这着。"起，出门附耳曰："完《石匮书》。"洒然竟去。

【注释】

①疽（jū）：一种毒疮。

②刺：名帖，名片。

③世培：即祁彪佳（1602—1645），字弘吉，号世培。　排闼：推门。

④遽：遂。

⑤勒：强迫，逼迫。　饷：军饷。

275

余但闻犬声如豹，惊寤，汗浴背①。门外犬吠嗥嗥，与梦中声接续②。蹴儿子起，语之。次日抵家，阅十日，镳儿被缚去，果有逼勒助饷之事。忠魂之笃而灵也如此！

【注释】

①寤（wù）：睡醒。　浴：浸透，湿透。
②嗥（háo）嗥：动物吼叫的声音。

【简评】

这一篇以梦境的形式写出作者在明亡之后的一段心路历程。他本来是想有所作为、慨然出山的，最终发现大势已去，与其做无用功，无谓地送命，不如编纂《石匮书》更为实际，为大明王朝保留一份信史。这实际上也是《陶庵梦忆》的写作目的。

附录二

自为墓志铭

蜀人张岱，陶庵其号也。少为纨绔子弟，极爱繁华，好精舍，好美婢，好娈童，好鲜衣，好美食，好骏马，好华灯，好烟火，好梨园，好鼓吹，好古董，好花鸟，兼以茶淫橘虐，书蠹诗魔，劳碌半生，皆成梦幻。

年至五十，国破家亡，避迹山居。所存者，破床碎几、折鼎病琴，与残书数帙、缺砚一方而已。布衣疏食，常至断炊。回首二十年前，真如隔世。

常自评之，有七不可解：向以韦布而上拟公侯，今以世家而下同乞丐，如此则贵贱紊矣，不可解一；产不及中人，而欲齐驱金谷，世颇多捷径，而独株守于陵，如此则贫富舛矣，不可解二；以书生而践戎马之场，以将军而翻文章之府，如此则文武错矣，不可解三；上陪玉皇大帝而不谄，下陪悲田院乞儿而不骄，如此则尊卑溷矣，不可解四；弱则唾面而肯自干，强则单骑而能赴敌，如此则宽猛背矣，不可解五；夺利争名，甘居人后，观场游戏，肯让人先，如此则缓急谬矣，不可解六；博弈摴蒱，则不知胜负，啜茶尝水，则能辨渑淄，如此则智愚杂矣，不可解七。

有此七不可解，自且不解，安望人解？故称之以富贵人可，称之以贫贱人亦可；称之以智慧人可，称之以愚蠢人亦可；称之以强项人可，称之以柔弱人亦可；称之以卞急人可，称之以懒散人亦可。学书不成，学剑不成，学节义不成，学文章不成，学仙，学佛，学农，学圃，俱不成。任世人呼之为败子，为废物，为顽民，为钝秀才，为渴睡汉，为死老魅也已矣。

初字宗子，人称石公，即字石公。好著书，其所成者，有《石匮书》《张氏家谱》《义烈传》《琅嬛文集》《明易》《大易用》《史阙》《四书遇》《梦忆》《说铃》《昌谷解》《快园道古》《傒囊十集》《西湖梦寻》《一卷冰雪文》行世。

生于万历丁酉八月二十五日卯时，鲁国相大涤翁之树子也，母曰陶宜人。幼多痰疾，养于外大母马太夫人者十年。外太祖云谷公宦两广，藏生牛黄丸，盈数簏，自余囡地以至十有六岁，食尽之而厥疾始瘳。

六岁时，大父雨若翁携余至武林，遇眉公先生，跨一角鹿，为钱塘游客，对大父曰："闻文孙善属对，吾面试之。"指屏上《李白骑鲸图》曰："太白骑鲸，采石江边捞夜月。"余应曰："眉公跨鹿，钱塘县里打秋风。"眉公大笑，起跃曰："那得灵隽若此！吾小友也。"欲进余以千秋之业，岂料余之一事无成也哉！

甲申以后，悠悠忽忽，既不能觅死，又不能聊生，白发婆娑，犹视息人世。恐一旦溘先朝露，与草木同腐，因思古人如王无功、陶靖节、徐文长皆自作墓铭，余亦效颦为之。甫构思，觉人与文俱不佳，辍笔者再。虽然，第言吾之癖错，则亦可传也已。

曾营生圹于项王里之鸡头山，友人李研斋题其圹曰："呜呼有明著述鸿儒陶庵张长公之圹"。伯鸾高士，冢近要离，余故有取于项里也。明年，年跻七十，死与葬，其日月尚不知也，故不书。

铭曰：穷石崇，斗金石。盲卞和，献荆玉。老廉颇，战涿鹿。赝龙门，开史局。馋东坡，饿孤竹。五羖大夫，焉能自鬻？空学陶潜，枉希梅福。必也寻三外野人，方晓我之衷曲。

张岱小传一

张岱，字宗子，山阴人，明广西参议汝霖孙也。年六岁，汝霖携之适杭州。时华亭陈继儒客杭，见岱，命属对，奇之，谓汝霖曰："此吾小友也。"

及长，文思垒涌，好结纳海内胜流，园林诗酒之社，必颉颃其间。岱累世通显，服食豪侈，畜梨园数部，日聚诸名士度曲征歌，诙谑杂进。及间，以古事挑之，则自四部七略以至唐、宋说家荟萃琐屑之书，靡不该悉。

及明亡，避乱剡溪山。岱素不治生产，至是家益落，故交朋辈多死亡，葛巾野服，意绪苍凉。语及少壮秾华，自谓梦境。

著书十余种，率以梦名，而《石匮书》纪明代三百年事，尤多异闻。年六十九，营生圹于项王里，曰："伯鸾高士，冢近要离，余故有取于项里也。"后又十余年卒。

——《乾隆绍兴府志》

张岱小传二

张岱，字宗子，一字陶庵，山阴诸生。曾祖元忭，明隆庆进士，廷试第一，谥文恭。祖汝霖，万历间兄弟进士。岱六岁，汝霖携之适杭州，时华亭陈继儒客杭，命属对，奇之，谓汝霖曰："此吾小友也。"

及长，文思坌涌，好结纳海内胜流，园林诗酒之社，必颉颃其间。岱累世通显，服食豪侈，畜梨园数部，日聚诸名士度曲征歌，诙谑杂进。及间，以古事挑之，则自四部七略以至唐、宋说家荟萃琐屑之书，靡不该悉。

及明亡，避乱剡溪山。岱素不治生产，至是家益落，故交朋辈多死亡，葛巾野服，意绪苍凉。语及少壮秾华，自谓梦境。

著有《西湖梦寻》《快园道古》《傒囊十集》等书十余种。别为《石匮书》，记明代三百年时事，尤多见闻。年六十九，营生圹于项王里，曰："伯鸾高士，冢近要离，余故有取于项里也。"后又十余年卒，年九十三。

所著《石匮》一书，入国朝，提学浙江谷应泰购得之，为《明史纪事本末》，梓行于世。语见旧志、邵念鲁传。

——《嘉庆山阴县志》

《陶庵梦忆》序

　　陶庵老人著作等身，其自信者尤在《石匮》一书。兹编载方言巷咏、嘻笑琐屑之事，然略经点染，便成至文。读者如历山川，如睹风俗，如瞻宫阙宗庙之丽，殆与《采薇》《麦秀》同其感慨，而出之以诙谐者欤？

　　老人少工帖括，不欲以诸生名。大江以南，凡黄冠、剑客、缁衣、伶工，毕聚其庐。且遭时太平，海内晏安。老人家龙阜，有园亭池沼之胜，木奴秫秔，岁入缗以千计。以故斗鸡、臂鹰、六博、蹴鞠、弹琴、劈阮诸技，老人亦靡不为。

　　今已矣。三十年来，杜门谢客，客亦渐辞老人去。间策杖入市，人有不识其姓氏，老人辄自喜，遂更名曰"蝶庵"，又曰"石公"。其所著《石匮书》埋之琅嬛山中。今所见《梦忆》一卷，为序而藏之。

——"砚云甲编"本原序

金忠淳跋

陶庵老人，不著姓氏，卷中曰"岱"，曰"宗老"，曰"张氏"，曰"绍兴"。考《浙江通志》，张岱，字宗子，山阴人，明末避乱剡溪山，意绪苍凉，语及少壮秾华，自谓梦境。著书十余种，率以"梦"名，而《石匮书》纪前代事尤备。

此帙为舅兄学林胡氏藏本，奇情奇文，引人入胜，如在山阴道上，应接不暇。惜其余各种不概见也。然恐老人狡狯，所云《石匮书》埋之琅嬛山中，非伊家茂先，孰过琅嬛福地而问之？瓯山金忠淳识。

《省志》止称其家世通显，未详祖父何人。今观《舌华录》载"张氏兄弟不饮酒"一则，有"张状元诸孙"之语，以证老人所谓"太仆公"及"先文恭"者，盖其曾祖天复，嘉靖进士，官太仆卿；祖元忭，隆庆状元，谥文恭；父汝霖，万历进士[1]。卷中言"先父相鲁先王"，以其曾任山东副考，或与藩邸有旧耳。因阅《舌华》，参考志传，备载其家世如此。淳又识。

——"砚云甲编"本

---

[1] 此处所叙张岱家世有误，"曾祖""祖""父"当为"高祖""曾祖""祖父"。

《陶庵梦忆》识语

《陶庵梦忆序》，见瓯山金氏本，刻入"砚云甲编"。书仅一卷，十失六七。此本余从王竹坡、姚春漪得之，辗转钞袭，多有脱讹，置筐中且十年矣。

岁辛亥，游岭南，暇时翻阅，粗为点定，或评数语于后，意之所至，无容心也。客过寓见者，请公同好，遂以付梓。而是书不著姓氏，卷中曰"张氏"，曰"岱"，曰"宗老"。据金氏考《浙江通志》，张岱，字宗子，山阴氏族，晚境著书率以梦名，惟《石匮书》埋之琅嬛山中，世未尽见。

恭阅《钦定四库全书简明目录》，谷应泰因张岱《石匮藏书》排纂编次，为《纪事本末》八十篇，虽非正裁，别调孤行，是《石匮书》竟以不传传陶庵。

陶庵自云："名根一点，坚固如佛家舍利，劫火勿失。"兹幸名列御书，幽光不泯，天之所以予陶庵者固甚厚矣。《梦忆》出诸游戏，而俗情文言，笔下风发，亦今亦古，自名一家，洵非奇才不能。余厘为八卷，即以金氏本原序弁诸首。

时乾隆甲寅秋七月，仁和王文诰纯生甫识。

——王文诰乾隆五十九年刻本

伍崇曜跋

　　右《陶庵梦忆》八卷，明张岱撰。按，岱，字宗子，山阴人。考邵廷采《思复堂集·明遗民传》，称其尝辑明一代遗事为《石匮藏书》。谷应泰作《纪事本末》，以五百金购请，慨然予之。又称明季稗史罕见全书，惟谈迁编年、张岱列传具有本末。应泰并采之以成《纪事》，则《明史纪事本末》固多得自宗子《石匮藏书》暨列传也。阮文达《国朝文苑传稿》略同。

　　是编刻于秀水金忠淳"砚云甲编"，殆非足本。序不知何人所作，略具生平，而亦作一卷。岂即忠淳笔欤？乾隆甲寅，仁和王文诰谓从王竹坡、姚春漪得传钞足本，实八卷，刻焉。顾每条俱缀"纯生氏曰"云云，纯生，殆文诰字也。又每卷直题"文诰编"，恐无此体。兹概从芟薙，特重刻焉。

　　昔孟元老撰《梦华录》，吴自牧撰《梦粱录》，均于地老天荒、沧桑而后，不胜身世之感，兹编实与之同。虽间涉游戏三昧，而奇情壮采，议论风生，笔墨横恣，几令读者心目俱眩，亦异才也！

　　考《明诗综》，沈邃伯《敬礼南都奉先殿纪事诗》"高后配在天，御幄神所栖。众妃位东序，一妃独在西，成祖重所生，嫔德莫敢齐"云云，《静志居诗话》"长陵每自称曰：'朕高皇后第四子也。'然奉先庙制，高后南向，诸妃尽东列，西序惟硕妃一人，盖高后从未怀妊，岂惟长陵，即懿文太子亦非后生也。世疑此事不实，诵沈诗，斯明征矣"云云，兹编"钟山"一条，即纪其事，殆可补史乘之缺。

　　又王贻上《分甘余话》"柳敬亭善说平话，流寓江南，一二名卿遗老左袒良玉者，赋诗张之，且为作传。余曾识于金陵，试其技，与市井之辈无异"云云，而是编《柳敬亭说书》一条，称其"疾徐轻重，吞吐抑扬，入情入理"，亦见其持论之平也。

咸丰壬子展重阳日，南海伍崇曜谨跋。

——咸丰二年（1852）伍崇曜刻"粤雅堂丛书"本

陶庵梦忆序

周作人

平伯将重刊《陶庵梦忆》，叫我写一篇序，因为我从前是越人。光绪二十三年（一八九七年），祖父因事系杭州府狱，我跟着宋姨太太住在花牌楼，每隔两三天去看他一回，就在那里初次见到《梦忆》，是"砚云甲编"本，其中还有《长物志》及《槎上老舌》，也是我那时所喜欢的书。张宗子的著作似乎很多，但《梦忆》以外，我只见过《於越三不朽图赞》《琅嬛文集》《西湖梦寻》三种。他所选的《一卷冰雪文》，曾在大路的旧书店中见过，因索价太昂未曾买得。我觉得《梦忆》最好，虽然文集里也有些好文章，如《梦忆》的纪泰山，几乎就是《岱志》的节本，其写人物的几篇，也与《五异人传》有许多相像。《三不朽》是他的遗民气的具体的表现，有些画像如姚长子等未免有点可疑，但别的大人物恐怕多有所本，我看王谑庵像觉得这是不可捏造的，因为他很有点儿个性。

《梦忆》大抵都是很有趣味的。对于"现在"，大家总有点不满足，而且此身在情景之中，总是有点迷惘似的，没有玩味的余暇。所以人多有逃现世之倾向，觉得只有梦想或是回忆是最甜美的世界。讲乌托邦的是在做着满愿的昼梦，老年人记起少时的生活也觉得愉快，不，即是昨夜的事情也要比今日有趣：这并不一定由于什么保守，实在是因为这些过去才经得起我们慢慢地抚摩赏玩，就是要加减一两笔也不要紧。遗民的感叹也即属于此类，不过它还要深切些，与白发宫人说天宝遗事还有点不同，或者好比是寡妇的追怀罢。

《梦忆》是这一流文字之佳者，而所追怀者又是明朝的事，更令我觉得有意思。我并不是因为民族革命思想的影响，特别对于明朝有什么情分，老实说，只是不相信清朝人——有那一条辫发拖在背后，会有什么风雅，正如缠足的女人我不相信会是美人。

《梦忆》所记的多是江南风物，绍兴事也居其一部分，而这又是与我所知道的是多么不同的一个绍兴。会稽虽然说是禹域，到底还是一个偏隅小郡，终不免是小家子相的。讲到名胜地方原也不少，如大禹的陵，平水，蔡中郎的柯亭，王右军的戒珠寺、兰亭等，此外就是平常的一山一河，也都还可随便游玩，得少佳趣，倘若你有适当的游法。但张宗子是个都会诗人，他所注意的是人事而非天然，山水不过是他所写的生活的背景。说到这一层，我记起《梦忆》的一二则，对于绍兴实在不胜今昔之感。

　　明朝人即使别无足取，他们的狂至少总是值得佩服的，这一种狂到现今就一点儿都不存留了。不知从什么时候起的，绍兴的风水变了的缘故罢，本地所出的人才几乎限于师爷与钱店官这两种，专以苛细精干见长，那种豪放的气象已全然消灭，那种走遍天下找寻《水浒传》脚色的气魄已没有人能够了解，更不必说去实行了。他们的确已不是明朝的败家子，却变成了乡下的土财主，这不知到底是祸是福！"城郭如故人民非"，我看了《梦忆》之后不禁想起仙人丁令威的这句诗来。

　　张宗子的文章是颇有趣味的，这也是使我喜欢《梦忆》的一个缘由。我常这样想，现代的散文在新文学中受外国的影响最少，这与其说是文学革命的还不如说是文艺复兴的产物，虽然在文学发达的程途上复兴与革命是同一样的进展。在理学与古文没有全盛的时候，抒情的散文也已得到相当的长发，不过在学士大夫眼中自然也不很看得起。我们读明清有些名士派的文章，觉得与现代文的情趣几乎一致，思想上固然难免有若干距离，但如明人所表示的对于礼法的反动则又很有现代的气息了。

　　张宗子是大家子弟，《明遗民传》称其"衣冠揖让，绰有旧人风轨"，不是要讨人家欢喜的山人，他的洒脱的文章大抵出于性情的流露，读去不会令人生厌。《梦忆》可以说是他文集的选本，除了那些故意用的怪文句，我觉得有几篇真写得不坏，倘若我自己能够写得出一两篇，那就十分满足了，但这是歆羡不来，学不来的。

平伯将重刊《陶庵梦忆》，这是我所很赞成的：这回却并不是因为我从前是越人的缘故，只因《梦忆》是我所喜欢的一部书罢了。

民国十五年十一月五日，于京兆宛平。

——民国十六年朴社排印本

《陶庵梦忆》跋

俞平伯

有梦而以真视之者，有真而以梦视之者。夫梦中之荣悴悲欢犹吾生平也，梦将非真欤？以往形相悉疾幻灭，抽刀断水水更流矣，起问日中中已久矣，则明明非梦而明明又是梦也。凡此人人所有，在乎说得出与否耳。谚曰："痴人说梦"，说梦良非雅致；然既是梦何妨说说，即使不说也未必便醒了。况同斯一梦，方以酣适自喜，不以寤觉相矜也。

明张宗子以五十载之豪华幻为一梦，写此区区八卷之书。自序言明"又是一番梦呓"，且谓"名心难化"，彼固未尝不知之，知之而仍言之，是省后世同梦者多也。

作者家亡国破，披发入山，"遥思往事，忆即书之，持向佛前，一一忏悔"，作书本旨如是而已。而今观之，奇姿壮采，于字里行间俯拾即是，华秾物态，每"练熟还生，以涩勒出之"，画匠文心两兼之矣。

其人更生长华膴，终篇"着一毫寒俭不得"。然彼虽放恣，而于针芥之微莫不低徊体玩，所谓"天上一夜好月与得火候一杯好茶，只可供一刻受用，其实珍惜之不尽也"。然则五十年瞥走之光阴里，彼真受用得此一刻了。梦缘可羡，而入梦之心殆亦不可及。

凡此心境，草草劳人如我辈者，都无一缘领略。重印此书，使梦中人多一机遇扩其心眼。痴人说梦，将有另一痴人倾耳听之，两毋相笑。于平居暇日，"偶拈一则，如游旧径，如见故人"，殆可不废乎？若当世名流目此为小道，或斥为牟利新径，则小之可"愚摈勿读，读亦勿卒"，大之以功令杜其流传，喜得作者姓张，小生不姓张，亦无妨于"吾家"也。

此书校读得燕大沈君启无之助，更得岂明师为作序，两君皆好读《梦忆》者。

一九二六年十二月，俞平伯。

——民国十六年朴社排印本

检测与评估

1. 怎么理解《陶庵梦忆》自序中的因果报应？

2. 小品文得以流传甚至在五四时期后得以进一步发展的原因是什么？请结合张岱的作品加以分析。

3. 读《陶庵梦忆》序完成下列各题。

陶庵①国破家亡，无所归止。披发入山，骇骇为野人。故旧见之，如毒药猛兽，愕室不敢与接。作自挽诗，每欲引决，因《石匮书》未成，尚视息人世。然瓶粟屡罄，不能举火。始知首阳二老直头饿死，不食周粟，还是后人妆点语也。

饥饿之余，好弄笔墨。因思昔日生长王、谢，颇事豪华，今日罹此果报：以笠报颅，以篑报踵，仇簪履也②；以衲报裘，以苎报绨，仇轻暖也；以藿报肉，以粝报粻，仇甘旨也；以荐报床，以石报枕，仇温柔也；以绳报枢，以瓮报牖，仇爽垲也；以烟报目，以粪报鼻，仇香艳也；以途报足，以囊报肩，仇舆从也。种种罪案，从种种果报中见之。

鸡鸣枕上，夜气方回，因想余生平，繁华靡丽，过眼皆空，五十年来，总成一梦。今当黍熟黄粱，车旅蚁穴③，当作如何消受？遥思往事，忆即书之，持向佛前，一一忏悔。不次岁月，异年谱也；不分门类，别志林也。偶拈一则，如游旧径，如见故人，城郭人民，翻用自喜。真所谓"痴人前不得说梦"矣。

昔有西陵脚夫为人担酒，失足破其瓮。念无以偿，痴坐伫想曰："得是梦便好。"一寒士乡试中式，方赴鹿鸣宴，恍然犹意非真，自啮其臂曰：

293

"莫是梦否？"一梦耳，惟恐其非梦，又惟恐其是梦，其为痴人则一也。

余今大梦将寤，犹事雕虫④，又是一番梦呓。因叹慧业文人，名心难化，政如邯郸梦断，漏尽钟鸣，卢生遗表，犹思摹拓二王⑤，以流传后世。则其名根⑥一点，坚固如佛家舍利，劫火猛烈，犹烧之不失也。

【注释】

①陶庵：张岱，号陶庵，出身仕宦世家，少为富贵公子，明亡后不仕，入山著书以终。著有《陶庵梦忆》等。

②以笠报颅，以篑报踵，仇簪履也：以竹笠作为头的报应，以草鞋作为足跟的报应，用来跟以前享用过的华美冠履相对。

③黍熟黄粱，车旅蚁穴：从黄粱梦、南柯梦中醒来。

④雕虫：小技巧，这里指写作。

⑤卢生遗表，犹思摹拓二王：《邯郸记》中卢生临死时说要留下自己的书法。卢生书法学的是王羲之、王献之。

⑥名根：产生好名这一思想的根性。

（1）从第一段可看出张岱"国破家亡"后的生活状况是_____。（用自己的话回答）

（2）分析第二段的写作特色及其作用。

（3）第四段写"脚夫""寒士"的用意是_____？

（4）联系全文，说说张岱的"痴"表现在哪里。

参考答案

（1）避居山中，经常断炊。

（2）连用七个排比句，节奏短促，一气呵成；今昔生活的对比，使作者对盛衰荣辱巨大反差顿生因果轮回的惋叹。

（3）西陵脚夫"惟恐其非梦"，而中试寒士则"惟恐其是梦"，虽然愿望不同但作为痴人的本质和作者是一样的。

（4）把五十年来的盛衰荣辱看成人生大梦一场；通过写作来追忆往昔，慰藉自己；还想着要把文章流传后世。

资源与拓展

（一）了解以下明代小品作家及他们的代表作品。

宋濂　刘基　高启　方孝孺　归有光　徐渭　李贽　袁宏道　钟惺　陈继儒

（二）后世对张岱的评价。

祁彪佳：余友张陶庵，笔具化工。其所记游，有郦道元之博奥，有刘同人之生辣，有袁中郎之倩丽，有王季重之诙谐，无所不有；其一种空灵晶映之气，寻其笔墨，又一无所有。为西湖传神写照，政在阿堵矣。

——（《〈西湖梦寻〉序》）

张毅儒：即其诗篇，咄咄惊奇，连章累牍，便可高踞汉唐之上。

伍崇曜：虽间涉游戏三昧，而奇情壮采，议论风生，笔墨横姿，几令读者心目俱眩，亦异才也。

——（《〈陶庵梦忆〉跋》）

王雨谦：盖其为文，不主一家，而别以成其家。故能醇乎其醇，亦复出奇尽变，所谓文中之乌获，而后来之斗杓也。

——（《〈琅嬛文集〉序》）

周作人：张宗子是个都会诗人，他所注意的是人事而非天然，山水不过是他所写的生活的背景。

——（《〈陶庵梦忆〉序》）

陈平原："都市诗人"张岱是中国散文史上的大家。他的散文所表现出的"空灵之气",只可意会而难以言传……比起王季重(王思任)、刘同人(刘侗)或者徐霞客来,张宗子张岱更难评说。因为在大家心目中,各有各的张岱,容不得别人指手画脚。好在我的见解平实,估计跟大家的感觉没有根本性的冲突。在我看来,明文第一,非张岱莫属。而且,如果在中国散文史上评选"十佳",我估计他也能入选。尤其是《陶庵梦忆》,篇篇都是好文章,随便翻开一页,都是可圈可点。每次重读《陶庵梦忆》,总是"其乐融融",而不仅仅是"有所收获"。这本薄薄的小书,真是耐读。

——(《"都市诗人"张岱的为人与为文》)

黄裳：生于明末的山阴张岱,是一位历史学家、市井诗人,又是一位绝代的散文家,是我平素非常佩服的作者。很久以前就写下这样一个题目了,可是一直踌躇着没有动笔。我总是担心"绝代"两个字是不是有点说"绝"了。后来又想,在他生活的那个时代里,论他在散文上的成就与特色,这样说也许还是可以的。

——(《绝代的散文家张宗子》)

章诒和：张岱倾心于史,但并未以史书(《石匮书》)留名,倒是那些散文为其赢得盛誉。我爱读他的散文,生动,讲究,雅致,简约。祁彪佳不是说了嘛,别人用一二百字才能说完的事,到了张岱笔下,只需数十字辄尽情状。本事了得,这是什么功夫?即使用上电脑,我们也是望尘莫及。张岱的文章和他为人一样,有傲世刺世的锋芒,又有玩物玩世的谑癖……张岱还说自己无一事不败,"学书不成,学剑不成,学节义不成,学文章不成,学仙、学佛、学农、学圃俱不成"。偏偏,这个"一事无成"的张宗子,成了"明清第一散文大家"。他以书写的方式,确立了自己的人生终极价值。有人这样形容：哪里人声鼎沸,锣鼓喧天,哪里肯定有张岱；曲终人散，风冷月残，有人吹出一缕悲箫，那听客肯定是张岱。一个多么丰富、美好的男人。所以，我说：若生在明清，就只嫁张岱。

——（《若生在明清，就只嫁张岱》）

夏咸淳：张岱是明清之际一位文化奇才，晚明小品集大成者，具大节义、大学问、大手笔。随笔小品文集《陶庵梦忆》与《西湖梦寻》，堪称绝妙散文，笔墨鲜活，识见奇卓，情致深厚，生动地再现了明季城市风俗图景，洋溢着新鲜活泼的人文气息，同时也寄托着故国之思、黍离之悲……如果说《清明上河图》是中国绘画史风俗图之瑰宝，那么，《陶庵梦忆》则是中国文学史风俗记之绝唱。

——（《论张岱及其〈陶庵梦忆〉〈西湖梦寻〉》）

梁容若：在晚明遗老里，行辈最高，享寿最长，从最奢华生活脱出，过最艰苦日子，最重声闻而藏身最密，最通人情而高洁脱俗，有强烈的立言欲求，始终不放弃露骨通俗宣传，著作生活延长到五十年以上，范围大，说真话，记实事，存史料最多，反映社会最忠实客观，以彻底的忏悔反省，启发民族的新生，张岱实在是少见的大作家。

——（《文学二十家传》）

郭预衡：其实他的文章各体兼备，尤其长于人物传记，包括一些墓志。

——（《中国散文史》）

资料卡

1. 《小品文的危机》 鲁迅 《南腔北调集》
2. 《历代小品大观》 汤高才主编 上海三联出版社1991年版
3. 《追忆:中国古典文学中的往事再现》 宇文所安 生活·读书·新知三联书店2004年版
4. 《琅嬛文集》 张岱著 路伟、马涛点校 浙江古籍出版社2016年版
5. 《快园道古 琯朗乞巧录》 张岱 浙江古籍出版社2016年版
6. 《西湖梦寻》 张岱著 林邦均译注 上海古籍出版社2013年版
7. 《古今义烈传》 张岱 浙江古籍出版社2019年版
8. 《前朝梦忆:张岱的浮华与苍凉》 史景迁 广西师范大学出版社2019年版
9. 《张岱评传》 胡益民 南京大学出版社2002年版
10. 《文学二十家传》 梁容若 中华书局1991年版
11. 《论张岱及其〈陶庵梦忆〉〈西湖梦寻〉》 夏咸淳 《文学研究》2000年第2期

我的兴趣与收获

1. 在这本书的阅读与探究过程中，我的兴趣是什么？
2. 在这本书的阅读与探究过程中，我的收获是什么？
3. 在阅读与探究过程中，还发现了什么新问题？
4. 在阅读与探究过程中，有些什么经验？哪些方法还需要改进？